CRISTIANISMO
NÃO RELIGIOSO
NO PENSAMENTO DE GIANNI VATTIMO

VICENTE DE PAULA FERREIRA

CRISTIANISMO
NÃO RELIGIOSO
NO PENSAMENTO DE GIANNI VATTIMO

DIREÇÃO EDITORIAL:
Pe. Fábio Evaristo Resende Silva, C.Ss.R.

REVISÃO:
Cristina Nunes

EDITOR:
Márcio Fabri dos Anjos

DIAGRAMAÇÃO E CAPA:
Bruno Olivoto

COORDENAÇÃO EDITORIAL:
Ana Lúcia de Castro Leite

Dados Internacionais de Catalogação na Publicação (CIP)
(Câmara Brasileira do Livro, SP, Brasil)

Ferreira, Vicente de Paula
   Cristianismo não religioso no pensamento de Gianni Vattimo / Vicente de Paula Ferreira. – Aparecida, SP: Editora Santuário, 2015.

   Bibliografia.
   ISBN 978-85-369-0376-7

   1. Filosofia moderna 2. Hermenêutica 3. Niilismo (Filosofia) 4. Religião – Filosofia – Teologia 5. Vattimo, Gianni, 1936- – Crítica e interpretação I. Título.

15-03801   CDD-200.1

Índices para catálogo sistemático:
1. Filosofia e religião 200.1

1ª impressão – 2015

Todos os direitos reservados à **EDITORA SANTUÁRIO** – 2015

 Composição, CTcP, impressão e acabamento:
EDITORA SANTUÁRIO - Rua Padre Claro Monteiro, 342
12570-000 - Aparecida-SP - Fone: (12) 3104-2000

DEDICATÓRIA

À herança, familiar e redentorista, que me possibilitou o encontro com a fé cristã, e aos parceiros de pesquisa, principalmente em filosofia e teologia, pela constante busca de aprofundamento das razões de crer nos tempos atuais, minha sincera gratidão.

AGRADECIMENTOS

Ao mistério do ser que, em diversas clareiras, principalmente em sua encarnação kenótica cristã, convocou-me para ir além das superfícies, nas pesquisas de fé e vida. Sem esse convite e sem a abertura epistemológica e cordial, não haveria caminho possível para o que neste livro está construído.

Aos parceiros interdisciplinares da filosofia, da teologia, da psicanálise, do Brasil e de alhures, fica sempre a convicção de que o plural não significa relativismo e, sim, compromisso com a hermenêutica construída em diálogo e em comunidade, superando também toda forma de absolutismo arrogante.

Aos redentoristas, consagrados e leigos, família que muito me ensinou, de maneira particular nos anos de Provincial, que foi o tempo kairótico que coincidiu com a produção dessa pesquisa de doutorado, minha gratidão, porque sem essa fraternidade faltariam balizas para as conclusões alcançadas.

Ao Paulo Afonso de Araújo, meu orientador, sincero reconhecimento pela sua firme postura, mais que profissional, uma atitude mistagógica. Sua profundidade filosófica ajudou-me a retornar ao ser como evento e não como mera representação ôntica.

Enfim, um louvor a Afonso Maria de Ligório, fundador dos redentoristas, que um dia iniciou uma projetualidade missionária, que hoje permanece como convite amoroso a redescobrir, na carência humana, o rosto vivo do amor.

Nem toda metafísica é violenta,
mas toda violência é metafísica.
Gianni Vattimo

Prefácio *(Gianni Vattimo)* | 13
Introdução | 17

1. HERMENÊUTICA NIILISTA MODERNA | 25
Declínio da Modernidade | 28
Crise da Verdade como Objetividade | 31
Além do Homem: O Percurso Nietzsche | 36
Implicações Hermenêuticas | 43
Pensar o Ser como Evento | 51

2. PÓS-MODERNIDADE E O NIILISMO CONSUMADO | 59
O *Pensamento Enfraquecido* | 62
Imposição do Mundo Técnico e a Obra de Arte | 67
A Pluralidade Comunicativa | 75
Desrealização: A Aurora Filosófica | 79
Fim do Realismo e Superação do Relativismo | 82
O Pastoreio do Ser sem Violência | 84

3. DA SECULARIZAÇÃO AO CRISTIANISMO NÃO RELIGIOSO | 91
Secularização: Ponto de Encontro do Niilismo
com a Vocação Cristã | 94
Secularização: Variações de um Conceito | 97
Cristianismo não Religioso, Secularizado e Secularizante | 105
Kênosis: O Deus Enfraquecido | 108
Caritas: Gratuidade e Dom do Ser | 114
A Plausibilidade Enfraquecida da Condição Cristã | 121

4. *VERWINDUNG* E TEOLOGIA KENÓTICA: VIAS QUE SE COMPLEMENTAM | 125
Secularização: ruptura ou realização cristã? | 128
Niilismo: *Itinerarium Mentis* da Transcendência Encarnada | 135
Filosofia e Teologia: Encontro Dialogal | 139
Adeus à Verdade: A Reinvenção Ontológica do Cotidiano | 146
Tarefas do Pensar | 147
Somente um Deus Niilista-Kenótico pode salvar | 151

5. ÉTICA DA INTERPRETAÇÃO E PROJETUALIDADE PRÁTICO-EXISTENCIAL DA *CARITAS* | 157

O que é ético na interpretação? | 159
Pietas: Reverência diante do Ser como Monumento | 168
Da Crise do Sujeito Racional ao Sujeito Relacional | 173
Proveniência e Transcendência: Ponto de Partida
e Abertura Projetual | 179

6. EVENTO CRISTÃO: A RADICAL CONDIÇÃO DO AMOR OBLATIVO | 185

Jesus Cristo: Singularidade Paradoxal | 189
Ecclesia: Vivência e Anúncio da Fraternidade | 195
Amizade: o Inédito da Alteridade Cristã | 199
Redenção: Transformação do Desejo e da Razão | 204
Do *Pensamento Enfraquecido* aos
Enfraquecidos de Pensamento | 212
Homo Inventivus: Abertura Estética | 214

REALCES FINAIS | 225

REFERÊNCIAS | 231

PREFÁCIO

Gianni Vattimo

C aro Vicente, antes de mais nada, agradeço sua leitura cativante e questionadora dos meus textos. Por esse motivo não teria, certamente, nada a acrescentar ao seu livro, que, pareceu-me, junto com os estudos de Carmelo Dottolo e de Giovanni Giorgio, um dos mais completos e estimulantes que tive a sorte de ler, sobre a relação entre fé cristã e pensamento enfraquecido. Sobre essa relação, como você repete várias vezes, há ainda muito a ser pensado e questionado; ou, sobretudo, há muito a ser provado na prática da experiência cotidiana. Entre tantos pontos que me impressionam no seu trabalho, é exatamente sua tentativa de colher o que seria uma cotidianidade cristã vivida à luz do pensamento enfraquecido. Trata-se, portanto, de uma busca diretamente ligada ao conceito central da *kênosis*. Penso sempre nesse aspecto também porque lembro de algumas páginas de Derrida, sobre as quais conversamos várias vezes, ou seja, sobre o dever da hospitalidade. Até onde se expande a hospitalidade? Em tempos de crise econômica, de migrações desordenadas de gente que foge da miséria e da guerra em seus países de origem, surge a pergunta: até quando devo ter aberta minha porta para o outro? Sobre esse problema, há um belíssimo, mas problemático drama "didático" de Brecht, *L'anima buona di*

Sezuan. É um tema importante, sobretudo quando se procura realizar a hospitalidade – que é também o outro nome para a *caritas* – na atividade política, no esforço para construir um mundo mais humano e fraterno, amigável. Se me confronto com esse problema, sei que não chego a nenhuma conclusão teoricamente satisfatória.

Relendo as páginas conclusivas do seu livro, surge a suspeita de que este discurso sobre a *caritas*, entendida como hospitalidade e sobre os desafios que ela apresenta, pode-se correr o risco de perder de vista o senso teórico do seu trabalho. Todavia, esse aparente desvio em direção à ética, está, pelo contrário, muito ligado aos êxitos teóricos da hermenêutica: não há verdadeira interpretação se não na práxis transformadora. Também a transcendência de Deus, à qual você faz alusão na última página do livro, é encontrada como transcendência "histórica" no ato de resposta à solicitação do outro em termos de ajuda fraterna, escuta amorosa. Um livro como este, não se conclui com a última página. Mas, ao invés, é como o que Brecht chamava de teatro épico, não aristotélico, teatro não concluido com a catarse que tranquiliza e que, no fundo, reconhece que o mundo está em ordem assim como é. Fechado seu livro, acolhendo o apelo da *kênosis*, nós não voltamos aos nossos compromissos cotidianos apenas um pouco mais ricos de ideias. Devemos, deveríamos, partir para a conquista do Palazzo d'Inverno, como os revolucionários de outros tempos, por amor a Deus, isto é, para corresponder ao seu chamado, chamado de liberdade.

PREFAZIONE

Gianni Vattimo

Caro Vicente, prima di tutto ti ringrazio per l'attenzione appassionata con cui hai letto e discusso i miei testi. Per questa ragione, non avrei certo nulla da aggiungere al tuo libro, che mi è parso, insieme agli studi di Carmelo Dotolo e di Giovanni Giorgio, uno dei più completi e stimolanti che mi sia capitato di leggere sul rapporto tra fede cristiana e pensiero debole. Su questo rapporto, come dici tu ripetutamente, c'è ancora molto da pensare, da discutere; o, soprattutto, molto da mettere alla prova nell'esperienza quotidiana. Tra i tanti punti che mi colpiscono nel tuo lavoro, è proprio il tuo sforzo di cogliere che cosa sarebbe una quotidianità cristiana vissuta alla luce del pensiero debole. Dunque una ricerca direttamente legata al concetto centrale della kenosis. Io ci penso continuamente anche perché ho presenti certe pagine di Derrida – con il quale ho spesso discusso di questi temi – sul dovere dell'ospitalità. Fin dove si estende l'ospitalità? In questi tempi di crisi economica, di migrazioni selvagge con la gente che fugge dalla miseria e dalla guerra dei paesi di origine, fino a quando devo tenere aperta la mia porta all'altro? C'è su questo problema un bellissimo, ma problematico, dramma "didattico" di Brecht intitolato *L'anima buona di Sezuan*. Non è un tema da poco, soprattutto quando si cerca di realizzare l'ospitalità – che è poi solo un altro nome per la caritas – nell'attività politica, nello sforzo di costruire un mondo più umano e amichevole. Se mi misuro con questo problema, so che non arrivo a nessuna conclusione teoricamente soddisfacente.

Rileggendo le pagine conclusive del tuo libro, mi viene il sospetto che questo discorso sulla caritas come ospitalità e sui problemi concreti che essa pone, rischi di perder di vista il senso teorico del tuo lavoro. Ma questa apparente deviazione verso l'etica è invece molto legata agli esiti teorici dell'ermeneutica: non c'è vera interpretazione se non nella prassi trasformativa. Anche la trascendenza di Dio, a cui tu alludi proprio nell'ultima pagina del libro, è incontrata come trascendenza "storica" nell'atto con cui si risponde alla domanda dell'altro in termini di aiuto fraterno, ascolto amoroso. Un libro come questo non si conclude all'ultima pagina. E' invece un po' come ciò che Brecht, appunto, chiamava teatro epico, non-aristotelico, non concluso con una catarsi che tranquillizza e in fondo riconosce che il mondo è in ordine così come è. Chiuso il tuo libro, accogliendo l'appello della kenosis, noi non ce ne torniamo ai nostri impegni quotidiani solo un po' più ricchi di idee. Dobbiamo, dovremmo, partire per conquistare il Palazzo d'Inverno, come i rivoluzionari d'un altro tempo, per l'amore di Dio, cioè per corrispondere alla chiamata sua, chiamata di libertà.

INTRODUÇÃO

Gianni Vattimo, considerado um dos mais renomados filósofos italianos da atualidade, recebendo prêmios como o Max Planck pelas Ciências Humanas (1992) e Hannah Arendt pelo Pensamento Político (2002), confirma uma responsabilidade particular no campo da filosofia e da religião, defendendo a importância da *caritas* cristã como instância germinal das maiores conquistas democráticas ocidentais. Nasceu em Turim, em 4 de janeiro de 1936 e com o falecimento de seu pai, quando tinha um ano, mudou-se com sua família para a Calábria. Em 1945, voltou para Turim onde continuou a escola. Em sua infância, teve formação e prática católicas. Como estudante, tornou-se membro de um grupo de ação católica. Começou a fazer filosofia para combinar religião e política e desde cedo percebeu algo de rígido no sistema educacional da Igreja Católica.

Formou-se em filosofia e foi discípulo de Luigi Pareyson, de quem colheu uma atenta escuta pela religião ou pelo mito como possibilidade de encontrar saídas para o nada que emerge diante do acontecimento do ser, ou seja, se aquilo que é não era, é porque deve existir algo como uma livre iniciativa. Com formação católica, Vattimo herdou, da tradição cristã, grande influência em sua reflexão filosófica. Notável é a sua contribuição, a partir da ontologia niilista, para uma cultura profundamente marcada pelas mensagens cristãs. Ele considera a *kênosis,* o rebaixamento do Filho de Deus, um marco decisivo de questionamento dos sistemas epistemológicos metafísicos, principalmente por aquilo que possuem de rigidez pretensiosa de capturar a verdade em sua totalidade.

Apesar de ter sido ativo como membro de um grupo católico, Vattimo deixou-o por conta de suas ideias políticas avançadas. No período de 1955, participou de alguns programas na televisão italiana, RAI, o que mostra uma preocupação, desde a sua juventude, por isso que "talvez pudéssemos nomear como uma acurada cartografia da quotidianidade" (VATTIMO, 2001, p. 12). A amizade com Luigi Pareyson caracterizou seus anos de universidade, de modo particular, porque Pareyson foi o primeiro intérprete do existencialismo, do idealismo alemão e da hermenêutica, na Itália, tendo como produção significativa a obra **Estética: Teoria da formatividade.** Os anos de Heidelberg, com Löwith e Gadamer, ajudaram-no a transformar o conceito do Deus bíblico no ser como evento heideggeriano. A ideia de que a história do pensamento ocidental não é outra coisa do que história da secularização da Bíblia é certamente de Löwith. Importa ressaltar, no entanto, que a amizade de Vattimo com Gadamer contribuiu para a perspectiva do entendimento de que o ser só é entendido a partir da linguagem[1].

Vattimo foi membro do Parlamento Europeu por dois mandatos, o que demonstra que, além de sua vasta produção intelectual, ele é atento ao cotidiano de sua época, revelando que a filosofia deve empenhar-se na construção de uma hermenêutica da atualidade. Além disso, são muitas as suas produções em periódicos como *La Stampa,* da Itália, *El País* da Espanha e *Clarin,* da Argentina. Seu *pensamento enfraquecido, Il pensiero debole*, foi amplamente apresentado numa publicação de 1983, com Pier Aldo Rovatti[2]. O texto trata de uma renúncia em recuperar qualquer tipo de retomada metafísica, elegendo Heidegger e Nietzsche como dois autores fundamentais que influenciaram o surgimento do pensamento pós-moderno, tendência à descrença numa verdade única e objetiva. Assim, "Vattimo acredita que o fim da modernidade, em outras palavras, pós-modernidade, adquire uma credibilidade filosófica somente quando é vista em relação à problemática do eterno retorno em Nietzsche e à problemática heideggeriana do ultrapassamento da

---

[1] Sobre um percurso mais detalhado do autor, Santiago Zabala, ao introduzir a obra *Weakening Philosophy: essays in Honour of Gianni Vattimo*, traça, de forma concisa, a trajetória da formação e do pensamento de Gianni Vattimo.

[2] *Il pensiero debole*: pensamento enfraquecido. Tradução do pesquisador que será registrada ao longo do livro com destaque em itálico por questões de ênfase.

metafísica" (ZABALA, 2007, p. 13). O importante para Vattimo é ver que esses dois autores não fundaram uma nova filosofia, entretanto revelaram aquilo de que os filósofos se esqueceram: a ontologia como interpretação. Então, o ser é evento e a hermenêutica deve aprender a interpretar o ser, sempre atenta à consciência da transitoriedade de tal interpretação.

A pós-modernidade, portanto, é a época que caracteriza o ocidente como terra do declínio do ser, compreendido em seu processo de contínua secularização e não somente como estrutura de uma verdade estável. A partir de elementos como fim da metafísica, morte de Deus verdade absoluta, e da noção de enfraquecimento da razão, Gianni Vattimo defende que o crepúsculo do ser como evento se dá de maneira particular na cultura ocidental, de tradição cristã. Sendo um dos mais importantes filósofos do *pensamento enfraquecido*, o autor constrói suas reflexões a partir da hermenêutica niilista de Nietzsche e de Heidegger. Aprofundando tais autores, Vattimo mostra que a pós-modernidade, ao forjar a passagem das pretensões unitárias metafísicas ao mundo plural, constitui-se como um campo de abertura fecunda para um re-encontro filosófico com as raízes mais profundas do cristianismo, de modo que o pensamento seguinte justifica bem tal empreendimento:

> o fato é que o fim da modernidade, ou, em todo o caso, a sua crise, trouxe também consigo a dissolução das principais teorias filosóficas que julgavam ter liquidado a religião: o cientificismo positivista, o historicismo hegeliano e depois marxista. Hoje não existem razões filosóficas plausíveis e fortes para ser ateu, ou para recusar a religião (VATTIMO, 1999a, p. 18).

Por isso, seu caminho é o da hermenêutica, considerada como *koiné* – linguagem comum – da pós-modernidade, concebendo a linguagem como morada do ser[3]. Primeiramente ela, a interpretação, está ligada a uma postura religiosa – bíblica – ganhando a filosofia com a produção de Lutero, sendo que Dilthey, Gadamer

---

[3] Hermenêutica, a arte da interpretação, teve, ao longo da história, algumas evoluções em seu próprio conceito. Primeiramente era a tradução dos textos de uma língua para outra, tornando-os acessíveis. Depois, passou a significar o trabalho de interpretar, tornar clara sua mensagem, na tentativa de compreender o que o texto queria dizer em seu sentido original. Por fim, e é nesse sentido que será usado ao longo do livro, passou a ser a concepção de que todo pensamento humano é hermenêutico, ou seja, carrega consigo, sempre, uma visão situada, encarnada que depende de elementos culturais e linguísticos. De alguma forma, o ser humano não faz interpretação, mas ele mesmo é interpretação.

e Heidegger a presenteiam com um estatuto ainda mais filosófico. Vattimo faz referência ao conceito de círculo em Schleiermacher, no qual o conhecimento passa a ser uma limitada interpretação, encarnada em cada época. O anúncio feito por Nietzsche de que "Deus morreu e o mundo verdadeiro tenha tornado-se fábula" (VATTIMO, 2003, p. 5), de fato é a interpretação de como seria uma época sem verdades eternas. Vattimo prefere, por outro lado, a ideia defendida por Heidegger que não concebe a superação metafísica como passagem de uma fase a outra, entretanto, como busca de uma leitura interminável do declínio do ser.

A doutrina cristã concernente à encarnação do filho de Deus é considerada por Vattimo como fonte de sua ontologia fraca, de seu *pensamento enfraquecido* e, até mesmo, da cultura ocidental, como revela a seguinte citação:

> Girard recentemente observou que Vattimo é muito diferente de Heidegger, e ele claramente compreende a importância e a centralidade da fé cristã em definir o destino da cultura e civilização ocidental, e de fato até o fim ele permanece com a noção de ágape como o resultado da antimetafísica revolução do Cristianismo (ZABALA, 2007, p. 18).

Seguindo o mandamento da *caritas*, o *pensamento enfraquecido* insiste que não se deve perguntar o que é o ser, mas o que o ser significa na vida atual ou o que dele é esquecido. Vattimo não está sozinho na defesa deste pensamento que tem em Pier Aldo Rovatti, Richard Rorty, Fernando Savater outros exemplos que se nomeiam como seus representantes. Seu discurso pode ser considerado como orientado à edificação da humanidade num movimento antiviolência, mais do que um pensamento para aumentar o conhecimento ou o progresso.

No desenvolvimento de sua tese sobre a hermenêutica como interpretação, a filosofia deixa de ser descrição de fatos objetivos, passando às visões encarnadas de cada época, cada situação. Ao mostrar a vocação niilista da hermenêutica, exemplifica como pensadores pós-heideggerianos dizem não mais ser possível pensar o ser com uma visão objetiva, mas como interpretação do ser vivo, em certa sociedade e num determinado mundo. De 1986 a 1995 Vattimo escreveu principalmente sobre a secularização, refletindo sobre o fato de que não é possível ter uma filosofia atualizada sem levar em conta a tradição ocidental cristã. A expressão "graças a Deus sou ateu" significa para ele que a *kênosis* revela um Deus que se despoja de seu aparato metafísico e encarna-se na história, desconsertando a crença numa ordem religiosa fixa, à qual a condição inferior dos entes devesse corresponder para possuir algum mérito.

Em sua intensa produção, Vattimo mostra que depois da queda das metanarrativas, são claudicantes opiniões absolutas seja a favor do teísmo, seja a favor do ateísmo. Já não há razões tão convincentes para um teísta recusar a ciência, nem para um ateu recusar a religião. Aliás, as próprias questões em torno do teísmo e do ateísmo padecem de certo esvaziamento depois de Kant, Nietzsche e Heidegger. As novas manifestações religiosas no ocidente, por exemplo, nascem exatamente no meio de fatores como a morte de Deus e a secularização. Difícil, no entanto, é encontrar uma posição filosófica que lide com elementos aparentemente opostos, como cristianismo e niilismo, sem mergulhar nas vias de suas oposições. Ainda mais surpreendente será entender como é possível dizer que o niilismo é a realização do cristianismo em sua inusitada missão contra a violência, seja do fundamentalismo ou de qualquer tipo de relativismo descompromissado. É exatamente esse um dos pontos mais importantes da presente pesquisa no qual se situa o seu horizonte principal: o cristianismo como elemento niilista dos tempos contemporâneos e como religião secularizada, tese da qual a citação seguinte dá testemunho:

> secularização como fato positivo significa que a dissolução das estruturas sacrais da sociedade cristã, a passagem a uma ética da autonomia, à laicidade do estado, a uma menos rígida literalidade na interpretação dos dogmas e dos preceitos, não no sentido de ser menos ou uma despedida do cristianismo, mas como uma mais plena realização da sua verdade que é, recordemo-lo, a *kênosis,* o abaixamento de Deus, a correção dos tratados naturais da divindade (VATTIMO, 1999a, p. 40)[4].

A hermenêutica niilista do *pensamento enfraquecido*, então, encontra-se bem situada na consciência de que a razão deve manter-se na clareira de uma teoria do enfraquecimento como caráter constitutivo do ser na época do fim da metafísica que seria, em outras palavras, a própria herança da *kênosis* cristã. Indaga-se se a secularização não pode deixar de ir secularizando-se, num processo constante, então a pós-modernidade também não pode ser

---

[4] As citações diretas e indiretas, originalmente escritas em língua estrangeira, foram traduzidas pelo pesquisador.

eleita como tempo áureo portador de uma mensagem escatológica e definitiva; sendo ela o lugar da hermenêutica, deve haver também a possibilidade de uma crítica aos seus elementos negativos, aquilo que ainda guarda de violência, de absoluto?[5] Seria a *caritas,* elemento essencial do cristianismo secularizado, não religioso, uma instância crítica ou somente estaria ela pulverizada, misturada na história, reduzindo-se a um projeto ético, puramente imanente? Tais questões fundamentam a presente pesquisa.

As vastas veredas que serão percorridas ao longo das construções deste livro pretendem compreender, assim, qual a proposta vattimiana sobre o cristianismo na pós-modernidade. De outra forma: o que seria o cristianismo secularizado e não religioso e quais suas implicações para uma práxis da *caritas.* Com o objetivo de alcançar algumas pistas importantes será percorrido um caminho com passos convergentes em que se alocam os capítulos do livro. Nos dois primeiros capítulos, compreender a hermenêutica niilista vattimiana como radicalização da premissa nietzscheana de que "não existem fatos, mas somente interpretações" (VATTIMO, 2012, p. 25), será tarefa fundamental. Segundo o filósofo turinense, a hermenêutica é uma *koiné* da pós-modernidade porque ela é portadora de uma concepção do ser como acontecimento, de modo que os conceitos de verdade, realidade, história, valores devem estar sujeitos à interpretação, não sendo mais verdades absolutas. Tal cenário radicaliza-se de modo particular nas asserções de Nietzsche sobre a morte de Deus e na tentativa de superação da metafísica buscada por Heidegger. Com isso, será possível situar a direção que segue o *pensamento enfraquecido* e contextualizá-lo diante de tantas outras formas também de interpretação.

Os capítulos três e quatro consistem em analisar o cristianismo não religioso como elemento niilista da pós-modernidade. Segundo Vattimo, a modernidade chega ao seu declínio porque a metafísica, numa época de pujança técnica, revela seu auge instrumental e ao mesmo tempo mostra sua incompletude porque confunde o ser com

---

[5] É importante manter certa distinção entre pós-modernidade enquanto postura filosófica e enquanto momento histórico atual, já que, na realidade, nem sempre acontece coincidência entre as duas. Certamente, a leitura vattimiana do tempo atual é positiva por reconhecer suas possibilidades mais democráticas, mais próximas do amor cristão, o qual posturas hermenêuticas têm mais chances de vivenciá-lo do que mentalidades fechadas e fanáticas. Todavia é também consciente de suas mazelas, sendo que seu *pensamento enfraquecido* ao mesmo tempo em que elogia o pós-moderno como época da interpretação, mantém-se crítico às instâncias que insistem em apoiarem-se em verdades absolutas, como acontece nas leis do mercado e das grandes mídias, por exemplo.

o ente. E diante de tantas expressões culturais manifestas, sobretudo sobretudo nos meios de comunicação, mergulha na insustentabilidade de seus projetos apegados em desvendar a verdade de forma absoluta. Assim, o ser nomeado pela técnica é ainda aquele ente que, de fato, não abarca o ser em sua plenitude. A técnica e a ciência são também interpretações ônticas do mesmo ser que não se esgota nas conclusões empíricas, por isso, não se justificam mais os projetos que pensam possuir a verdade total dos fatos e dos objetos. É preciso viver outra experiência que é a do declínio da razão, um declinar que provém do próprio ser nas vias da *kênosis* cristã. Ao encarnar-se, a verdade torna-se movimento relacional, amoroso, oblativo e esvaziado. A *caritas* cristã, por isso mesmo, é o elemento propulsor da secularização porque ela é a única verdade que ao unir céu e terra, destrói toda lógica natural do sagrado e da violência, possibilitando uma única história que é a salvífica. Isso justifica a proposta do cristianismo não religioso porque o amor, o único elemento que não deve ser secularizado, mantém-se como inominável movimento. De alguma forma, cristianismo não religioso é o movimento do ser que, na *kênosis*, distorce qualquer estrutura fixa deste, mostrando-se dinâmico e relacional.

Os capítulos cinco e seis buscam colher propostas para uma projetualidade prático-existencial da *caritas* a partir da ética da interpretação. Diante do fundamentalismo ou do relativismo, aprofundar questões como a dos critérios, ainda que enfraquecidos, para a construção de uma proposta ética cristã, será tarefa não tão simples. Se não convence a posse apaixonada por verdades totalitárias, também não deixa de ser perigoso o relativismo cultural. Aliás, essa é uma questão crucial para a filosofia e mesmo para a teologia: como fundamentar as escolhas éticas em tempos de niilismo? Como entender um cristianismo de fato não religioso sem cair num relativismo e, sim, na verdade relacional que é a *caritas*? Essa e outras questões serão pesquisadas, indicando também algumas incongruências encontradas no pensamento de Gianni Vattimo.

Fazer, portanto, uma leitura da pós-modernidade secularizada a partir da relação entre hermenêutica niilista e cristianismo não religioso é tarefa árdua e ao mesmo tempo fascinante. Sua aridez emerge do fato de ser um campo minucioso, amplo e de consequências tão vastas; seu fascínio está, sobretudo, no fato de conjugar epistemologia e práxis, gerando, de alguma maneira, uma ontologia cristã do cotidiano. De fato, Vattimo não concebe uma chance para o cristianismo a não ser levando às últimas consequências sua vocação secularizante e niilista, entendendo niilismo como a concepção do ser como eventualidade, encarnação histórica. Secularização, portanto, é o destino inacabado pelo próprio movimento do ser que se desvestiu de sua divindade onipotente para tornar-se humano. Ao habitar a carne do ente humano, o ser de Deus, em si mesmo, somente pode ser reconhecido num manifestar não de uma verdade abstrata, senão na adesão a uma proposta extremamente compatível com a hermenêutica: na vivência da *caritas* numa comunidade de amigos.

As consequências mais radicais de tal leitura, que conecta hermenêutica, secularização e cristianismo, são ousadas como inquieta conclusão de que a verdade, do ponto de vista hermenêutico cristão, somente pode ser descoberta na caridade, e de que a caridade é a verdade transformadora que não pode ser descartada, assertiva que o autor menciona ao longo de seus escritos. Ao optar pela noção de verdade como sendo o consenso da comunidade dos intérpretes, quais seriam seus aspectos de transcendência ou de escatologia? Reduzir o cristianismo a um engajamento ético não seria remetê-lo a um horizonte imanente sem esperança de futuro? Responder a essas questões e colher suas implicações é tarefa importante deste livro.

1

HERMENÊUTICA NIILISTA MODERNA

1. HERMENÊUTICA NIILISTA MODERNA

A questão hermenêutica é um contexto a partir do qual se desenvolve toda a construção da presente obra. Permite, sobretudo, mostrar o pensamento vattimiano como aprofundamento do declínio da mordenidade e defesa da pós-modernidade. Para o filósofo, o pensamento ocidental constrói-se a partir de uma cultura metafísica, da busca racional em compreender o ser *em si mesmo*, tendo como pressuposto o princípio da verdade como correspondência. Encontrando-se como um dado realístico fora ou dentro das malhas subjetivas, o que é verdadeiro seria alcançado por uma capacidade particular da razão. O esplendor desta concepção, que se inicia com as questões socráticas, dá-se na modernidade, mais precisamente na emergência do mundo técnico-científico, que os escritos vattimianos apontam como parte central da grande aventura racional do ocidente. Então, a grande aventura do pensamento Ocidental baseou-se, sobretudo, na crença de que existe uma verdade impressa nas coisas, nos entes, à qual a razão humana pode compreender em sua plenitude.

Nascida no declínio de tal experiência de representação do ser, a hermenêutica niilista, com herança mais estreita nos filósofos Nietzsche e Heidegger, questiona tal pretensão e propõe o enfraquecimento da metafísica moderna. Ao constatar o findar das grandes narrativas, profetiza o tempo inusitado chamado pós-modernidade. E a partir da noção do ser como evento, o tempo presente é concebido como ocasião da manifestação de algo relativamente novo, tanto no campo do pensamento, quanto na aventura existencial. A tarefa de analisar essa passagem de época e de paradigma epistemológico torna-se árdua pela sua complexidade. O próprio conceito de *novo* sofre alterações com a insuficiência do esclarecimento racional global. Se a modernidade é caracterizada pela procura engajada daquilo que é novidade, seu *pós*[1] distorce também tal elemento colocando-o no campo da interpretação e não mais na esperada superação infinita de etapas cada vez mais perfeitas rumo a um sentido unitário da história, do progresso, do sujeito. Gianni Vattimo tem grande mérito na clareza de que superar a modernidade e seus pressupostos metafísicos acontece de forma relativa, enfraquecida, como *Verwindung*, que significa superação limitada, apenas uma distorção ou um aprofundamento, colhendo dela elementos antes não vistos.

Declínio da Modernidade

É a partir do enfraquecimento dos pressupostos modernos como a crença no *em si* da realidade, da busca de uma sociedade sempre mais perfeita, da pretensão de um domínio técnico, da leitura unitária da história, da concepção de um sujeito autoconsciente, que Vattimo concebe o tempo atual como uma nova Era[2]. Época dos niilistas consumados, portadores de certa humildade epistemológica, capazes de conviver com o diverso, sem o exagero da violência de pensamentos impositivos. Seria, então, a pós-modernidade a época semelhante ao Reino de Deus no qual a violência daria lugar à paz? Mesmo que a visão vattimiana tenha algo de profecia, não é possível, com pressa, responder positivamente à questão[3]. Distorcidos, no entanto, os valores absolutos e mergulha-

---

[1] O prefixo *pós* será grafado em itálico por todo o texto com a intenção de enfatizar a importância do caráter semântico que prevalece sobre os conceitos predominantes na Pós-modernidade.

[2] O vocábulo Era, significando tempo, será grafado com inicial maiúscula enfática para se distinguir da forma verbal era.

[3] Vattimo apresenta-se como ardente defensor da hermenêutica por entender que ela é a via não coercitiva e formadora de uma concepção de ser humano como contingente e inserido numa rede existencial. E, mais ainda, defende que tal caminho é iluminado pela associação entre ontologia niilista e *kênosis* de Deus. Isso tem como consequência a responsabilidade de o cristianismo se empenhar em combater toda e qualquer forma de coerção da liberdade humana, buscando uma comunidade de amor e de comunhão intersubjetiva. Num debate com René Girard, no entanto, Gianni Vattimo se vê interpelado sobre um suposto "irenismo" em relação a tal postura. Não haveria aí uma confiança demasiada, como se o cristianismo anulasse todo e qualquer conflito tão entranhado na

dos na pluralidade cotidiana, o ser humano deve buscar um novo espaço, novas redes relacionais como fruto de novas interpretações. Sabendo que:

> a experiência que se abre para o niilismo consumado não é, porém, uma experiência de plenitude, de glória, de *ontos on*, apenas desligada dos pretensos valores últimos e referida, em vez disso, de modo emancipado, aos valores que a tradição metafísica sempre considerou baixos e ignóbeis, e que, assim, são resgatados para a sua verdadeira dignidade (VATTIMO, 2007b, p. 10).

De fato, entre a pujança do pensamento assertivo moderno que a ciência tomou como padrão, o fundamentalismo das ideias religiosas, que muitas vezes gerou a violência, os pressupostos cristãos como a *caritas* ajudariam a enfrentar melhor os cenários do tempo presente. Sem a impossível tarefa de corresponder a uma verdade única, fixa e sempre dada, o ser humano pode galgar novas perspectivas em sua liberdade existencial, encontrando na hermenêutica uma aliada vital. E para não cair no relativismo, o homem pode escolher uma postura dialogal como instância que emana, de qualquer forma, de um fundamento hermenêutico, interpretativo.

O que se entende por modernidade e a superação desta no pensamento vattimiano? Compreender o discurso sobre o fim da modernidade, de modo especial a partir de Nietzsche e Heidegger, somente é possível por meio da teoria do eterno retorno e do fim da metafísica. Concepção comum de tais autores é o fato de a modernidade ser dominada,

> pela ideia da história do pensamento como iluminação progressiva, que se desenvolve com base na apropriação e na reapropriação cada vez mais plena dos fundamentos, que frequentemente são pensados também como as origens, de modo que as revoluções teóricas e práticas da história ocidental se apresentam e se legitimam na maioria das vezes como recuperações, renascimentos, retornos (VATTIMO, 2007b, p. 6).

---

herança humana? Por exemplo: "Girard sustenta que uma Igreja mais 'fraca', menos estruturada e hierárquica, na verdade não preserva as sociedades de desvios violentos, pelo contrário. As cisões protestantes, com aparelhos eclesiásticos mais 'leves' e 'secularizados', com uma relação hermeneuticamente mais 'madura' com o texto bíblico, têm muitas vezes produzido teologias mais duras, menos caritativas e visões mais radicais sobre aquele que deveria ser o espírito do cristianismo" (ANTONELLO, 2010, p. 16).

O moderno pensa cada vez mais a partir do fundamento ou pelo menos entende a si mesmo como mais próximo de uma verdade plena. Mas será mesmo importante essa discussão entre modernidade e um possível *pós*? Não é próprio de todo pensamento a vontade de possuir uma verdade? Ainda que a hermenêutica se apoie na noção de pluralidade da verdade, essa não seria sua verdade? É importante ressaltar que uma das características da filosofia dos séculos XIX e XX, precisamente, é a insistência na crítica da concepção moderna; concepção que entende o ser como possuído de estruturas fixas contra a qual desembocará uma aventura, que na construção do termo evento passa designar que o ser só acontece no historicizar-se e não fora disso. De fato existe, nesse sentido, uma verdade, entretanto noção que revela seu caráter eventual, encarnado, plural.

Na obra **O fim da modernidade** (2007b), na qual Vattimo trabalha o niilismo e a hermenêutica na pós-modernidade, surge a discussão de um *pós* que caracterizaria a passagem total para outra fase da história humana ao que Vattimo deixa claro que toda a superação deve ser entendida como parcial, já que o ser é sempre revelação, metafísica; e por outro lado, também escondimento. Revelar-se, portanto, metafisicamente, em conceitos interpretados, é via, de certa forma, insuperável de manifestação do ser, por isso, a pretensão do *pós* não deve ser a de uma etapa totalmente nova. Nietzsche e Heidegger pensam a partir de uma pós-historicidade entendida como distorção ou impossibilidade de uma história unitária, já que vencedores não contam a mesma história dos vencidos. Em outras palavras, trata-se da inviabilidade de uma história universal. Se por um lado os meios de comunicação multiplicam os centros de experiência, por outro, eles revelam a impossibilidade de uma história universal ao apresentar meias verdades, como sugere a hemenêutica vattimiana. Neste sentido, portanto, a baliza do moderno seria a crença na verdade como instância completa que a razão pode colher e seu *pós* seria reconhecer que tal colheita é sempre um jogo ao qual estão sujeitos tanto a verdade quanto quem a interpreta.

Homem e ser ainda pensados metafisicamente como estruturas estáveis não auxiliará no passo ao pós-moderno, no entanto, aceitando desapegar-se do *em si* da verdade, sem a lamentação sobre o tempo presente como inferno negador do humano, é condição possível para a novidade. Nessa direção, surge o modelo da arte e da retórica como reveladoras de alguma dimensão inapropriável do ser e que o faz mover-se adiante. Daquilo que a verdade metafísica não pode compreender, em sua totalidade, seria o que o próprio ser possui de não representável; o outro lado da verdade é sua fragilidade, enquanto possuída sempre pela interpretação, espaço aberto a partir do qual a arte configura-se como resposta inquieta e variável.

O destino, portanto, de tal aventura, de fato, culmina no niilismo, entendido não como apologia do nada, entretanto como compreensão da impossibilidade racional de posse da verdade em seu todo, já que é o ser mesmo que se manifesta como luz e ao mesmo tempo permanece oculto na penumbra de sua manifestação. É isso que faz declinar o tempo moderno porque a verdade não é mais concebida como objetividade pura, o que abre outra vez a possibilidade de voltar a pensar o ser na sua relação diferenciada e dialogal com o ente humano. Relação que salva a própria possibilidade de o ser não se anular nas demasiadas assertivas e interpretações racionais e, por sua vez, salva a racionaldiade humana de não arvorar-se em dona absoluta da ontologia.

Crise da Verdade como Objetividade

O século XX, segundo Vattimo, caracteriza-se como final da *Belle Époque*. Ao traçar o mapa da filosofia do *Novecento*, buscando uma relação entre cultura, religião, filosofia e o novo mundo técnico científico, culminando no tempo posterior à primeira guerra mundial, o filósofo mostra que declinam-se:

> os anos daquela que se chama a *Belle Époque*, caracterizada bem como a crença no progresso, na superioridade da civilização europeia e no seu consequente bom direito de colonizar os povos dos outros continentes; mas nos quais se começa também a sentir os limites destas ideias: por exemplo, a antropologia cultural – isto é o estudo das outras culturas – nascida nos últimos decênios do *Otocento*, lança um princípio de dúvida sobre a identificação entre civilização europeia e civilização humana em geral (VATTIMO, 2002b, p. 1).

Convicto desse pensamento, Gianni Vattimo elabora um mapa que indica o caminho da evolução do declínio da época moderna. Elenca, para isso, alguns autores com suas respectivas propostas como fundamentais reflexões nesse processo. Inicia sua seleção a partir da Primeira Guerra Mundial com os escritos de Oswald Spengler (1880-1936), com a publicação **O declínio do Ocidente**, uma ideia de que civilização tem um sentido morfológico como todo organismo humano. Duraria cerca de mil anos e depois teria seu declínio. Sobreviveria enquanto conseguisse ser *Kultur*, aspecto vivo, criativo, e não somente civilização, aspecto formal. Essa concepção dinâmica é geradora do espírito de vanguarda. O expressionismo, por exemplo, palavra que nasceu na França no início do século XIX, resistiu ao impressionismo, reagindo contra o império das representações das coisas pela técnica. Com tal reação, o artista poderia voltar a liberar sua criatividade interior. Ao mesmo tempo, surgem as pesquisas de Ernst Bloch (1885-1977) com o aparecimento da obra **O espírito da utopia** na qual se buscou a primazia do espiritual que se afirmou nos movimentos de vanguarda.

Numa tentativa de impedir a predominância da ciência positiva que almejava também aplicar seus pressupostos às ciências humanas, vários autores, segundo Vattimo, (2002b), empenharam-se no resgate do humanismo. Se para Auguste Comte (1798-1857), o método experimental-matemático correspondeu ao da ciência madura, depois de atravessar o estágio teológico e o metafísico, para Henri Bergson (1859-1941) não era possível aplicar o positivismo ao mundo humano. Nesse sentido, anteriormente Dithey (1833-1911) esforçou-se para construir uma epistemologia das ciências humanas. *Geisteswissenschaften*, as ciências do espírito, procuraram a consistência objetiva das expressões da vida interior. Tais experiências são possíveis numa compreensão, que envolve a experiência subjetiva, enquanto nas *Naturwissenschaften,* ciências da natureza, a explicação estaria referida ao entendimento de leis universais externas.

Buscando salvaguardar o pensamento humano das algemas positivistas, o existencialismo profetizou uma ideia partilhada pelos pensadores deste endereço, "que o homem se caracteriza pelo fato de existir, e não porque realiza uma essência sempre igual" (VATTIMO, 2002b, p. 11). O que caracteriza o homem é a sua singularidade irrepetível, que é também sua concretude histórica ou existencial. Para Vattimo, o primeiro autor a tratar desse tema foi Soren Kierkegaard (1813-1855), concebendo a filosofia não como uma ciência, mas como modo de reflexão cujas palavras fundamentais são escolha e angústia. Escolher é estar diante da liberdade que por sua vez tem seu caráter abissal. Seus três estágios, estético, ético e religioso dizem respectivamente de um gozo, de um empenho e, por fim, de um salto numa escolha não racional. Sua filosofia está nitidamente em confronto com o espírito absoluto de Hegel (1770 -1831), filósofo da racionalidade forte, de acordo com as considerações vattimianas, que colocou o ser humano como cativo de uma vontade maior, a racional. Enraizado em Kierkegaard, K. Barth (1886-1968) desenvolveu a teologia da crise. Crise como tempo do chamado da graça salvadora, que desorganizando o correr normal da existência humana, convoca-a a uma decisão de conversão. De modo que a salvação do homem não acontece pelos seus próprios esforços, mas pela ação da graça.

Vattimo mostra, ainda, em seu mapa, que Karl Jaspers (1883-1969), que se inspira também em Kierkegaard, anota o ser como colocado num contexto, que, por sua vez, não se entende sem relacionar-se com os outros. Estar dentro significa pertencer ao mundo o que impossibilita de colhê-lo como puro objeto externo. A verdade só é compreendida quando há aprofundamento da individualidade na comunicação, no encontro com o outro. Tal elemento foi desenvolvido por Hannah Arendt (1906-1975), sua discípula, aplicando-o ao agir político na vivência da comunidade. Tudo isso desembocou no pensamento mais importante desses anos, o de Martin Heidegger (1889-1976).

O problema fundamental, em síntese, ganha maior estatura na tensão entre interioridade, liberdade de um lado e mundo da racionalidade técnico-científico do outro. O que significa salvar a interioridade das garras da organização total, luta que teve sua máxima expressão na escola da suspeita? Vattimo divide o problema em duas formas de abordá-lo. O primeiro trata-se de um olhar socioeconômico. Karl Marx (1818-1883) elaborou o conceito de ideologia baseado na crítica ao pensamento hegeliano. Depois da morte de Hegel, surgiram a direita e a esquerda hegelianas. "A direita pensa que Hegel seja de acordo com a fé cristã – com o dogma da Trindade, da alma imortal, e mesmo da encarnação de Deus; a esquerda empurra a filosofia de Hegel em direção a uma negação do Cristianismo enquanto superado, no desenvolvimento do espírito, da filosofia" (VATTIMO, 2002b, p. 19). Daí o fato de Ludwig Feuerbach (1804-1872) afirmar que Deus é o homem alienado. Uma imagem ideal do que não consegue ser. Marx então segue a direção da história como história do homem que se constrói. Para Marx a realidade concreta é o contexto das relações de produção. Para Feurbach, entretanto, alienação é submeter-se a um Deus que o próprio homem produziu. Em Marx, alienação é a projeção das relações de produção das mercadorias elevadas a um plano ideal, espiritual. Surgiu disso o conceito de estrutura e superestrutura. "Superestrutura são também as construções da cultura em sentido mais amplo: por exemplo, o estado, com suas instituições, em relação à sociedade civil que as constrói e as garante em vida." (VATTIMO, 2002b, p. 20).

A outra vertente da escola da suspeita é aquela que representou uma proposta de desconstrução muito mais radical, segundo Vattimo. Freud e Nietzsche trabalharam a convicção de que a consciência, o sujeito seguro de si, não pode possuir a verdade como espelhamento objetivo de um mundo real. Tais autores parecem devedores de Schopenhauer (1788-1860) para o qual existem as representações humanas, mas as coisas em si não passam de uma vontade de viver, o que parece bem de acordo com os pré-socráticos, princípio contestado por Sócrates, que introduziu a noção de que há uma lei no real que o ser humano pode conhecer para se conformar a ela. E a modernidade aprofundou essa história da racionalidade socrática até que os mestres da suspeita iniciassem seu declínio.

Nesse contexto, é possível colher a importância epocal da psicanálise, por exemplo, porque ela é também concentrada na questão da interpretação. Sigmund Freud (1856-1939) chegou a pensar em uma verdade escondida, que poderia ser descoberta, nas malhas subjetivas. Buscou-se uma reapropriação de uma verdade perdida, para assim chegar a um processo de cura das doenças psíquicas. Para isso iniciou usavando técnicas como hipnose. No entanto, depois de elaborar o conceito de inconsciente como pulsão criativa *(id)*, Freud propôs o conceito de construção em análise. Abandonou a questão da verdade originária do sujeito e o inconsciente não foi mais visto como um bloco verdadeiro, esquecido em regiões mais profundas de si. "A análise não é reconstrução de uma verdade originária, recuperável na sua objetividade, mas uma construção mediante a qual o paciente, mais que apropriar-se de si e do seu passado, faz disso uma razão, constrói-se, por assim dizer, um modo de conviver consigo mesmo." (VATTIMO, 2002b, p.32). A verdade da psicanálise não é uma verdade que resgata um sujeito ideal perdido, no entanto, ela passa a ser um jogo de interpretação, no qual o diálogo com o outro tem função fundamental.

Todo esse cenário de aventuras diversas do pensar humano, no enfraquecer dos sistemas epistemológicos metafísicos, é campo fértil para o florescimento do niilismo hermenêutico. Segundo Vattimo, uma ideia comum de niilista é a de alguém que não acredita em nada e nega qualquer valor ou sentido para a vida. A filosofia, no entanto, deve esclarecer outros significados do termo para, inclusive, apurar alguns equívocos sobre o mesmo termo. Recorda, por isso, da dificuldade que começa com o existencialismo de pensar a existência humana como estrutura estável. Se o ser é, e o homem deve corresponder ao ser em si, logo, ele experimenta seu não ser e, por isso mesmo, também colhe algo de nada no próprio ser. A obra de Jean Paul Sartre (1905-1980), **O ser e o nada** (1943) torna-se emblemática porque na sua liberdade (*per-sé*) o homem transpõe aquilo que é simplesmente dado, negando um ser como presença puramente objetiva (*in-sé*). Na **Crítica da razão dialética** (1960), diz ainda que a revolução tende a burocratizar-se e, por isso, deve de novo ser negada pela liberdade.

De alguma forma, essa busca do pensamento em emancipar-se de um predomínio do determinismo cultural, tem na dialética seu ponto auge. Dialética que ainda não escapa da pretensa busca de uma verdade mais bem estruturada e maior. A citação seguinte bem esclarece essa concepção vattimiana:

> esta tendência é visível na micrologia benjaminiana, na negatividade adorniana, e na utopia de Bloch. O significado desta tendência consiste em colocar à luz que a aproximação dialética ao problema da alienação e da reapropriação é ainda profundamente cúmplice da alienação que deveria combater: a ideia de totalidade e aquela de reapropriação, pilares de todo pensamento dialético, são ainda noções metafísicas não criticadas (VATTIMO, 1983, p. 17).

Assim sendo, é em Heidegger e Nietzsche que Vattimo encontra força expressiva para compreender o niilismo atual, de maneira particular com as questões da morte de Deus e do fim da metafísica. Com sua obra **Ser e tempo**, de 1927, Heidegger revela que o ser não é uma estrutura objetiva. Também não se reduz às decisões particulares dos indivíduos porque o ser tem sua história. E que o homem não é somente passividade, e, sim, lugar privilegiado do ser, onde ele se ilumina. Para Heidegger, há uma tendência metafísica, dos gregos até a atualidade, de pensar o ser como objetividade. O ser, na verdade, é captado somente em seu revelar-se e esquecido em seu esconder-se. A técnica, auge desta postura de nomeação ôntica, transforma o ser em cálculo e manipulação, de modo que pensar o ser somente como presença é arriscar-se em esquecer que ele também é escondimento e, por isso, reduzi-lo ao seu nada, transformando-o, no auge de sua representação, em ente; e que é propriamente o máximo de sua luz que mostra ainda a sombra como questão ontológica, condição de possibilidade de retornar ao ser como evento histórico.

Além do Homem: O Percurso Nietzsche

Segundo Vattimo, (2010), desde 1936, com a obra de Löwith (1897-1973), o eterno retorno tornou-se a categoria central das interpretações de Nietzsche, como ponto unificador desde os seus escritos da juventude até os póstumos. Embora esse conceito seja fundamental, ele está longe de ser claro, no entanto, desde seu surgimento constitui-se como mola principal da filosofia nietzscheana, tendo **Assim falou Zaratustra,** (1999), como inspiração culminante e como profeta de uma humanidade diferente. O conceito possui um duplo significado: moral e cosmológico. Ao mesmo tempo que é um enunciado que interfere no agir particular como algo que sempre vive outra vez, passa a ser também um enunciado cosmológico, uma estrutura da própria realidade. O eterno retorno é o dom fontal, a condição der possibilidade de tudo o que acontece de novo, convocando o homem a responder com empenho, encarando o tempo como decisão singular, ou, ao contrário, apenas aceitando sua condição massificada, não aproveitando o ciclo da vida como chance de construção sua própria interpretação. Corresponde a esse conceito o *além-do-homem*[4], meta de uma resposta ativa e não somente passiva diante das construções culturais. Especialmente ao longo dos dois primeiros livros de **Assim falou Zaratustra,** *além--do-homem* é aquele que:

> institui com o mundo uma relação que não é o puro e simples reconhecimento da realidade como ela é, e tampouco uma ação moral referente apenas ao sujeito, mas uma verdadeira relação de recriação do próprio mundo, redimido do acaso e da brutalidade do evento numa criação poética em que vigora uma nova necessidade (VATTIMO, 2010b, p. 11).

Para iluminar a proposta do eterno retorno, é necessário trabalhar a questão da temporalidade como categoria existencial e não como simples sucessão de instantes rumo a um fim. Na segunda consideração extemporânea, **Da utilidade e desvantagem dos estudos históricos para a vida,** de 1874, de acordo com Vattimo, Nietzsche aborda a doença histórica. Mergulhada no conhecimento do passado, a época moderna perdeu sua criatividade ao entrar num servilismo histórico sem aceitar o fato de que importante é

---

[4] A expressão nietzscheana, além-do-homem, será grafada com destaque em todo o documento, devido à sua relevância, enquanto emissora de um pensamento filosófico.

tomar decisões que farão caminho. Essa relação com o passado da qual a doença histórica é uma degeneração, parece ser constitutiva ao evento humano. Ao dizer-se, o ente humano reconhece sua condição imperfectível e isso é importante para trabalhar o tempo e a eternidade. Como um ator que recita partes de uma história, ele vagueia por entre situações das quais não se sente dono, elemento que ganha força, como esclarece a seguinte citação, de forma vísivel numa civilização de massa,

> em que as exigências da produção requerem um tipo médio de homem suficientemente informado, mas desprovido do sentido da individualidade e dominado pelo instinto do rebanho: o órgão desta cultura de massas, democrática e cosmopolita, mas sem raízes, é o jornalismo (VATTIMO, 2010b, p. 17).

Vivendo perdido no meio e a serviço dos instantes, ainda preso ao tempo concebido como simples passar das horas, o homem moderno acabou sendo um expatriado. Conhecedor de muitas noções históricas, todavia sem um princípio unificador, torna-se um imaturo, sem criatividade para ir além do que recebeu como herança. Como se configuraria uma atitude, portanto, mais dinâmica com o passado no *além-do-homem*? Vattimo colhe de Nietzsche a proposta de que é preciso haver certo esquecimento ou suspensão, na tentativa de entender o passado sem a preocupação objetivista de reconstrução do passado e, sim, como facilitador e fortalecedor da ação presente do ser vivente no horizonte a partir do qual se estrutura sua novidade.

Para que não seja tragado pelo passado, o homem conta com a força plástica e criativa da vida. Tal movimento conecta o conceito de eternidade ao de ilusão, aquilo que não permite a imersão total no passado, mas possibilita a criatividade. A segunda extemporânea, no entanto, mostra o valor do conhecimento objetivo da história, desde que seja ele subjugado ao elemento não histórico que pode encontrar na religião e na arte, as forças eternizantes porque ajudam a superar a subserviência do passado. De qualquer modo, somente o conceito de eterno retorno vai trazer pontos esclarecedores sobre a temporalidade, portanto, "doença histórica é, para o Nietzsche da segunda extemporânea, tanto o historicismo providencialista, no fundo ainda cristão, quanto o relativismo absoluto de quem vê a realidade como um fluxo em que tudo o que nasce é digno de perecer" (VATTIMO, 2010b, p. 26).

Somando-se a isso, o niilismo compõe com o historicismo, as premissas do filosofar de Nietzsche. Quando se joga para o além o sentido da história, tira-se dela seu sentido, lançando-a ao nada inoperante. De um lado, em Nietzsche o niilismo é negativo, ao revelar a fragilidade humana por se acomodar ao imediato, às simples respostas a estímulos recebidos; por outro lado, guarda também sua face positiva porque, com o fim do providencialismo histórico, o campo da história humana fica aberto para sua criatividade livre. Assim, surge a compreensão de que a tendência à alienação não é mais a de um homem pontual, entretanto pertence à própria condição humana. E disso emerge o espírito de vingança que é a insatisfação diante do que já foi, ou do que já é, e, portanto, não pode ser objeto da vontade. Qual seria a relação do espírito de vingança com as manifestações do niilismo? Melhor mencionar primeiro as manifestações do niilismo que se encontram na obra **A vontade de potência** (1888), na qual o niilismo é resumido como libertação do cristianismo (o anticristo), libertação da moral (o imoralista), libertação da verdade (o espírito livre), libertação do niilismo passivo. Cristianismo, moral e metafísica são os três elementos centrais que, por buscarem uma ordem independente da vontade, devem ser combatidos pelo empenho criativo da vontade de potência.

A vontade, por isso, que carrega o instinto de vingança como reivindicação de um ponto operante, revolta-se ao descobrir que tal ordem não existe, lançando as sementes do niilismo que é a convicção de que tudo depende de construções interpretativas. A vontade que se entrega à busca de valores independentes de si mesma, conserva o espírito de vingança ao deparar-se com a falácia de tais valores. Por não existir ordem fora da vontade, esta apega-se na convicção de que tudo deve ser criado. Chegar a isso é tomar o posto do *além-do-homem* e libertar-se da vontade de vingança. "Para passar do niilismo completo, ou seja, ao niilismo superado, e para a partir do reconhecimento da insensatez das coisas, chegar à consciência da criatividade da vontade, é necessário ainda um passo, a solução do problema da temporalidade" (VATTIMO, 2010b, p. 40). Ainda, segundo Vattimo, Nietzsche propõe um querer da vontade para trás, o que se dá com a doutrina do eterno retorno deste querer. Se, então, o niilismo tem sua origem no espírito de vingança e na relação da vontade com o *es war* (já foi), a temporalidade é que vai trazer a superação do niilismo e o nascimento do *além-do-homem*.

Temporalidade significa ler o tempo como circularidade, de modo que aquilo que é e será, certamente deverá ter sido, dando ao passado peso determinante para o futuro. Tal estrutura circular permite um intercâmbio entre passado e futuro no instante presente, no entanto, é o presente que leva consigo todo o passado e futuro, o que para Nietzsche é a própria eternidade. Então, todo instante é decisivo, mas se todos são, nenhum seria? Instante aqui deve ser compreendido não como relação retilínea com outro instante. Cada um é o ápice, o meio-dia da humanidade onde se encontram a eternidade e a hora da decisão. O *além-do-homem*, de alguma forma, seria aquele capaz de brilhar no sol do meio-dia. Isso instaura outra pergunta: qual a relação da vontade do homem com o mundo, que Nietzsche nomeia como vontade de potência?

A filosofia nietzscheana baseia-se no próprio questionamento de *Weltanschauung*, visão de mundo. Sua premissa maior profetiza que o mundo verdadeiro tornou-se fábula, inaugurando as trilhas do niilismo. De modo que o mundo verdadeiro dos sábios, na verdade, são eles mesmos; tal ideia de verdade tornou-se cristã; um mundo inalcançável, mas presente nas promessas; desconhecido e inatingível, tal mundo também não serve para nenhum consolo; o mundo verdadeiro não passa de uma ideia supérflua. Mundo que, de fato, nunca existiu a não ser como fruto interpretativo de determinada cultura situada em seus contornos particulares e históricos.

Segundo Vattimo, esta convicção é determinante na obra de Nietzsche, porque ela gera sua crítica à verdade como valor universalmente válido. Nessa perspectiva, o pensamento seguinte é esclarecedor:

> a crítica do conceito de verdade como evidência, ou seja, a manifestação imediata de maneira psicologicamente convincente e indiscutível de alguma coisa: um objeto, uma proposição, como verdadeira, ou seja, como correspondente ao estado das coisas – é um dos pontos mais constantes e significativos da especulação de Nietzsche, se não o principal significado de sua contribuição para a história do pensamento (VATTIMO, 2010b, p. 56).

A partir da concepção de eterno retorno, da vontade de potência e da temporalidade, a problematização da verdade acompanha grande parte da obra nietzscheana. Sua crítica compreende que a verdade como conformidade a certas regras que, quando não funcionam, tornando o intelecto livre, revela como tais estruturas não se sustentam com validade eterna. Por isso, a verdade é sempre mediada por uma série de elementos e nunca uma realidade imediata. Mesmo com tal conclusão, porém, Nietzsche rejeita o historicismo ou a crença em um viver descompromissado o passar dos dias. Se a consciência historiográfica conduz ao conhecimento da transitoriedade de tudo, seria precipitado chegar à conclusão da impossibilidade de o homem criar alguma coisa. Onde encontrar, pois, força para um novo agir? Segundo Vattimo, (2010b), o que na **Segunda consideração extemporânea** permanece como dado obscuro, nas obras da maturidade como **Assim falou Zaratustra** e **A vontade de potência** são esclarecidos com o eterno retorno. Conceber o presente como ponto de passagem entre passado e futuro, seguindo uma ordem *a priori* histórica e a evidência como critério da verdade são os maiores inimigos do pensamento nietzscheano. Qual seria a nova visão, portanto, de acordo com a reflexão vattimiana? O presente, de fato, é o lugar da decisão que passa a ser o elemento constitutivo da temporalidade. A decisão não se encontra em algum momento do tempo, todavia ela é a própria chave de leitura para a compreensão do tempo. A capacidade de criar diante da realidade que retorna é ela mesma instituinte da noção de temporalidade, ou seja, que potencializa o tempo para além de sua estrutura puramente cronológica.

O que Nietzsche coloca no lugar das fábulas da evidência e do historicismo que acompanham o conceito de verdade na civilização ocidental? Ao desmitologizar este conceito, Nietzsche não pretende criar uma nova verdade ou filosofia. Mostra outra forma de fazer filosofia na medida que não procura encontrar uma verdade mais perfeita. De qualquer forma, trata-se de construção de outras fábulas. Como, então, se posicionar diante de alguém que já adianta que seu pensamento é também uma fábula? Tomando uma decisão e não o aceitando simplesmente de forma pacífica. Filosofar seria tomar um posicionamento próprio, assumindo responsabilidades. A tomada de posição, ou o compromisso deve ser a atitude do ser humano diante do presente como possibilidade de construção de outras fábulas.

Desse modo, Nietzsche, o primeiro niilista completo, tornou-se também o primeiro a superá-lo. Já que o eterno retorno proclama que não existe qualquer teleologia imperativa como queria a mentalidade historicista, então resta ao homem o tempo da decisão. Decisão que funda o mundo, colocando-o na responsabilidade diante da morte do deus moral, do deus da ordem constituída uma vez por todas. O homem passa a ser ele mesmo legislador, todavia sabedor da finitude de sua legislação. De que lugar recebe essa missão? De uma raiz remota que permite ao *além-do-homem*, diante do eterno retorno, ser o criador de valores diante da eternidade do que se repete sempre.

Então, tal responsabilidade não chega ao homem como algo arbitrário, e, sim, por uma espécie de raiz remota. Com tal raiz, o homem deve ter uma relação que cria horizontes, interpretando-a como permanente e sempre ativa, força originante, manancial. Ela é que garante ainda a presença do ser, mas agora como algo fontal e criativo. A ideia do eterno retorno diz de tal fonte que ao estar à disposição, pede uma tomada de decisão e faz com que o homem mantenha-se na relação com ela sem perder-se no meio da perspectiva histórica, sem absolutizá-la como a realidade total, todavia acolhendo-a sempre outra vez. Por isso, diante dele, há dois caminhos: ou massificar-se ou dedicar-se à própria autotransformação. Diante de um ser que já não se mostra como estabilidade e, sim, como dinamicidade viva, o homem já não sabe e nem procura saber quem é, sabe somente que deve assumir suas próprias responsabilidades em relação ao manancial constante que é o eterno retorno dele, uma espécie de gratuidade que chega, apenas interpelando o presente como tempo decisório.

Nietzsche, com a experiência filológica, por exemplo, não quis fazer uma dissecação do passado para entendê-lo, no entanto, quis buscar a relação do homem com o passado, por isso, não foi um especialista ou erudito da história passada. A questão importante é que já não se pretende buscar um modo mais epigônico de relação com o passado. A partir da impossibilidade de reprodução total de um fato passado, Nietzsche posiciona-se criticamente em relação ao erudito, porque "a verdadeira razão pela qual o erudito não pode compreender adequadamente o fato histórico é que o fato é algo vivo, em sua atualidade, enquanto o erudito o mumifica e o esgota, entende-o como algo morto" (VATTIMO, 2010b, p. 87). E para Nietzsche, o fato tem em si uma abertura constitutiva diante da qual não se pode ter postura objetiva e, sim, interpretativa.

Diante disso, a filologia apresenta problemas básicos ao abordar um fato, de acordo com os estudos que Vattimo desenvolve a partir do pensamento de Nietzsche, ao se deparar com a impossibilidade de sua exatidão objetiva, forjando o filólogo a levar em conta, juntamente com a Antiguidade, o presente e a si mesmo. Movido pela força que o envolve, deve ir ao encontro do fato de maneira viva e encontrá-lo na posição de um sujeito aberto, num ato de interpretação já carregado de pressupostos filosóficos. Tudo leva a crer que será importante uma unidade estilística, já que Nietzsche concebe a vida como um fluxo desordenado. É por isso que o passado é dotado de algo imperfeito, aberto e inconcluso, do contrário, restaria ao homem historicista um vaguear qual turista no jardim da história.

A consequência mais clara dessa concepção de temporalidade, que se baseia no eterno retorno do passado, não como repetição estratificada dos fatos, entretanto, como oferta temporal contínua do espaço aberto para a criação, é colher na história o evento como intrínseco à sua natureza. Evento que revela a irracionalidade em sua base ao ser história aberta, ato da vida, que se encontra com outros eventos também em sua infinitude finita. O filólogo, portanto, deve posicionar-se diante da história numa atitude de estética criativa. Vattimo, (2010b), diz que, em **Verdade e mentira no sentido extramoral,** Nietzsche denuncia o conceito tradicional, metafísico da verdade como evidência, justamente porque a história possui um largo sentido metafórico, revelando o caráter aberto da existência, e porque a ciência não lida com coisas, mas produções espirituais, esbarra-se na impossibilidade de um encontro objetivo com a verdade dos fatos passados.

Aparentemente, o que poderia estar restrito às chamadas ciências do espírito, Nietzsche amplia também às ciências da natureza. De fato já não existe diferença entre ambas. De qualquer forma, o homem é um animal metafórico e também seu modo de compreender as coisas naturais são eventos culturais, são signos. A genealogia é criticada pela impossibilidade de se chegar a um em si do fato. O que se dá, então, é que o fato histórico não pode ser conhecido por um ideal ou pelo critério objetivo; tal conhecimento acontece pela interpretação que é força viva, estilo; levando a uma resposta também viva ao fato da vida.

Seguindo as pistas nietzscheanas, a filosofia passa a ser um exercício ontológico e tal concepção de filosofia deve ser resgatada pelo seu significado. Para Vattimo, (2010b), Nietzsche é o grande desmistificador, aquele que busca enxergar para além do fato em si, penetrando em suas estruturas ocultas, tornando o filosofar um exercício de ontologia. A sua busca de encontrar o que está por trás dos mais arraigados modos de pensar, acontece, principalmente em **Humano, demasiado humano**, **O crepúsculo dos ídolos**, **Genealogia da moral**. Descobre-se as raízes instintivas da moral, da religião, da filosofia. Ao avaliar a verdade, a partir de elementos não visíveis, não transparentes, o mundo verdadeiro torna-se fábula e perspectiva. Nesse sentido, compreende-se o fato de que os filósofos se guiam por certos instintos, ou por valorações. Eles, de fato, pertencem à humanidade que está arraigada pela hereditariedade, agindo como natureza, que faz apreciar ou desprezar certas coisas. Sendo assim, a própria desmistificação encontra-se de forma paradoxal ao ser ela também um mito, uma criação e uma linguagem histórica e não supra-histórica.

Trata-se, pois, de um exercício ontológico e, antes de ser apenas um crítico dos valores, o filósofo está diante de uma força mais radical que o coloca na abertura do próprio ser. Ser que dá visibilidade e sustento aos entes. O dizer da filosofia será apenas um aspecto dele e não sua explicitação absoluta, pois dele só se recebe a força de uma busca. Além de todo fundamento (*Grund*) há um abismo (*Abgrund*). O filosofar é estar sempre diante de máscaras que escondem o sentido do que se diz. Desse modo, imbuído por um dom mais originário, que conduz o filósofo, ele cria o mundo sem, no entanto, colher o todo ou sem mesmo saber do próprio fundamento, o que leva Gianni Vattimo a propor:

> Nietzsche se coloca autenticamente fora da tradição metafísica, em sentido heideggeriano, aquela que tem como sua essência determinante o iluminismo e que culmina na filosofia hegeliana da autoconsciência; e leva a pensar se precisamente uma vertente da filosofia ocidental que não se resume em Hegel e na sua conclusão da metafísica, aquela que concebe o ser como vontade e a que Nietzsche se remete, não pode oferecer os instrumentos para uma autêntica renovação da reflexão filosófica e da própria concepção de filosofia (VATTIMO, 2010b, p. 132).

Desse modo, outra forma de conceber a filosofia, talvez mais autêntica, é tê-la como lugar da criação de valores. Colocando-se fora dos quadros valorativos cotidianos, o filósofo busca novos critérios de verdade. Ele difere-se dos trabalhadores intelectuais que coagidos pelo instinto de massa, buscam garantir a ordem da verdade evidente a que a cultura chegou. O filósofo, não; está mais próximo de outra ordem, mais inquieta e inventiva. A tarefa do filósofo é, para além das velhas valorações, almejar valores novos. No filósofo, enquanto criador, há algo de misterioso, independente da vontade pessoal. Um tipo de fundamento originário, uma massa granítica de fatalidade que o impulsiona no exercício de seu pensamento.

Implicações Hermenêuticas

Quais as novas consequências que nascem de tal pensamento sobre a história, a verdade, os valores? Segundo Vattimo, (2012b), a hermenêutica é o lugar de Nietzsche no mapa filosófico, e, isso, forma um conjunto diante do qual se pode, muitas vezes, citá-lo a favor ou contra praticamente qualquer tese filosófica. Em que sentido a conexão entre hermenêutica e niilismo, nas elaborações nietzscheanas, conduzem a algum alvorecer da filosofia? Responder a essa pergunta ajudará a reconhecer o lugar da profecia nitzscheana sobre a filosofia e os resultados niilistas de sua hermenêutica. Para responder a isso, todavia, Vattimo trabalha com "contradições" ou tensões no pensamento de Nietzsche.

A primeira contradição encontra-se nas máscaras em **Sobre verdade e mentira no sentido extramoral.** Na descoberta da essência histórica da historiografia, o passado não pode ser fechado e diante dele se deve ter uma forte unidade estilística. Mas, a seguir, diz que conhecer a nós mesmos não significa estar diante dessa unidade, e, sim, estar diante de um passado infinito que constitui o ser humano. "A história é a loja de máscaras e aparências que, longe de violar a autêntica essência da individualidade, a constitui e é sua única riqueza" (VATTIMO, 2010b, p. 144). Com isso, a força do sujeito unitário dá lugar a um saber jogar com uma série de formas históricas assumidas como máscaras em sua diversidade. Não existe nenhuma ordem intrínseca, nem necessidade alguma. Vattimo ressalta que a partir de **Humano, demasiado humano,** Nietzsche elabora sua crítica às pretensões de um sujeito autoconsciente, chegando, em **A vontade de potência**, a conceber o sujeito como um jogo conflitante de forças. Nietzsche, entretanto, ainda acredita em um núcleo forte capaz de continuar a interpretação como mostra com a figura do *além-do-homem*. O que seria, pois, esse centro capaz de organizar a vontade de potência em suas dimensões conflituosas, trata-se de uma das questões desse grande filósofo.

A segunda contradição diz respeito a todo quadro de valores como processos sublimados que podem ser desmascarados depois da morte de Deus. Esse desmascaramento, contudo, seria incapaz de chegar a uma verdade ainda maior, sendo que a atitude de tirar máscaras não pode pretender alcançar nenhum fundamento a não ser o fato de que o pensamento deve manter-se crítico da cultura, no entanto essa não seria também uma verdade absoluta? Ou seja, de qualquer forma o processo de desmascaramento dos valores como fábulas já parte de uma perspectiva, de um valor, de uma decisão de que seria melhor, a partir do eterno retorno, o ser humano assumir a vontade de potência como chance de construir novos valores em seu tempo histórico, do que ser ele simplesmente regido por um sentimento de massa.

Por fim, há contradição entre a tese de que não existem fatos, mas interpretações movidas pela vontade de potência e pelo eterno retorno. Se as próprias interpretações são entendidas como imperativo, elas não cairiam também na metafísica? A partir de tais contradições, Vattimo chega à seguinte conclusão: "Esse talvez seja um dos motivos por que Heidegger considerou Nietzsche um pensador que ainda pertence à história da metafísica" (VATTIMO, 2010, p. 148), pela sua inquieta busca de algo essencial.

Merece também atenção também alguns problemas com a interpretação do *além* no *além-do-homem* porque o ideal de homem da modernidade parece encontrar, talvez de forma equivocada, na figura de Nietzsche, sua síntese. Tal conceito, concebido como explicitação, força, manifestação seria apenas a caricatura de sua proposta, não o encarando como projeto alternativo de cultura e de humanidade. O *além-do-homem,* no entanto, ganha centralidade quando não é visto simplesmente como fuga de uma crise ou decadência, mas como proposta de superação de uma postura demasiadamente convencida de suas verdades. O que necessariamente deve contar é sua postura irônica em relação ao homem forte da tradição ocidental. Ironia que tenta superar a contraposição sujeito--objeto. Ele, o *além-do-homem*, deveria rir, dançando, do homem superior, inclusive daquele estético no sentido de um belo objetivo. Ele seria o homem da unidade ético-existencial, na qual as tensões podem ganhar significado maior por saber-se mais frágil e agraciado ao mesmo tempo.

Para colher tal significado é necessário notar a atualidade na estética nietzscheana, que se dá pela inversão do platonismo. De fato, diz Vattimo, "o centro do discurso platônico é sempre colocado na oposição entre o ser verdadeiro das ideias e o caráter de aparência da imagem, com a relativa subordinação hierárquica do conhecimento sensível e das emoções ao conhecimento intelectual" (2010b, p. 176). Em **A República**, Platão destaca metafisicamente a distância entre a imagem produzida pelo artista, da ideia criada por Deus, sendo que o artista faz uma cópia da cópia. Nesta lógica, afirma-se a não existência de um homem duplo, capaz de mergulhar em outras individualidades, outros papéis reproduzindo-os, encarnando-os. Constata-se que a poesia é uma espécie de potência autônoma em relação à aparência. Faz sair dos limites do real, pela criação, não permitindo sua redução a regras como uma *tékhne*. Vattimo esclarece que a tradição esqueceu da conexão entre aparência poética e desidentificação, saída de si. O sentido fundamental da estética nietzscheana é recordar o vínculo entre aparência estética e negação da identidade, de outro modo, o que aparece ou a obra criada não possui uma essência da qual ela é apenas reflexo.

Em Platão, dá-se, portanto, segundo Vattimo, a negação da estética como descontinuidade existencial. No caso de Nietzsche, o aspecto dionisíaco, pura força, toma as rédeas na tragédia revelando sua luta contínua com a dimensão apolíneo da organização racional. O rumo da dicotomia entre coisa em si, interpretação já dada, e fenômeno, construção ainda por vir, dependerá da predominância de um dos dois. É por isso que o dionisíaco bárbaro de Nietzsche representa uma força que se apresenta como desumana ao se inquietar ordens sociais já estabelecidas e, ao mesmo tempo, como possibilidade de outra humanidade possível. Ele é mensageiro do aspecto mutável, histórico do mundo dos símbolos no qual vivem os gregos e vive a humanidade até hoje.

Se por um lado, portanto, o animal humano, pressionado pela natureza e por seus semelhantes, constrói uma ordem para não fracassar, criando seu quadro de normas, leis, criando sua cultura, aceitando a vida de rebanho, que lhe garanta paz, estabilidade, na qual as decisões puramente arbitrárias passaram a ser verdade; por outro lado, no entanto, paralelo ao mundo apolíneo, sobrevive como força constante o impulso não regulamentado pela ordem social, gerador de uma tensão não somente epistemológica, mas, sobretudo existencial, como esclarece a afirmação que segue:

> se o problema a que a criação dos símbolos deve responder fosse apenas o de garantir a sobrevivência do homem por meio da imposição de esquemas estáveis ao mundo da experiência e por meio da fixação de um sistema funcional de comunicação e de cooperação social, o impulso para produzir novas mentiras, novas metáforas e para desorganizar continuamente as rubricas e os compartimentos do mundo das palavras e dos conceitos não teria mais razão de ser e não poderia encontrar uma explicação na teoria (VATTIMO, 2010b, p. 200).

De acordo com a leitura que Vattimo faz de Nietzsche, a paz absoluta entre Dionísio, deus dos impulsos, da vontade e Apolo, senhor da racionalidade organizada, torna-se impossível. Tudo dependerá do excesso existente na predominância de um ou de outro. O valor da estética nietzscheana é importante ao mostrar que a arte, por exemplo, sempre põe em cena a tensão entre realidade e aparência, não sendo ela a cópia de uma cópia mais perfeita, e, sim, criação, destino de forças livres que agem no humano. De modo que para Nietzsche, a arte não se reduz a uma questão esteticista. Ela é a luta constante entre Dionísio e Apolo.

A arte seria, portanto, o lugar especial de dar destino ao excesso, porque nela ele se manifesta, colocando em questão os limites entre real e aparente e, de certa forma, como violação dos limites da identidade pessoal, mostrando a superação da subjetividade autoconsciente. O que Nietzsche propõe é a retomada da ligação entre desidenficação, a força dionisíaca não representada, com a aparência platônica, que poderia, nesse caso, coincidir com a organização apolínea. A partir do poetar e do pensar, transparece esse jogo de forças que colocam em crise o próprio conceito de sujeito racional, forçando-o a reconhecer também sua vitalidade pulsional.

Da sabedoria do *além-do-homem*, nasce a questão: em que sentido pode-se falar dele, ainda, sem cair no ideal de autoconsciência arcaico, próprio daqueles que pensaram assimilar algo *em si* sobre a vida e seu valores, transmitindo tal organização como verdade? Sua chance encontra-se no seguinte pensamento: "no caos, só podemos ser intérpretes originais; se não for assim, como escreve Nietzsche em tantas de suas páginas, pereceremos, caímos na categoria dos fracassados" (VATTIMO, 2010b, p. 230). Nesse sentido, o niilismo é exatamente a babel multicultural na qual se vive e que hoje, bem menos que em outras épocas, não há boas possibilidades de viver sem ser inventores do mundo. As agências interpretativas eram poucas; entretanto, na pós-modernidade, são variadas, forçando a inevitável escolha e tomada de decisão pela criação ou levando o homem a um processo de massificação.

A época do niilismo, que Nietzsche mostrou, segundo Vattimo, em **Crepúsculo dos ídolos** e em **Niilismo europeu** como o mundo verdadeiro acabou se tornando fábula, implica a crise da modernidade e o início do *além-do-homem*. Niilismo que não aparece como crítica somente a uma questão interna em relação à verdade. Aparece, pela imposição da ciência e da técnica, que mesmo sendo reveladoras do caráter interpretativo de toda a existência, acabam por manipular a positividade da criação. Mas, é possível um ideal de homem sem reforçar a crença em si, o domínio e a arrogância? Apesar de alguns, supostamente, terem lido Nietzsche por esse viés, Vattimo diz que não o compreenderam em sua proposta mais profunda que denuncia, precisamente, qualquer imposição de uma cultura à outra.

É por isso que Vattimo defende que, em Nietzsche, na luta pela vontade de potência, vencem os mais moderados, aqueles que não precisam de princípios radicais. Na dissolução dos valores, dissolve-se também o eu como estrutura fixa e a própria superioridade de raça. O novo sujeito seria aquele capaz de viver sua verdade sem acreditar que ela esteja alicerçada em princípios absolutos. O destino, pois, é a democracia ou a vivência numa sociedade de iguais, sem necessidade de impor sobre os outros sua verdade. O *além-do-homem*, aquele capaz de não colocar sequer seu eu como absoluto, seria um homem aberto aos apelos que vêm de fora, dos outros, lembrando a imagem de Abraão, capaz de escutar algo para além de si mesmo, de seus impulsos e de sua vontade.

Assim sendo, niilismo teria dois sentidos em Nietzsche, segundo Vattimo. O passivo, aquele que, por não reconhecer a fragilidade condicionada dos valores supremos, sobrevive de disfarces como as verdades religiosas, morais, políticas e estéticas. Manteria uma recusa em relação a qualquer tarefa criativa, colocando máscaras para preencher o vazio deixado pela ruína dos valores objetivos. Ao contrário, o niilismo ativo buscaria construir algo diante do enfraquecimento dos valores absolutos. Mas, porque seriam necessárias tais ruínas? Elas, as verdades absolutas, merecem ser dissolvidas enquanto pretendem ser valores eternos, não aceitando o devir, o eterno retorno da força de criação. Mesmo sabendo que toda forma de existência precisa de uma verdade, de uma interpretação, o que diferencia o niilismo passivo do ativo? "As interpretações que nascem do niilismo ativo são explicitamente conscientes da própria natureza hermenêutica, e por isso mesmo correspondem a uma forma de vida mais ousada, mais rica e aberta" (VATTIMO, 2010b, p. 245).

E qual o modelo desse niilista? Seria simplesmente aquele que prefere viver aberto ao diálogo? Nietzsche não aposta nessa direção porque ela tem ainda em vista uma linearidade de conquistas para um melhor, mais perfeito, segundo Vattimo. Haveria um outro caminho possível? Quem serão os mais fortes nesse caso? Serão aqueles mais moderados, sendo que, o modelo mais evocado, em seus últimos escritos, é o do artista, por ter capacidade de apreender aspectos trágicos da vida, ampliando-os em criações. Essa nova possibilidade do humano ganha em atualidade ao tentar responder ao grande desafio da imposição do mundo técnico. Com o fim da civilização trágica, emergiu o espírito socrático e, a partir daí, a ciência conheceu seu prodigioso desenvolvimento, porque a razão se elegeu como organizadora do mundo a partir de leis que podem ser conhecidas e utilizadas; ao mesmo tempo, perdeu o aspecto do novo, do excepcional (poesia, religião, artes) do qual as sociedades tradicionais tinham tirado sua força. De modo que,

> o homem do século XIX aparece para Nietzsche, ao final desse processo de racionalização do mundo, como inteiramente incapaz de produzir nova história, agora apenas capaz de vaguear como um turista no mundo das possibilidades históricas de fato realizadas no passado, que o enorme desenvolvimento da historiografia põe à disposição dele como um espetáculo ou como um repertório de máscaras estilísticas para encobrir a fundamental falta de estilos (VATTIMO, 2010b, p. 266).

Esse debate revela o surgimento do mal-estar da civilização com a imposição de um tipo de ser humano medíocre, instrumentalizado. A necessidade de um equilíbrio, para abrir novos caminhos, não procede da superação total da metafísica, entretanto de sua convalescença. Um continuar a sonhar, sabendo que está sonhando. Assim, a química de **Humano, demasiado humano**, descobridora das mentiras encobertas pelas verdades, também passa a ser considerada como fábula. Significa isso ceticismo? No sentido de Nietzsche, não, porque dizer que tudo é falso cairia, mais uma vez, num fundamento absoluto. Há, portanto, grande distância entre o ceticismo metafísico e o discurso defendido por Nietzsche em **A Gaia Ciência**, por exemplo. O termo convalescença ilumina essa diferença, destacando que essa postura diferencia-se de qualquer ilusão de se chegar a um fundo verdadeiro, fixo, como pretende algumas posturas marxistas, psicanalistas ou religiosas e de abandonar o caminho por não se possuir a verdade em seu todo. O que resta do eu, depois da descoberta de que a própria busca de uma base verdadeira, ao desmascarar a verdade, é também desmascarada? Resta a gaia ciência, que alimenta o homem a viver, sabendo que a vida é sonho. Isso não significa um salto no vazio porque autoriza, no entanto, o pensar para fora dos ciclos restritos de sociedades legitimadas.

A dissolução, bem entendida, é o que caracteriza positivamente o *além-do-homem*. Em **Aurora**, segundo Vattimo, (2010b), de um lado a moral é desmascarada porque ela busca um todo social ainda que para isso sacrifique o sujeito. Moral como conjunto de normas que pede sempre ao sujeito que se anule em prol do grupo. Então, nesse caso, Nietzsche estaria colocando o sujeito no lugar do todo? Também o sujeito não é instância alternativa. Ele apenas possui uma vida como jogo de instintos a serem sempre interpretados, gerando valores denominados como morais. De modo que o *individuum* torna-se um *dividuum*. O que se pretende, portanto, com esse processo de desassujeitamento? Pretende-se revelar que o mundo do homem será o da pluralidade libertadora. De modo que o *além do além-do-homem* é a libertação da pluralidade e contra toda visão hegemônica da humanidade. É, portanto, o sujeito enfraquecido capaz de ser alguém que, constitutivamente, declina-se, em sua verdadeira libertação.

A obra **Assim falou Zaratustra**, de forma profética, tem como primeira ideia oferecer uma preparação ao *além-do-homem*. Vattimo, inclusive, oferece a seguinte proposta para a leitura da mesma: primeira parte trata-se da crise da subjetividade moderna-cristã. Crise que passa pelas metamorfoses do camelo, tradição do ascetismo platônico-cristão; do leão, revolta do espírito moderno com Hegel; da criança, que cria sem esforços. Segunda parte: no lugar de Deus, o *além-do-homem*, com o discurso da redenção como fé na transcendência que impede a vontade livre e criadora. Terceira parte: "da visão do enigma", discurso mais significativo, no qual,

> a mordida que o pastor da visão e o próprio Zaratustra devem dar na cabeça da serpente mostra que o eterno retorno não é uma 'modinha de realejo', um mero acomodar-se ao incontrolável ir e vir das coisas, mas uma conciliação criativa com o ser, que implica uma decisão e um esforço (VATTIMO, 2010b, p. 318).

Em sequência, na quarta parte, é importante a questão da convalescença, em que o homem velho, no eterno retorno, encontra a chance de acostumar-se à sua postura de massa ou de construtor de novos valores. Sendo assim, não haveria uma semelhança do pensamento heideggeriano que diz que a superação total da metafísica é impossível? De fato, ficam em aberto as próprias interpretações de Zaratustra que parece não querer o posto de um estágio perfeito do homem. Ele mesmo pede que o interpretem mal, que o traiam, que o esqueçam. **Assim falou Zaratustra** resume a ambiguidade criativa do próprio filósofo que pode ser transferida também à tensão existente na dinâmica do homem que não se contenta com o que já está construído em termos culturais.

O perfil de Nietzsche, de acordo com Vattimo, partiria, portanto, da **Segunda consideração extemporânea**, da qual nasce a questão da doença histórica, sendo o século XIX o tempo da explosão de historiografia; depois, **Humano, demasiado humano, Aurora, A Gaia Ciência**, segundo a leitura vattimiana, estariam no período médio, caracterizado como tempo de afastamento de Wagner e de Schopenhauer, a partir dos quais, Nietzsche pensava retornar ao espírito grego da tragédia, mantendo, mesmo assim, a linha mestra de sair da decadência, promovendo o espírito livre. Por fim, em **A Gaia Ciência** mostra que a partir da busca da verdade, os próprios mitos construídos pela mesma, como Deus e razão, foram destruídos ao chegar a certo grau de segurança que já não mais depende de tais conceitos, devolvendo-os à dança das forças que sempre os envolvem.

De toda essa leitura que Vattimo faz de Nietzsche, não é difícil notar seu fascínio pela concepção de *além-do-homem* como condição de possibilidade de sair da organização do pensamento metafísico, de modo particular na concepção que esse tem da história, desfavorável à interpretação criativa. Coerentes com suas condições hermenêuticas que não permitem partir de um marco zero na compreensão de elementos como temporalidade, a proposta vattimiana reconhece, no eterno retorno do mesmo, a raiz histórica como mensagem que chega de um passado sem, no entanto, a obrigação de ainda se perder no esforço impossível de uma compreensão plenamente ortodoxa. Desse modo, *o pensamento enfraquecido* colhe das profecias nietzscheanas, sobretudo, a capacidade de criação do pensamento que sabe-se finito, ligando, de alguma maneira, o *além* do *além-do-homem* com o *pós* da pós-modernidade e com o *não* do cristianismo não religioso por ele proposto[5]. A noção de ser como evento aprofunda ainda mais essa relação.

Pensar o Ser como Evento

Todo esse percurso de Nietzsche pode ser aprofundado levando em conta o pensamento de Heidegger. De modo que, para Vattimo, falar da relação Heidegger-Nietzsche seria abordar um tema central da filosofia atual. Muito mais que notar a importância das interpretações heideggerianas sobre Nietzsche, há grande possibilidade de ver Heidegger sendo compreendido por meio dos estudos de Nietzsche, numa inversão, portanto. Mesmo que Heidegger tenha apontado Nietzsche como o último dos metafísicos, Vattimo

---

[5] O apanhado que Vattimo faz do pensamento nietzscheano, mais especificamente em sua obra **Diálogo com Nietzsche**, ao propor a despedida do historicismo, possibilita, ao mesmo tempo, o nexo entre história do niilismo e história da salvação, como mostra em **Credere di credere**. Crer na historicidade como processo de criação existencial, em que está em jogo uma misteriosa parceria de ser e ente, não seria possível caso o pensamento ocidental não fosse herdeiro da verdade cristã de que Deus encarnou-se.

entende que ele já está a caminho de um abandono da metafísica[6]. Isso porque ao afirmar que não existem fatos, mas somente interpretações, de alguma forma deve-se provocar no intérprete a consciência de que também essa é uma possibilidade de interpretação. Notar os erros, os interesses que estão no fundo das verdades, não significa para Nietzsche destruir ou desmerecer tudo porque o humano, muito humano, se dá exatamente nesses jogos. Isso seria diferente do que Heidegger chama de *An-denken*, rememoração? Ambos parecem estar unidos ao conceber o ser não como *Grund*, mas como acontecimento, como evento.

Em **Ser e tempo**, Heidegger revela que o termo ente não é assim tão claro, como pensou a metafísica desde os gregos; portanto carece de nova indagação. Nessa obra fica evidente que para além dos problemas concretos do cotidiano, existe uma pergunta constante sobre o sentido do ser das coisas. A descrição simplesmente do ente intramundano seria apenas a dimensão ôntica; a interpretação do ser desse ente já suporia uma indagação ontológica. Então, no meio dos entes, ou das coisas com as quais se convive, há sempre a pergunta por aquilo que lhes possibilita ser. E Heidegger preocupa-se com o fato de a metafísica ter confundido ser e ente. De Parmênides até Hegel e Nietzsche, o ser parece ter se tornado *Vohandenheit* (objeto) que simplesmente está à mão. A solução seria trilhar uma direção distinta, mostrando que esse ser que se revela, é também encobrimento. Nunca se dá de forma total como pretendia o pensamento metafísico.

O ser-do-homem ressalta que sua condição não é outra que o ser-no-mundo, um complexo de possibilidades, por isso ele não é objeto já pronto e carrega consigo, sempre, o poder-ser. Nesse sentido, só o humano existe porque se constrói, se faz diferente, o que é impossível para os outros entes. "Dizer que o homem existe não pode, pois, significar que o homem seja algo dado, porque aquilo que o homem tem de específico e que o distingue das coisas é justamente o facto de estar referido a possibilidades e, portanto, de não existir como realidade simplesmente presente" (VATTIMO, 1996, p. 25). Possibilidades que se dão no próprio cotidiano, no fato de se estar lançado no mundo como *Dasein* (ser aí).

---

[6] O abandono da metafísica, em Nietzsche, em Heidegger e, posteriormente, em Vattimo, não significa um deixar para traz a questão do ser. Ao que tudo indica, continua existindo uma preocupação pela ontologia, porém sem o apego ao essencialismo, à busca do *ser em si mesmo* porque o ente privilegiado que o compreende está sempre inserido numa situação encarnada e limitada.

Para compreender a situação do estar lançado, faz-se necessário entender mundo em seu significado de rede de referências, de totalidade de relações; são os objetos na sua instrumentalidade ou na relação com o *Dasein*. As coisas são instrumentos para o *Dasein*, ou seja, seu sentido mais originário é a forma como se apresentam à experiência, mudando o conceito seguinte: "a Filosofia e a mentalidade comum pensam, desde há séculos, que a verdadeira realidade das coisas é a que se apreende objetivamente com um olhar desinteressado que é, por excelência, o olhar da ciência e das suas medições matemáticas" (VATTIMO, 1996, p. 28). Fica, portanto, compreendido que a objetividade já é ela mesma uma forma selecionada pelas escolhas projetuais, sendo que os objetos se mostram sempre em sua instrumentalidade ou na posição ocupada numa rede de significados. Para o *Dasein,* lançado na existência, o mundo não está fechado num conjunto de coisas a ele apresentadas com as quais, num segundo momento, deve relacionar-se. Elas já chegam ao horizonte de um significado. Não se pensa aqui num sujeito que distante dos objetos os conhece, fazendo ou não opção por eles. O *Dasein* é constitutivamente inserido no mundo e, quando pensa ou fala dos objetos, tem destes uma noção carregada de pré-conceitos.

Na mesma perspectiva, outro elemento fundamental do *Dasein* é o estar lançado e possuindo sempre uma tonalidade afetiva que supõe uma vinculação ou pré-compreensão do mundo. O ser-no-mundo não se compreende como sujeito puro, abstrato, um mero espectador desinteressado. Estar lançado – *Geworfenheit* – supõe a facticidade do ser entregue. Lançado na cultura, o *Dasein* se constitui. É nessa relação fundamental com seu horizonte existencial que também ele revela sua tendência à inautenticidade, ilustrada pelo termo alemão *man* (*se*), o impessoal. Acha-se escandalosa alguma situação porque a opinião geral acha-a escandalosa. Para Heidegger, essa é uma tendência natural do humano, o risco de perder-se na opinião comum, distanciando-se daquilo que faz parte de seu ser mais profundo, todavia, resta-lhe assumir sua projetualidade, passando do impessoal para uma responsabilidade existencial. Vale esclarecer que Heidegger não privilegia a autenticidade como sendo melhor do que a inautenticidade. Apenas propõe que ambas são constitutivas do *Dasein* e que tais elementos parecem consonantes com o processo de massificação anunciado por Nietzsche e que de dentro deste nasce a possibilidade de decisão pela força criativa.

Sendo o *Dasein* abertura e poder ser, onde encontrá-lo em sua totalidade? O *Dasein* encontra-se com sua "possibilidade da impossibilidade de qualquer outra possibilidade" (VATTIMO, 1996, p.52), em sua condição finita e de ser-para-a-morte. Possibilidade pura, porque quando ela acontece o *Dasein*, como ser de possibilidades, já não é, por isso, ela é possibilidade pura e incondicionada. O estar consciente disso deve colocar o humano em movimentos de busca de autenticidade ou de projetar-se para o futuro em suas escolhas factuais. Lembrando sempre que o estar lançado, é algo em que o ente humano se encontra sem ter escolhido, por isso, ainda que seus projetos só dependam de si, enquanto lançado não se funda e, nesse sentido, o *Dasein* morre, enquanto os outros entes, apenas, findam-se.

É notável que a leitura que Vattimo faz de Nietzsche ilumina também seus estudos de Heidegger no retorno ao pensamento como lugar de recuperação da distinção de ser e *ente*. Distinção que se tornará impossível em sua totalidade, mas importante, mesmo que parcial. Do contrário, a tensão deixaria de existir e, de fato, o mundo técnico seria a consumação de uma humanidade massificada, na instrumentalização ôntica do ser. Pensar precisamente o ser, para Heidegger, segundo Vattimo, seria distanciar-se da pergunta pelo seu fundamento e mergulhar no *Es gibt,* o dar-se do ser. Isso não significa desprezo por tudo que a metafísica construiu porque esse emaranhado de conceitos permanece como memória (*An-Denken*).

Não se critica simplesmente a questão de o ser na metafísica ter as dimensões de *Vorhandenheit* (estar à mão) e *Zuhandenheit* (instrumentalidade) para o comércio cotidiano. O que torna o pensamento metafísico problemático é conceber o ser como petrificação objetiva e não conseguir colhê-lo sem aprisioná-lo em sua objetividade, exterminando o seu desvelar-se, *a-létheia*. Sendo assim, a pergunta sobre o que significa pensar é de extrema importância. Heidegger disse que a ciência não pensa porque conta simplesmente com o feixe de dados que tem à mão e quanto mais certezas, mais contribuições para a pesquisa. Ela, a ciência, parece estar segura de que o ser está aí, como em si mesmo, independente do tempo, peremptório. A proposta de Heidegger, seguida por Vattimo, é colher o *Denken,* o pensamento como *Andenken*. O que é *Andenken*? Aqui deve acontecer um salto, uma passagem do modo comum de pensar o ser nas suas representações, sabendo que representar seria a forma de pensá-lo a partir de sua objetividade;

salto para outro tempo em que também seja considerada sua dádiva, sua proveniência ou aquilo que é subtração para que os entes apareçam. A verdadeira diferença seria o pensamento que sempre pensa o seu objeto como diferença, ou seja, como *Andenken*, memória. É por isso que *Denken* se aproxima de *Danken* (memória e agradecimento). É o reconhecimento de que o pensamento se mantém ou se sustenta por aquilo do qual ele próprio não dispõe, não está à sua mão. Memória que se lhe apresenta como dádiva, já reconhecida pelas considerações nietzscheanas sobre aquela raiz granítica que forja o espírito do filósofo que pensa para além do historicismo. Reconhecer-se como oferta seria, resumidamente, o fruto mais profundo do pensar humano, relacionando-se à força do eterno retorno deste que evita o fechamento subjetivo ao conceber o sujeito referenciado ao envio histórico do ser e não somente aprisionado na pesada tarefa de corresponder a um passado já determinado.

O *Andenken* remete, assim, ao círculo hermenêutico, porque com ele é possível mergulhar-se na inesgotabilidade da interpretação, com a qual o *Dasein* encontra-se sempre na convicção de que toda interpretação é carregada de contextos, linguagem e possibilidades. É por isso que no enfraquecimento da metafísica, quando aparece a técnica com sua organização, em que tudo se dá num horizonte de instrumentalidade ou de utilidade, quando o ser é concebido como totalidade, e, portanto, dele não sobra mais nada, desponta-se o niilismo como clamor daquele mais nada metafísico. Longe de uma descrença ou descaso pelo ser, tal niilismo, pelo menos naquilo que Vattimo recorda, a partir de Heidegger, é a própria retomada desse mais nada. O termo *Ereignis (evento)* nasce no ocaso do ser, no declínio de ter se tornado ente, emerge a possibilidade de colher sua abertura. É no niilismo que a possibilidade de voltar ao ser aparece de fato, porque uma vez concebido como totalmente compreendido pela razão técnica, permanecendo inesgotável, emerge a chance de, outra vez, colher a permanência da pergunta pelo ser.

Nesse sentido, *Andenken* está relacionado ao *Ge-Stell*, ou seja, ao conjunto do *Stellen*, do ordenamento de tudo que serve para uma produção que garante as reservas, os fundos de uma busca sempre maior de produtividade. Superar a metafísica não significa eliminar essa ordem, em globalidade, e que custaria o preço de percorrer a passagem do *Ge-Stell* ao *Andenken*, como desejo ainda de superação. A novidade seria chegar ao *Andenken* por meio do

Ge-Stell. De outra forma, seria melhor dizer de um aprofundamento da metafísica do que uma superação como se fosse possível uma etapa posterior que, simplesmente, a destruísse. É necessária a postura do *Verwindung* que guarda também a convicção de que seja possível um para além metafísico, porque o ser se dá em suas feições técnicas, mas não somente nelas, ou seja, o que desponta no auge da técnica é precisamente a questão por aquilo que a sustenta em seu caminho inconcluso.

Ge-Stell, a disposição técnica, portanto, faz emanar a abertura da verdade como *Ereignis*, já que na vastidão do mundo técnico, o fundamento desaparece colocando o próprio homem não mais somente como sujeito e, sim, também como objeto. *Ge-Stell e Ereignis* se dão na manifestação do caráter transitivo do ser, mostrando que a técnica não se sustenta como uma plataforma perene e estável. O niilismo, por isso, já não mais tem sentido como puramente redutor do ser ao nada, como acontece na técnica controladora, porque dele ainda permanece a abertura que faz a própria técnica permanecer, mostrando que a razão mais profunda da técnica não se encontra num conjunto de técnicas e, sim, naquilo que a movimenta em direção a tal conjunto.

Palavras como oscilação, flutuação e dança são importantes para a perda das determinações metafísicas, com isso, perde-se também a necessidade de se buscar diferença entre natureza e história tão almejada pelas ciências da natureza e do espírito. Paradoxalmente, o homem que manipula é também manipulado na técnica. Isso corresponde ao lampejar, a uma espécie de arrebol matutino do *Ereignis* (evento), de um tempo em que, no auge do manipulável, acorda-se o não manipulável. É, exatamente, o que garante uma infinidade de situações históricas, nunca iguais e sempre ancoradas na mesma diferença entre ser e ente. O horizonte mais pleno, por isso, é aquele em que o ser expressa sua debilidade, seu caráter de envio, e não sua peremptoriedade. É neste contexto que Heidegger cunha o termo *An-denken* como rememoração e não como a busca de um resgate de uma época mais autêntica do ser. Ele é o encontro com a temporalidade, com o seu constante declínio que a metafísica tanto buscou superar e que, na época do niilismo consumado, para Vattimo, permanece como possibilidade de continuar pensando o ser como evento.

Gianni Vattimo assume, assim, a crítica nietzscheana-heideggeriana à obsessão ocidental da procura de um fundamento último e absoluto, seja na história ou na técnica, e passa a aderir a uma ontologia do declínio e da atualidade fazendo clara opção por entender a história como um constante desenrolar da relação de ser e ente. O fundamento metafísico dá lugar ao fundamento hermenêutico que é aquele da historicidade e da finitude não somente do *ente* privilegiado que é o *Dasein*, como também do próprio ser que se mostra pelas vias da *kênosis*, do esvaziamento. O *pensamento enfraquecido* pode ser considerado como via alternativa que emerge entre o absoluto das assertivas peremptórias metafísicas e o silêncio imposto pela crença de que diante do ser se deve manter o silêncio absoluto. Tanto o eterno retorno do mesmo em Nietzsche, quanto a categoria evento em Heidegger, ao que tudo indica, são colhidos por Vattimo como transformações importantes de uma tradição ocidental cristã enraigada na religiosa experiência kenótica de Deus. Para seguir com fidelidade essa hipótese, faz-se necessário notar, em cada tópico descrito, o soar de que o ocidente é a terra do declínio do ser que, na *caritas,* faz da secularização sua meta radical, sendo a pós-modernidade sua morada privilegiada.

2 PÓS-MODERNIDADE E O NIILISMO CONSUMADO

2. PÓS-MODERNIDADE E O NIILISMO CONSUMADO

*A*pós verificar como a hermenêutica niilista nasce do declínio da modernidade, é importante colher de que maneira, a partir da leitura que Vattimo faz de Nietzsche e Heidegger, pensadores que influenciaram o surgimento do pós-moderno como tempo da descrença numa verdade única e objetiva, o que seria, de fato, o niilismo consumado. Por isso, neste capítulo será importante entender que esses autores não fundaram uma nova filosofia, mas revelaram aquilo que os filósofos esqueceram, ou seja, que a ontologia não é outra coisa que interpretação. Então, o ser é evento e a hermenêutica deve aprender a interpretar o ser, mantendo-se na oscilação, na pluralidade e não na expectativa de encontro com um saber mais perfeito que os anteriores. Qual é a filosofia específica dessa época do ser enfraquecido? É aquela que se aventura numa jornada da diferença, na acolhida do declínio do ser como evento e também como a Era da concepção do próprio pensamento como enfraquecido em sua estrutura hermenêutica niilista. O ente *Dasein* descobre, na sua condição finita, como morada do ser que nele se manifesta como evento e não como estrutura fixa. Será necessário, em toda esta parte do livro, ficar atento ao seguinte:

> depois da crítica da ideologia de Marx, depois da crítica nietzscheana das coisas em si mesmas, depois da

explanação do inconsciente de Freud, e depois da radical desconstrução da onto-teologia de Heidegger, não podemos mais acreditar em compreender o ser uma vez por todas como um tipo de incontrovertida evidência (ZABALA, 2007, p. 14).

Por isso, pensar o niilismo consumado, não significa, apressadamente, pregá-lo como descrença na verdade. Ao contrário, sua proposta é guardar a diferença entre ser e ente, no filosofar, como tarefa que faz a própria razão tomar a sério sua fragilidade por não possuir o fundamento de si. Com isso, ou ela mergulha numa estrutura defensiva autoritária, forçando suas descobertas como definitivas e universais, ou reconcilia-se com sua condição encarnada, situada, no entanto profundamente fértil por reconhecer que o ser manifesta-se permanentemente a ela, provocando-a uma abertura dialogal e inventiva. Vattimo propõe a segunda alternativa como clareira tão fecunda e geradora de sua proposta filosófica denomina de *pensamento enfraquecido*. A partir de uma Era do pluralismo comunicativo, o ente humano pode viver, responsavelmente, sua vocação de pastor do ser, sem apelar para a violência, como será apresentado a seguir.

O *Pensamento Enfraquecido*

O *pensamento enfraquecido* é uma proposta que não visa superação absoluta da metafísica, mas uma *Verwindung* desta[1], ou seja, não é possível uma ultrapassagem total porque dela também se recebem muitas mensagens e envios como pontos de partida. O termo *Verwindung*, por isso, vindo da tradição heideggeriana, é importante porque expressa bem essa realidade e se opõe à noção de *Überwindung* que é a pretensão da superação, ainda que pela emancipação dos fragmentos, característica da dialética. Nesse sentido, mostra que autores como Walter Benjamin (1892-1940) ainda estão presos a uma tentativa de superação de uma visão, nesse caso da história, por outra que seja mais completa. Entender a história como linha unitária, para Benjamin, é estar apenas do

---

[1] A obra *Weakening Philosophy, essays in Honour of Gianni Vattimo*, em homenagem aos seus setenta anos, debate o pensamento enfraquecido a partir de várias perspectivas. O livro contém ensaios de 21 filósofos e teólogos. Na primeira parte, o enfraquecimento do poder metafísico é o centro dos diálogos; na segunda, enfraquecimento do método metafísico; na terceira parte, enfraquecimento da crença metafísica. Há um reconhecimento geral de que a proposta vattimiana respalda-se na hermenêutica como linguagem comum da época pós-moderna.

lado dos que venceram o que constitui exclusão, na prática e na memória, de tantas práticas, valores e linguagens. Vattimo, no entanto, diz que, ainda assim, permanece o desejo de encontrar com uma feição mais totalizante da história, mesmo que seja aquela escrita pela parte esquecida, nas propostas de Benjamin.

O caminho sugerido como alternativa é o do enfraquecimento, de uma atenuação do discurso tradicional. *Pensamento enfraquecido* e niilismo são duas instâncias que devem ambientar-se com o discurso do autor. Por frágil, Vattimo entende plural e incompleto. Nenhuma verdade pode dizer-se definitiva e conclusiva. A premissa nietzscheana de que tudo é interpretação, já é uma questão de interpretação, consequentemente nem mesmo a proposta de uma estrutura hermenêutica da condição humana, deve ser uma verdade absoluta. Niilismo não pode, assim, significar a descoberta de uma estrutura fixa do real que vem destruir qualquer possibilidade da verdade. De fato, o problema da verdade pode ser colhido na diferença indicada por Heidegger entre ser e ente, que significa a impossibilidade de uma apropriação total, porque de alguma forma não existe um princípio estável do qual o sujeito, de fora, torna-a interna. A verdade do ser se dá na abertura do mundo no qual o ente já se encontra desde o início. O *pensamento enfraquecido* distancia-se, portanto, da pretensão hegeliana de uma dialética capaz de conduzir a uma síntese sempre mais perfeita. Ele é dialético somente no sentido de uma não coincidência total entre ser e ente porque reconhece a abertura de onde nasce a diferença.

Entende-se por isso que, mesmo sendo uma disciplina universitária, a filosofia não pode ser considerada uma ciência experimental, cumulativa e objetiva. "Se não é ciência, e não é também um saber progressivo e cumulativo com dados de referências objetivas, que coisa é?" (VATTIMO, 2000a, p. 50). A ciência, depois de Kant, foi formalizada pressupondo sempre um tipo de experimentabilidade sensível, de modo que, se não é possível para os conceitos aproximarem de um dado sensível, não é também possível encontrar uma verdadeira ciência. "Em extrema síntese, aquilo que não funciona mais, depois de Kant (e nos próprios desenvolvimentos do neokantismo), é a ideia de que haja uma razão universal estável. O kantismo é colocado em crise pela antropologia cultural, pela pluralidade das culturas, também, digamos, por aquilo que Kant objeta em Nietzsche, ou do que emerge com o positivismo" (VATTIMO, 2000a, p. 51). O que está em jogo é o fim da possibilidade de se conceber uma razão estável e forte.

Vattimo não acredita também numa oposição radical entre ciência e filosofia[2]. A filosofia deve se preocupar com alguma coisa do gênero da ética, ou seja, seguindo as pistas de Gadamer em **A razão na idade da ciência**, a eticidade deve ser vista rumo às consequências do empreendimento científico. A terra como laboratório fechado é, de fato, o destino de todos. Vattimo concorda com Heidegger que mesmo na ciência técnica moderna, no Ge-Stell (conjunto do colocar-se da técnica), o ser está sobre o signo do pôr e que no emaranhado desse colocar-se mora também a chance de um primeiro lampejar de seu evento.

A estrutura forte da metafísica era fonte de segurança do pensamento numa época em que a técnica ou formas de organização sociais ainda não conseguiam sobreviver de maneira mais livre. E agora o que se propõe não é uma simples volta ao pensamento dialético, mas bebendo em suas fontes, propõe-se o *pensamento enfraquecido*. O problema da morte de Deus, anunciado por Nietzsche, não demonstra a existência ou não de Deus. É a tomada de consciência de um fato, ou seja, de que chegou ao fim uma estrutura estável do ser e mesmo o fim de uma possibilidade de afirmar que Deus exista ou não. A noção heideggeriana de *Verwindung* está ligada a uma noção de ser já não mais entendido como conceito global do ser. Ela significa o pensamento que recorda o ser, colhendo sempre sua herança, como ilustra a seguinte reflexão:

> o pensamento ultrametafísico não pode senão trabalhar com as noções da metafísica, declinando-as, distorcendo-as, remetendo-se a essas, enviando-se a elas como próprio patrimônio. O trabalho de Heidegger depois da virada dos anos trinta é um colossal esforço de repensamento, rememoração e declinação da tradição metafísica (VATTIMO, 1983, p. 22).

Já que não se dispõe de um acesso total ao ser, mas que dele também não se consegue distanciar, a *Verwindung* é, precisamente, não possuir a pretensão de conceber o ser como um em si. É daí que nasce o termo *Pietas* que também caracteriza o *pensamento enfraquecido*. *Pietas* evoca a transitoriedade, a caducidade que lança a questão: como pensar o ser a partir de sua mortalidade? Significa, sobretudo, um respeito por aquilo que é transmitido como possuidor de uma mensagem que dura, mas que, ao mesmo

---

[2] A obra *Para além da interpretação*, ao trabalhar a vocação niilista da hermenêutica, aborda as temáticas da ciência, da ética e da religião, mostrando um caminho diferente da aventura dialética.

tempo, esvai-se. Com isso, se reconhece que o transcendente que existe é a caducidade, porque é ela que torna possível a pluralidade das experiências, já que o ser não é, mas acontece. É também nesse sentido que Heidegger cunha o termo *Er-eignis*, evento, acontecimento. E recordar o ser é, sobretudo, recordar sua caducidade e não, como queria a metafísica, somente sua força, porque ainda que ela exista, o *Dasein* a colhe em sua existência encarnada, em suas escolhas factuais desvelando que se houve alguma interpretação, outras tantas deixaram de haver.

Como a ontologia enfraquecida pensa, pois, a noção de verdade? Elimina-a de seu horizonte? Pensa que o verdadeiro não é objeto que se encontra em algum tipo de evidência, entretanto é ele o resultado de um processo de verificação, de interpretação; encontra-se, assim, no horizonte hermenêutico, composto de cultura e de criatividade, não permitindo que ninguém se movimente a partir de um ponto zero e, sim, de uma pertença; e, portanto, a verdade da interpretação constitui-se como caminho imprescindível da própria verdade. Tendo por base tal reflexão, parece claro que o pensamento não pode mais querer reivindicar sua soberania como fazia o pensamento metafísico. De modo que "falar de enfraquecimento do pensamento significa também teorizar uma força projetual diminuída do mesmo pensamento?" (VATTIMO, 1983, p. 27). De alguma forma, o enfraquecimento do pensamento encontra-se como resposta ao movimento do próprio ser concebido como evento.

Qual seria, então, a particularidade ou a característica central desta herança vattimiana? Trata-se de uma hermenêutica niilista que tem como principal proposta construir um caminho para o pensamento não mais preso ao fundamento absoluto. Ao renunciar uma razão forte, com pretensões dispor da verdade, o *pensamento enfraquecido* passa a trabalhar sem a claridade máxima da tradição e adota a *Lichtung*, metáfora heideggeriana que sugere a clareira irrompida pelo sol no meio de uma floresta. Não descarta a tradição metafísica em sua totalidade, nem tampouco almeja encontrar uma concepção do ser mais coerente, mais adequada. Busca manter-se na meia claridade das novas interpretações sempre impulsionadas pela tradição recebida e pelas novas interpelações que o ser como evento provoca.

Desse modo, o *pensamento enfraquecido* não profetiza uma razão impotente, simplesmente. Ele auxilia na tomada de consciência mais avançada, de uma humildade epistemológica capaz de enxergar na verdade, sempre seu aspecto de linguagem, de contexto. A emancipação dos laços metafísicos não viria pela via de outras assertivas absolutas, no entanto, a possibilidade de tal libertação aconteceria através do caráter hermenêutico de toda fundamentação. Pensar, segundo essa proposta, seria dialogar criativamente com os traços herdados da tradição, liberando a razão, agora mais frágil, para continuar suas construções como revela o pensamento seguinte:

> a tendência dos teóricos do pensamento fraco [...] caracteriza-se por uma radical renúncia a qualquer tipo de tentativa que visasse à preservação ou à reconstituição da racionalidade metafísica. A 'morte' da razão é considerada um acontecimento positivo, que liberta o caminho (rumo ao ultrapassamento da metafísica ou a uma continuação 'enfraquecida') dos obstáculos disseminados pela concepção do fundamento único, forte, esquemático, sistematizador (PECORARO, 2005, p. 36).

Seria esse um novo paradigma, uma nova filosofia? Em certo sentido, poderia ser colhido apenas como metáfora paradoxal de uma razão que não pode se arvorar como forte e detentora absoluta da verdade e que, por outro lado, continua viva em sua tarefa de pensar o ser, acolhendo-o. Ela, a razão, não pode esquecer-se das sombras do pensamento por se imaginar como instância transparente da luminosidade de uma tradição cartesiana. Desvestida de suas pretensões metafísicas globais, o que lhe resta? O sereno caminho que adentra ainda naquelas margens, naqueles vestígios do ser que permanecem como envio alçado por aquilo que tem a força de ser. Assim, usando a metáfora do monumento, o autor incentiva o pensador a dele colher os rastros deixados como sinais e acenos. Não sendo uma nova filosofia, nota-se que:

> pensiero debole é então certamente uma metáfora, e em certo modo um paradoxo. Não poderá de qualquer forma se tornar a sigla de qualquer nova filosofia. É um modo de dizer provisório, talvez também contraditório. Mas assinala um percurso, indica um sentido de caminhada: é uma via que se bifurca em relação à razão-domínio de qualquer forma retraduzida e camuflada, da qual, todavia, sabemos que uma despedida definitiva é tanto quanto impossível. Uma via que deverá continuar a bifurcar-se (VATTIMO, 1983, p. 10).

O movimento ou a bifurcação encontra-se em consonância com o tempo da pluralidade que se chama pós-modernidade, lugar de chegada do fim da modernidade. Época que exige, para que não se torne neurótica, uma capacidade racional de viver na moderação tendo a meia luz como lugar de emancipação. De alguma forma, o fim da modernidade inaugura a Era do niilismo consumado, enquanto esse anuncia a queda das estruturas organizadas de compreensão do ser e, enquanto tempo novo, para viver a vocação de pastoreio do ser. Por isso:

> é preciso afirmar que a passagem ao pós-moderno indica uma direção: da unidade forte à multiplicidade frágil, do domínio à liberdade, do autoritarismo à democracia. É este o sentido, também e não só, do *Pensiero debole*, uma seleção de escritos de 1983, dirigida por mim e por Pier Aldo Rovatti, que valoriza a herança de Nietzsche e Heidegger para dizer que a passagem do moderno ao pós-moderno é passagem de estruturas fortes às estruturas frágeis. (VATTIMO, 2002b, p. 66).

A fragilidade da razão coincide precisamente com o fato de, no fundo de si mesma, não encontrar outra coisa senão com sua condição encarnada, impotente diante do mistério. Ao abrir mão das pretensões de senhorio da verdade, pode reconhecer-se, ao mesmo tempo, como lugar privilegiado da morada do ser, como servidora atenta do dom mais precioso que possui: a abertura para acolher e compartilhar do ser como evento. Se a luta de Nietzsche foi contra o historicismo fechado e de Heidegger contra a verdade metafísica, a busca do *pensamento enfraquecido* vattimiano possui a dignidade de investir a filosofia na contínua guarda do cotidiano sem confundir as construções do ente humano com o esgotamento da verdade do ser que o faz viver. Na época do niilismo consumado, quando a técnica ganha autoridade de verdade acabada, Vattimo mergulha seu pensamento nas reflexões sobre a obra de arte como demonstração de que a ultimidade da verdade dá lugar ao envio aberto de novas possibilidades interpretativas.

Imposição do Mundo Técnico e a Obra de Arte

O que exemplificaria a época do niilismo consumado? O *Ge-stell* de Heidegger, imposição do mundo técnico é o auge das representações ônticas e que também surge como primeiro anúncio do *Ereignis*, ou seja, profecia do ser como evento que distorce qualquer fixação metafísica. Heidegger fala da necessidade de abandonar a noção de ser como fundamento para mergulhar em seu abismo que, a partir do *Ge-stell*, da organização da técnica moderna, não é mais concebido como profundidade teológica. Ela, a técnica, sem tons absolutos, prontos, domínio total, manifesta sua dinâmica, em última análise, aspectos que ela mesma não compreende porque "escutar o apelo da essência da técnica, todavia, não significa tampouco abandonar-se sem reservas às suas leis e aos seus jogos; por isso, creio eu, Heidegger insiste no fato de que a essência da técnica não é algo técnico, e é a essa essência que devemos estar atentos" (VATTIMO, 2007b, p. 15).

Como compreendê-la, pois? Como *Sage*, entendida por Vattimo como fábula, como mensagem transmitida com seus interesses particulares, interpretações emergentes de posições situadas da relação contínua de ser e ente. A fábula não é considerada como evidência forte de uma verdade em si mesma, plenificação do *ontos on* platônico. Ela participa da experiência da verdade que, nas malhas dos tempos pós-modernos, é a chance, a possibilidade também de liberdade. De alguma forma o mundo técnico questiona o humanismo em sua autoconfiança em se colocar como centro do universo. A metafísica ao sobreviver dessa redução de tudo ao homem, de modo especial à sua dimensão racional, é profundamente questionada pelo apogeu do mundo técnico. A discussão entre ciências da natureza e ciências do espírito destacava, por exemplo, uma ameaça contra a qual deve ser defendido ainda o valor da humanidade diante da organização técnica. Na esteira de Heidegger, no entanto, um passo deve ser dado, ou seja, notar que a crise é *Verwindung*, um restaurar distorcido, um remeter-se a alguém ou alguma coisa, sarar de uma doença, de modo que:

> essa *Verwindung* – da metafísica, do humanismo – realiza-se quando há abertura ao apelo do *Ge-Stell*. Na noção heideggeriana de *Ge-Stell*, com tudo que ela implica, encontra-se a interpretação teórica da visão radical da crise do humanismo. *Ge-Stell,* que traduzimos por im-posição, representa, para Heidegger, a totalidade do "pôr" técnico, do interpretar, provocar, ordenar, que constitui a essência histórico-destinal do mundo da técnica. Essa essência não é diferente da metafísica, mas é a sua consumação. (VATTIMO, 2007b, p. 28).

Se de um lado, a metafísica concebeu sempre o fundamento para a razão e a razão como fundamental, o apogeu técnico é sua realização. Então, a técnica, enquanto projeto de concatenação dos entes, encontrando seus vínculos causais, seria o cumprimento da máxima pretensão metafísica. Por outro lado, quando a metafísica chega ao auge, com a técnica, já se anuncia também os primeiros clarões do *Ereignis*, evento, porque no esplendor da organização racional técnica permanece algo ainda não organizado que sustenta a continuidade do processo e, portanto, a impossibilidade de uma imposição total. No dilema de olhar para si e no espelho da técnica não se encontrar totalmente realizada, a razão pode outra vez adentrar-se num caminho que a leva a reconhecer que não possui as chaves de uma abertura à qual ela mesma se sente já implicada.

Qual é o nexo entre humanismo, metafísica, técnica em Heidegger, segundo Vattimo? O sujeito concebido como autoconsciência, como senhor de si, encontra-se no centro das assertivas metafísicas como objetividade, evidência, estabilidade. No mundo da técnica o próprio sujeito deixa de ter aquilo que lhe é próprio, o imprevisível, passando a ser manipulado também com os critérios positivistas. Correntes saudosistas podem até buscar recuperação do humanismo metafísico. Em contraposição, outras linhas de pensamento trabalham no sentido do ultrapassamento do sujeito, sem cair num atentado contra o sujeito. Essa é a busca de Nietzsche e de Heidegger, seguida em sua profundidade por Gianni Vattimo. A saída do humanismo e da metafísica não pode ser vista como superação, como coisa que se deixa para trás simplesmente, mas apenas como enfraquecimento. Mais uma vez a postura de uma *Verwindung* remete a um movimento de superação sempre relativa, gerando um sujeito mais moderado e uma técnica menos pretensiosa de possuir a última palavra.

A Carta sobre o Humanismo, de Heidegger, é uma bela página na virada de seu pensamento. Respondendo de modo particular a Sartre, destaca que é preciso pensar o pensamento do ser. Seria retomar um caminho de escuta do ser como pensamento originário, tendo a linguagem como sua habitação. Aos poucos a filosofia tornou-se uma técnica ocupada em produções. Nota-se que: "a devastação da linguagem, que se estende rapidamente em todos lugares, não consuma somente a responsabilidade estética e moral que existe em cada uso da linguagem. Essa provém de uma ameaça da essência do homem" (HEIDEGGER, 2006, p. 38). Uma linguagem que recusa seu elemento importante como casa do ser, passa a dar conta somente do ente. "Mas se o homem ainda uma vez deve reencontrar a vizinhança do ser, deve primeiro aprender a existir na ausência de nomes. Ele deve reconhecer ao mesmo tempo seja a sedução da publicidade, seja a impotência da condição privada" (HEIDEGGER, 2006, p. 39). Em que consiste a humanidade do homem? A tradição parece voltar-se para o homem em si mesmo, representado como animal racional. De modo que a metafísica não se pergunta pelo ser, mas quer nomear o ente.

A essência do homem está em ser existência que, por sua vez, é a desobstrução do ser. O *da* do *Dasein*, o aí, é sua essência extática, diversa da existência metafísica, como se o ente já fosse fixamente algo que viesse a ser existência. Estar no ser é a essência do homem. "A filosofia medieval concebe a existência como *actualitas*. Kant a apresenta como a realidade no sentido da objetividade da experiência. Hegel a determina como ideia da subjetividade absoluta, que sabe de si mesma. Nietzsche a considera como eterno retorno do mesmo." (HEIDEGGER, 2006, p. 49). Enquanto aquele que existe, o homem é guardião do *aí*, do fora de si, em que é jogado. A essência própria é o extático estar dentro do ser, na verdade do ser. Nisto **Ser e tempo** é contra o humanismo, não porque defende o inumano, mas porque colhe que a metafísica não coloca a *humanitas* do homem num nível elevado suficientemente. O acontecimento do ente, longe de constituir um cenário secundário e passageiro, é lugar de repouso e destino do ser, tendo somente aí a condição de possibilidade do ente abrir-se ao ser e de, ambos, encontrarem sua autêntica dignidade.

O *Dasein* habita o ser, mas o que é o ser? Não é Deus[3], nem outra nomeação porque está distante e ao mesmo tempo bem próximo do humano, segundo Heidegger. A pergunta pelo ser está longe de resolução porque o ser que a metafísica conhece é apenas a representação categorial da subjetividade, que acaba impondo um declínio do ser ao valorizar o ente. Chegando ao seguinte, no dizer de Sartre: "precisamente nós somos sobre um plano onde há somente homens. Mas se ao invés se pensa como em **Ser e tempo**, deveria dizer: precisamente nós somos onde há somente o ser" (HEIDEGGER, 2006, p. 61). Pode ser dito que o ser é? Heidegger prefere dizer que o ser se dá na linguagem, de maneira particular na palavra daqueles pensadores mais essenciais. E que não significa a formulação de uma sistemática definitiva que provém do passado. Pensando mais originalmente, existe uma história do ser à qual pertence o pensamento como memória. O pensamento é memória não como guarda de um passado que transcorre, todavia como acontecimento que se mostra e se esconde. A metafísica hegeliana, nesse sentido, não pode ser refutada como falsa ou verdadeira, porque ela é uma forma de colher

---

[3] Fica esclarecido que não é pretensão do debate uma discussão com o campo teológico sobre a palavra Deus. Todavia a proposta é seguir a busca filosófica, de maneira particular, na sua explicitação de que mesmo tal palavra deve ser libertada de sua anulação por categóricas excessivamente ônticas.

o ser. O que ela não deve querer, no entanto, é ser a única forma, porque o ser permanece para além de toda metafísica, concretizado como abertura que se dá no projeto existencial do *Dasein*. O que não autoriza dizer que esse projeto existencial é que cria o ser. Na verdade, é o próprio ser que vem ao encontro do ente na abertura do seu projeto existencial.

Nessa abertura projetual encontra-se a vizinhança do ser com o ente humano como sua morada. O deslocamento experimentado por tal ente, no entanto, revela por sua vez o distanciamento em relação ao próprio ser. Um deslocamento que mostra o abandono do ente por parte do ser, enquanto há um esquecimento do homem ao trabalhar somente com o ente. Ainda que se trate de um ente racional, em qualquer direção que ele mesmo gire, encontra-se preso em sua particularidade ôntica. Em todo o caso, o homem tem um "mais" que é seu ser jogado, insiste Heidegger:

> isto significa que o homem como contra-objeto (Gegenwurf) do ser, é mais que animal racional propriamente enquanto é menos com respeito ao homem que se concebe a partir da subjetividade. O homem não é o patrão do ente. O homem é o pastor do ser. Neste *menos* o homem não perde nada, no entanto ganha, enquanto ganha a verdade do ser. Ganha a essencial pobreza do pastor, cuja dignidade consiste no ser chamado pelo ser mesmo à custódia da sua verdade. Esta chamada vem com o lançamento do qual nasce o ser jogado do ser aí. (HEIDEGGER, 2006, p. 73).

Então, a essência do homem repousa na sua existência. É ela mesma que importa como lugar de estar na verdade do ser e vivê-la na condição de guardiã do próprio ser. Mas, isso cairia numa oposição ao humanismo, significando algum anti-humanismo? Certa oposição ao humanismo não significa sua oposição total como se ao dizer que Deus morreu pudesse escolher a postura radical oposta como afirmação absoluta. Seria necessário, pois, buscar uma nova construção do humanismo. O pensamento que se pronuncia contra aquilo que é eleito como valor, Deus, cultura e arte, não quer dizer que isso seja sem valor. Significa dizer que, quando alguma coisa é nomeada como valor, ela passa a ser objetivamente representada pelo sujeito, perdendo sua dignidade de ser. Proclamar Deus, por exemplo, como valor máximo, quer dizer degradar a essência de Deus. Isso não significa ir simplesmente contra os valores, entretanto, mergulhar na abertura que permite o ente ser sem cair na pequena objetividade do ente.

O ser-no-mundo não quer afirmar que o homem é um ser mundano, ou seja, distante do próprio Deus, vazio de transcendência. "Na expressão ser-no-mundo, mundo não significa de fato o ente terreno em contraposição àquele celeste, nem o mundano em oposição ao espiritual. Naquela determinação, mundo não significa de fato um ente e nem mesmo um âmbito do ente, mas a abertura do ser" (HEIDEGGER, 2006, p. 83). Jogado em tal mundo, o homem está na abertura do ser e esta é sua essência, por isso, ele não é no mundo um sujeito, um eu ou nós, a se relacionar com objetos. Antes, na sua essência, o homem é existente na abertura do ser. Tal interpretação não pode, apressadamente, afirmar positiva ou negativamente sobre a existência dos deuses. Ao mesmo tempo, afirma-se, isso sim, que é caminho perigoso pensar a existência do sacro, da divindade sem antes buscar a *humanitas* do *homo humanus*, e que sendo coerente com a mesma, na pergunta pelo ser, chegar a uma abertura ao sacro, ao divino.

Tal caminho não exigiria tratar do problema da ética? Heidegger afirma que um jovem amigo lhe fez essa pergunta. Ao que ele mesmo responde:

> o desejo de uma ética se faz tanto mais urgente quanto mais o desorientamento manifesto do homem, não menos daquele escondido, aumenta desmesuradamente. Ao vínculo da ética ocorre dedicar toda guarda, num tempo no qual o homem da técnica, à mercê da massificação, pode ser levado ainda a uma estabilidade segura somente mediante um recolhimento e um ordenamento do seu projetar e do seu agir, no seu conjunto, que correspondem à técnica (HEIDEGGER, 2006, p. 88).

A urgência da ética significa a morada permanente do homem pastor que vive na vizinhança do ser e o cultiva como clareira que se dá no mundo da existência. O ser, portanto, guarda o homem porque a ele destina o mundo como abertura projetual. Teria o pensamento que pensa o ser uma ligação com o comportamento teórico e prático? O pensamento é mais alto porque menor, de modo que:

> o pensamento é atento à clareira do ser enquanto coloca o seu dizer do ser na linguagem como morada da existência. Assim o pensar é um fazer. Mas é um fazer que supera toda práxis. O pensar, de fato, é superior ao agir e ao produzir não pela grandeza das suas prestações e nem mesmo pelos efeitos que causa, mas por aquele pouco que é próprio do seu levar a cumprimento, privado de sucessos (HEIDEGGER, 2006, p. 100).

O ser, no entanto, já está destinado ao pensamento. Não como pura filosofia, mas como pensamento que pensa o que é próprio do pensar, face ao destino histórico que vem ao pensador na linguagem, por isso, "na atual situação de necessidade do mundo é necessário menos filosofia, no entanto mais atenção ao pensamento, menos literatura, no entanto mais cuidado com as letras das palavras" (HEIDEGGER, 2006, p. 103). Fazer o nexo da técnica com a tradição metafísica supõe não se enganar pela acolhida absoluta do mundo que ela mesma impõe. Ela, a técnica, também não é uma realidade peremptória, assim como a noção de sujeito também não é, que eram próprias do *ontos on* platônico. Para isso, é necessária certa prudência epistemológica diante de concepções como sujeito forte e técnica perfeita. Trata-se já de um sujeito enfraquecido em meio a um organismo muito sensível de comunicação e de uma pergunta nascente sobre a essência da técnica como algo para além dela mesma. Tal tensão faz emergir certa travessia que acontece numa espécie de choque que não deixa o homem, nem a técnica estabilizarem-se numa explicitação metafísica plena.

Um exemplo que desperta para esse choque que não deixa nem sujeito, nem técnica estabilizarem-se num mundo totalmente organizado, é o que Vattimo colhe de Heidegger, o pôr em obra da verdade possibilitado pela obra de arte. Com a revolução da tecnologia, a arte torna-se pulverizada e apresentada de forma geral pelos meios de comunicação. Tais meios já não estão a serviço das massas, mas eles formam a massa dando-lhe o prazer estético de se sentir parte de um grupo, muitas vezes fazendo da arte um lucrativo objeto de comércio. Nessa perspectiva, pode-se até assistir à morte da arte em dois sentidos: o forte, utópico, em sua concepção de arte como algo fora da experiência, de um si mesmo da arte; em sentido fraco, ou real, a estetização como domínio dos *mass media.*

É preciso, entretanto, trabalhar o "o pôr em obra da verdade", enunciado pela obra de arte, guardando como chance seu aspecto de choque, de provocação de novos mundos, de outros sentidos. A verdade que ganha, assim, sentido novo, principalmente na relação com o silêncio, que é linguagem sempre em movimento e não uma tela transcendental uniforme, possuída de uma abertura, porque é evento e não estagnação. Isso se dá nas quatro regiões do *Geviert*, uma quadratura, como pretende Heidegger: terra e céu, mortais e divinos. O humano pertence a essa quadratura, enquanto mortal, por isso a poesia é lugar que funda o mundo, mas que também revela o ser terrestre e finito do *Dasein*. "O que se procura com o pôr em obra poético é o acontecer de uma *Lichtung,* daquela meia-luz em que a verdade se dá não mais com as características impositivas da evidência metafísica" (VATTIMO, 2007b, p. 70).

Isso significa que a obra de arte não deve ser vista mais em seu aspecto de áurea, como momento de encontro com uma verdade absoluta. Ela será fundadora do mundo enquanto é impregnada de uma cultura, de uma história. Por isso revela o nascer e o envelhecer. Mostra sua pujança, mas também sua limitação. Todo o futurismo, toda a revolução em seus aspectos mais abrangentes, guarda sempre a vontade de um tempo mais autêntico do que o passado. Uma tensão constante rumo a uma novidade ou estágio mais perfeito que o anterior. Isso é característico de toda modernidade (a novidade). No entanto, tal pretensão se rompe, num movimento de secularização, entendida como abandono da busca de uma verdade global.

A nova forma de conceber a verdade da arte surge da oscilação ou da concepção da própria arte como *Wesen,* termo heidegeriano que indica a forma de mostrar-se da obra de arte como um pôr em obra da própria verdade. A arte, pelo menos segundo a leitura vattimiana de Heidegger, não tem a pretensão metafísica de produzir uma pacificação entre externo e interno numa plenitude realizada. Ela seria muito mais a oscilação que choca e revela novos mundos, não coincidindo com a pura instrumentalidade. A obra de arte choca ao revelar e esconder novos significados. Nesse sentido, a obra funda o mundo, trazendo uma nova abertura ontológica, epocal. Ela revela o deslocamento, o desenraizamento da condição do *Dasein* que não coincide totalmente com o mundo dado e instrumental. Assim, a obra de arte mostra sua resistência ao produzir um efeito contínuo de desambientação nunca tranquilizante.

Já não diz muita coisa, portanto, falar de unidade da obra de arte. Vattimo aponta como explicitação de tal conclusão a explosão estética vivida na pós-modernidade. Ela indica a impossibilidade de conceber o belo a partir de um único modelo cultural porque expressa a diversidade das culturas. Assim sendo, arte que funda um mundo, no sistema pós-moderno, somente aparece como valor se identificada por uma comunidade, passando a ser comercializado porque tem o status de ser símbolo, carteira de identificação daquela comunidade e não da humanidade toda. Daí a diversidade das utopias da estética contemporânea. O belo como lugar de manifestação da verdade somente enquanto referente a um grupo, a uma determinada cultura.

Falar de *Kitsch*, por exemplo, como elemento desajustado em relação a uma concepção única do belo não é mais possível. *"Kitsch é ao invés somente isto que, na época do ornamento plural, pretende ainda se valer como monumento mais perene do bronze, reivindicando ainda a estabilidade, definitividade, perfeição da forma clássica da obra de arte"* (VATTIMO, 2007b, p. 98). A via, a saída para uma leitura mais radical de tal movimento, sendo coerente com o caminho filosófico de Vattimo, somente passa por aquilo que Heidegger chama de evento. O ser não é, mas acontece na multiplicidade de expressões, na aposta de utopias variadas que fazem emergir muito mais o plural da realidade do que uma organização unitária.

A Pluralidade Comunicativa

Gianni Vattimo possui uma visão bem particular de que a pós--modernidade é a época cuja característica principal está realacionada com os meios de comunicação. Falar de pós-moderno é falar, de alguma forma, que o moderno enquanto crença no valor de ser moderno foi ultrapassado. O culto pelo novo, como processo constante de emancipação, declinou-se. Walter Benjamin, em um breve escrito de 1938, sua tese sobre a filosofia da história, propôs, por exemplo, que o sentido unitário dos estudos da história não passam de uma construção das classes dominantes. De modo que grupos pobres, insignificantes, por não possuírem força de contarem suas construções, não entram para a história. Não havendo um fim único, uma evolução progressiva da historia humana, também não haverá motivos para eleger, como fizeram os iluministas, Hegel, Marx, uma cultura como sendo ideal, seja ela a dominante ou a emancipação da dominada. O que mais visualiza essa distorção de uma organização ideal da história humana são os meios de comunicação, como aponta o seguinte pensamento:

> isto que pretendo sustentar é a) que no nascimento de uma sociedade pós-moderna um lugar determinante é exercitado pelos *mass medias*; b) que esses caracterizam esta sociedade não como uma sociedade mais transparente, mais consciente de si, mais iluminada, mas como uma sociedade mais complexa, por isso mesmo caótica; e enfim c) que exatamente neste relativo caos residem as nossas esperanças de emancipação (VATTIMO, 2007a, p. 11).

O que acontece, apesar de tentativas de monopólio desses meios, cada vez mais almejados, é a explosão e multiplicação de *Weltanschauungen* (visões de mundo) a partir de radio, televisão, jornais, redes virtuais. Uma questão que se torna difícil de ser controlada por uma pretensa mentalidade unitária. De fato, essa intensificação de informações sobre a realidade fragmenta o próprio conceito de real, tornando-o tão plural, cumprindo a profecia de Nietzsche de que o mundo verdadeiro, ao final, tornou-se fábula e visibilizando, ainda mais, a convicção heideggeriana de que o ser é acontecimento. A tese proposta é que a realidade como estrutura estável apenas aberta a uma adequação não se sustenta. Então, qual seria a possibilidade de emancipação? Ela estaria na promoção do dialeto, da explosão da pluralidade, do aparecimento daqueles modos de vida calados no cotidiano, gerando a desinstalação, como distorção, deslocamento do homem de suas convicções mais profundas, elevando a sua condição mais radical de morada não estável, mas transitória, do ser. Desta forma, fica assinalado que findado um sentido unitário de história, com os meios de comunicação, passam a ter força aquelas racionalidades locais, minorias até então caladas pelas ideias da existência de uma única humanidade verdadeira a ser almejada.

Horizonte propício para a presença da profecia nietzscheana sobre a nova humanidade nascida com o *além-do-homem*, se for interpretado como ser humano capaz de viver na oscilação de sua condição ontológica expatriada. Homem capaz de conviver com uma nova concepção de ser, não é necessariamente estável, fixo, permanente. Assim sendo, fica comprometido o ideal das ciências humanas em traçar, com transparência, um mapa acabado sobre a condição humana. De fato, o que acontece é que o mundo verdadeiro se transformou em fábula, já que os fatos, inclusive as análises das ciências humanas, são permeadas pela interpretação. Ao invés da ilusão de atingir os fundamentos absolutos, a pluralidade das narrativas ganha lugar, especialmente, pela presença dos meios de comunicação de massa. O *além-do-homem*, seria, assim, um sujeito capaz de viver, sem neurose, a pluralidade, cuidando de uma inventividade relacional, dialogal.

Uma das questões que surgem na pluralidade das expressões é a possibilidade de repensar o mito para além de mera oposição ao pensamento científico. Ele que ressurge em força metafórica, aproximando-se da arte e da religião, manifesta um saber que distorce a convicção de que a ciência seja a linguagem única. O mito revela uma racionalidade limitada que, por sua vez, é bem mais adequada a certos campos da experiência humana, sem desmerecer o saber positivo da ciência, segundo parecer de Vattimo. No entanto, desmitificar a desmistificação não significa voltar ao mito como saber ideal, mas entender também que o projeto racionalista porta consigo algo de mítico.

A presença do mito, da pluralidade das manifestações religiosas, compõem cenários que apontam para a cultura pós-moderna como tempo da secularização. O retorno do mito ou mesmo da religião somente acontece como experiência enfraquecida da verdade, na qual o sujeito pós-moderno não encontra aquela certeza que os metafísicos buscavam, o *fundamentum absolutum et inconcussum*. Podem, no entanto, conviver com os vestígios de uma tradição recebida como herança, como afirma a citação que segue:

> a secularização do espírito europeu da idade moderna não é somente a descoberta e a desmistificação dos erros da religião, mas também a sobrevivência, de forma diversa e, em certo sentido, degradados, daqueles erros. Uma cultura secularizada não é uma cultura que é simplesmente um deixar para trás os conteúdos religiosos da tradição, mas que continua a vivê-los como traços, modelos escondidos e distorcidos, mas profundamente presentes (VATTIMO, 2007a, p. 58).

A cultura dos meios de comunicação de massa faz oscilar a busca pela apropriação da verdade, mesmo aquela tentativa em abrir novas vias de emancipação. Isso porque se vive no mundo da liberdade das interpretações. Mas existiria ainda algum critério, algo de realidade? Para Vattimo, Heidegger que ainda insistia na autenticidade em **Ser e tempo**, abandonou tal categoria pela impossibilidade de encontro com o "próprio", portanto, se a filosofia pretende ser a hermenêutica da pós-modernidade, terá de levar a termo a desrealização. O mundo torna-se um jogo interpretativo, o que se nomeia como desrealização. Soma-se a isso o fato de que a superação da metafísica querida por Nietzsche e Heidegger, somente será possível pela tecnologia comunicativa.

O próprio Vattimo, entretanto, parece voltar-se para um limite da desrealização, ou para os limites também de uma estetização geral da existência. Para falar de desrealização e de seus limites é necessário dizer de estética por dois motivos: porque a arte condensa as mudanças e essas culminam na estetização, pelo menos no parecer das premissas do pensamento vattimiano. Para não cair naquilo que Nietzsche chamou de niilismo reativo, como neurótica de recuperação da realidade, seria necessário perguntar o que nela não agrada e logo apareceria a resposta: exatamente o que dela imobiliza a experiência estética no seu sentido clássico e metafísico, que poderia ter sua representação no mercado ou no monopólio dos *mass media*.

Desse modo, o retorno ao metafísico, torna-se visível nas exigências do mercado. Ele, ao impor uma escolha daquilo que seria bom ou ruim, elege-se como critério dentro dos limites de uma verdade metafísica. Assim, "a desrealização possível pelas novas tecnologias da comunicação encontra um limite naquele agente realístico que é o mercado" (VATTIMO, 2007a, p. 114). Aquilo que não funciona no mundo da desrealização são os limites impostos pela economia, de cunho realístico, diante da estetização. Portanto, a vocação da filosofia é empenhar-se no processo que visa a plenitude da estetização, superando a neurótica postura saudosa de um possível realismo ou sendo vigilante às imposições do próprio mercado.

Suscitamente, o niilismo consumado encontra na sociedade pós-moderna, técnica e comunicativa, um terreno fértil para abrir ao homem a possibilidade de guardar o ser na sua mais genuína eventualidade. Por outro lado, é inegável que instrumentos de domínio estão presentes principalmente na tentativa de uma mídia concentrada nas mãos de poucos que a utilizam para impor as mais variadas regras de mercado ou na ilusão de que a técnica significa a consumação do próprio ser. Tomar consciência disso não deve deixar a filosofia na inércia de pensar somente o ente, todavia deve provocá-la a ir mais adiante, entendendo a razão como lugar do cultivo aberto do próprio ser, de tal forma que seu empenho em continuar o processo de desrealização aponta para aquilo que ela possui de mais importante, na atualidade.

Vattimo concede à pós-modernidade o estatuto de Era, por excelência, propícia para a realização do *além-do-homem* nietzscheano e da recuperação da escuta do ser como evento, conforme a filosofia de Heidegger. Principalmente no que seu *pós* revela de pluralidade como expressam, de forma ímpar, os meios de comunicação. A diversidade, apesar do aparente caos, revela também a chance de o ser humano aprofundar sua genuína vocação de pastor do ser que conta com sua abertura existencial para manifestar-se e, nas sombras de sua situação encarnada, permanecer como realidade sempre inominável ao mesmo tempo. As condições favoráveis para tal realização também não escondem as dificuldades e a contínua presença do realismo como acontece no domínio do mercado. Por isso, a tarefa da filosofia, no parecer de Vattimo, deve continuar como defensora de um sempre maior enfraquecimento das forças violentas sobreviventes também no solo da pós-modernidade. Assim, a palavra desrealização significa o combate de tudo o que queira se impor como única forma de realidade, com validade universal e absoluta, a custa de um desdenho do outro tão comum em diversas situações sociais.

Desrealização: A Aurora Filosófica

A hermenêutica niilista está identificada como núcleo principal do *pensamento enfraquecido*. Vattimo sente-se interrogado sobre se é possível uma volta à realidade em si mesma e, então, propõe uma via do cristianismo que não seja vítima da metafísica clássica, nem tampouco da modernidade puramente liberal, ou seja, "a via do catocomunismo que não mais parou de frequentar" (VATTIMO, 2012, p. 11). O Deus cristão não é objeto do qual se está diante; sendo graça, envolve ativamente quem a recebe. Por isso uma hermenêutica pensada como interpretação niilista, já que o ser não se dá como objetividade pura, porém como evento também dinâmico. Este talvez seja o único fato considerado por Vattimo: o ser como evento, inaugurado pela herança cristã. E colhê-lo não será possível de forma total, supondo a consciência de que o dar-se do ser implica projetualidade, vontade de mudança, conflito: resumidamente, a vida.

Sendo a época moderna tempo da ciência, resta interrogar-se o que seria a ação de pensar em relação à comunidade científica? A grande questão que segue é o desafio das ciências experimentais em relação a sua pretensão realística. O que mudaria, nos parâmetros científicos, com a adoção da ontologia niilista ou do *pensamento enfraquecido*? Ao afirmar que a ciência não pensa, e somente nesse sentido, Heidegger, relido por Vattimo, aponta para o fato de a ciência se fixar no seu objeto mensurável, esquecendo o nada. É justamente a matéria da filosofia, pensar também o nada, o limite. A ontologia hermenêutica distingue-se da ciência por levar em conta não somente a abertura da verdade, mas a própria verdade de tal abertura a partir da qual os objetos surgem dentro de um sentido, de um projeto em relação ao qual estão referidos.

A metafísica seria a raiz, o ponto de partida da ciência, escondendo ela mesma em sua formulação sobre a pergunta pelo além do ente, o mistério que a envolve. Ou seja, o que a leva a descodificar um objeto, sua motivação primitiva, termina por ser esquecida quando se arvora em ter encontrado uma verdade absoluta. A convicção heideggeriana mostra a necessidade de ultrapassá-la, por isso, ainda mais porque o ente que pensa os outros entes, o *Dasein*, depara-se com a angústia que provém do estranhamento de sua incompletude, de sua inadequação. O discurso do além metafísico, de alguma forma coincide com a busca de ir além da ciência, deve manter, entrentanto, a convicção de que todo discurso é derivado da verdade do Ser do ente, como condição de possibilidade, sem colhê-lo em sua totalidade.

A pluralidade dos jogos linguísticos é exemplo revelador de que as experiências das ciências não são articulações estáticas, categorias transcendentais kantianas. "São existenciais, isto é, modos do ser do *Dasein* na sua historicidade" (VATTIMO, 2012, p. 75), por isso a *Eigentlichkeit*, autenticidade, perde lugar para o termo *Ereignis,* evento. Disso emerge a impossibilidade de dividir as tarefas entre filosofia e ciência, como se a filosofia ficasse encarregada do ser e a ciência dos entes. Também o ser é história, e não é um ser no mundo fixo, mas em mundos diferentes. O convite da filosofia a um assumir mais explícito da própria historicidade, gera mais liberdade "porque sem a assunção consciente da historicidade a ciência mesma tende a configurar-se como contemplação passiva de uma ordem de objetos fixos, ou pelo menos como cumprimento de tarefas (o mandato social) aceitas como óbvias e indiscutíveis" (VATTIMO, 2012, p. 76).

Diante da assunção da historicidade, a filosofia deve seguir a atenta tarefa da desrealização, inclusive daqueles núcleos rígidos. A atenção deve se dar principalmente em relação a um conjunto de elementos até antagônicos pós-modernidade. O sujeito, por exemplo, que tornou-se mestre da própria vida, encontra-se povoado por muitas chances e ao mesmo tempo por excessos que o atrofiam. A redução da pessoa à condição de homem produto faz surgir um eu mínimo, fechado em si, sem preocupação de prestar conta ao outro, subjugando-se a uma lógica narcísica do desejo. Com isso, torna-se objeto de fácil captura do mercado globalizado, sobretudo na economia capitalista que, com seus aparatos técnicos, sabe manipular suas necessidades em função de seu comércio.

O mercado aproxima nações e, por outro lado, distancia grupos sociais, criando a imagem do consumidor global, apaixonado pelo imprevisto, à procura de momentâneas satisfações. Transforma o ser humano, por um lado, em nômade com a ilusória pretensão de viver o presente, isolado do passado e do futuro e, por outro, o vagabundo, aquele que não possui sequer condições de se locomover. De modo que a lógica do consumo provoca uma profunda mudança no sujeito, por meio de uma cultura do desejo, como revela a assertiva seguinte:

> o desejo quer desejos, o que significa eliminar todo limite a não ser aquele do consumo, e o mercado trabalha para selecionar e confirmar a bondade de consumir, porque nisso se mostra a liberdade indeterminada de poder escolher, ilusão esta que dá ao consumidor o poder de controlar o jogo (DOTOLO, 2007, p. 76).

Outro ponto emergente e questionável é o da comunicação generalizada que provoca quase uma esquizofrenia como mergulho imediato no real sem a distância necessária da própria intimidade. Uma sociedade autotransparente que produz um sujeito da repetição e imitação de um mundo imaginário. O virtual pode se tornar real, com a chegada de uma inteligência sem história, desfocada e sem interioridade. Um sujeito diluído na rede cibernética. Mesmo a globalização, então, como processo polissêmico e paradoxal, deve estar sujeita aos apelos hermenêuticos. O que se globaliza? "Certo, atualmente, são muitas coisas que se globalizam, mas nem sempre os valores, como a solidariedade ou a amizade, nem as dimensões ética que poderia por ao centro do sistema a pessoa humana com os seus inalienáveis direitos" (DOTOLO, 2007, p. 83). É indiscutível que se vive numa aldeia global e que seus efeitos contrastantes são palpáveis. Universalização e particularização; homologação e diferenciação; integração e fragmentação; centralização e decentramento; superposição e sincretismo. O certo é que se pode avançar rumo a uma comunidade global harmônica ou, ao mesmo tempo, caminhar para uma comunidade de risco sem precedentes.

Nietzsche afirma que não existem fatos, mas interpretações, acrescentando, também, que esta já é uma interpretação. Isso não autorizaria uma tranquilizadora escolha de um subjetivismo contra o objetivismo. Tal afirmação é um dirigir-se cada vez mais intenso ao mundo da hermenêutica como filosofia que coloca no centro o fenômeno da interpretação, isto é, de uma consciência que não mais se pensa como espelho de um real fora de si. Que se pensa como afetivamente ligada à realidade, por isso, não existe alguma dimensão no mundo pós-moderno que não seja atingida por tal concepção. Exemplos claros: a difusão dos meios de comunicação, a autoconsciência historiográfica, o experimento da ciência, a multiplicidade cultural, a destruição psicanalítica sobre o ultimato da consciência, os paradigmas amadurecidos dos cientistas, tudo isso também deve passar pelo crivo hermenêutico senão haveria um retorno ao fundamentalismo metafísico. Diante de tal preocupação, Vattimo não defende que a hermenêutica seja a interpretação mais adequada, mas que ela é mais razoável no quadro da época pós-moderna e que, então, deve ser almejada.

Fim do Realismo e Superação do Relativismo

Dizer que tudo se resume a interpretações não seria cair no relativismo? Segundo Vattimo isso se daria se a hermenêutica não tomasse a sério a questão niilista[4]. O que legitima a ideia de verdade como interpretação é, de fato, o próprio enfraquecimento do ser e não a questão da correspondência. Ser que é proveniência e que possui uma história de revelações e escondimentos. Não se trata, portanto, de um relativismo banal porque a relatividade hermenêutica implica sempre a escolha do projeto gerador de todo o movimento interpretativo. E mais: não há justificativa para certa moda filosófica chamada tentação realística porque tais modas são já formas de interpretação. Cada escolha realística é uma interpretação, uma forma determinada de configurar o real.

O que se busca reforçar, com o aspecto do niilismo, ou uma ontologia niilista, não é uma negatividade arbitrária ou a impossibilidade de colher qualquer conhecimento ou verdade, porém o fato de que toda verdade carrega consigo as marcas de um ser histórico feito de herança e interpretação. A positividade dessa postura, que considera o enfraquecimento do ser não como simplesmente ausências de critérios, parece ir de encontro ao primado da caridade enquanto possuidora de certa relatividade porque o amor é movimento em constante atualização. De outra forma, já que não se pode contentar com as verdades absolutas, o caminho é o do

---

[4] Destaca-se o fato de a hermenêutica possuir amplos horizontes e que a perspectiva de Vattimo está ligada à de Heidegger, principalmente naquilo que as considerações vattimianas nomeiam como vocação niilista. Hans-Georg Gadamer (1900-2002), sitematizou a proposta hermenêutica em sua obra *Verdade e Método* (1960). Outro panorama se estendeu por uma parte da cultura francesa compreendendo autores como Jacques Derrida (1930-2004) ou Gilles Deleuze (1925-1995). Na Itália encontra-se Luigi Pareyson (1918-1991), que foi professor de Vattimo. É importante destacar que não há uma uniformidade no pensamento de tais autores e o que talvez mais ilustra certa diferença da hermenêutica vattimiana, ligada às fontes de Heidegger, é seu posicionamento crítico principalmente à tradição francesa, de modo particular ao elogio da desconstrução, aquilo que em Deleuze pode ser chamado de império dos fragmentos, ou que, em Derrida, é verificável na busca pela *différence* como algo ainda gozando de materialidade objetiva, em que a desconstrução substitui a construção metafísica e ganha também ela um estatuto metafísico. Para a perspectiva da presente pesquisa trata-se de um constante reconhecimento de que a verdade do ser se dá como evento que se revela e se esconde, de outra maneira "de um enfraquecimento interminável do ser; neste caso, o ultrapasse da metafísica é entendido só como um recordar-se do esquecimento, nunca como uma reconstrução presente do ser, nem sequer como termo que está sempre além de toda formulação" (VATTIMO, 1999b, p. 26).

diálogo, da busca de construção daquilo que juntos é possível considerar como verdadeiro. Tal diálogo supõe, sobretudo, que nenhuma das partes permaneça numa postura estática, colocando-se na escuta do outro que interpela e também é interpelado.

A tendência ao niilismo seria, pois, a própria condição de possibilidade de qualquer interpretação criativa, caminhos de escuta das mais plurais realidades. Niilismo sempre entendido, conforme Vattimo, como enfraquecimento ou desapego dos fundamentos últimos, justificadores de verdades absolutas. O ser não se encontra mais aprisionado num conceito ideal ao qual a realidade estaria em relação de correspondência. Ele está indefinidamente direcionado para o seu próprio enfraquecimento, como lugar de sua revelação e também de seu escondimento. Desse modo, de que forma tal concepção de niilismo evitaria uma leitura ingênua deste como se em sua época tudo fosse assim tão bom, tão claro, tão amigável, ocultando sua dimensão muitas vezes trágica?

Segundo Vattimo, levar a sério tal movimento livra a própria verdade de sua anulação nas malhas da representação excessiva e abre a possibilidade de seu desvelamento na clareira de um dar-se que é duplamente uma afirmação e também um mergulho naquilo que ainda não é. Longe de ser a pregação de um pessimismo passivo, a busca da ontologia niilista abre horizontes mais flexíveis de manifestação ou encontro com a pluralidade da própria vida. De certa forma, a historicidade do ser gera uma humildade epistemológica necessária para a abertura do humano diante do dinamismo do que existe. Qual seria, por exemplo, a atitude diante da tradição, mesmo daquela considerada como metafísica? A de eliminá-la simplesmente? A postura proposta por Vattimo é a de colher a tradição como história do ser como dádiva e impulso ilimitado às novas interpretações.

As conclusões anteriores não autorizam pensar que se começa de algum marco zero ou de algo semelhante. O que existe de realidade seria que ela não fala por si mesma, ela "tem necessidade de porta voz, isto é, exatamente de intérpretes motivados, que decidem como representar sob um mapa, um território ao qual teve acesso por meio de mapas mais antigos" (VATTIMO, 2012, p. 95). É por isso que o verdadeiro sempre acontece dentro de um ciclo interpretativo. Ao invés de usar o imperativo – te mostro que –, seria melhor usar um discurso mais edificante – não te parece ser melhor se. Sendo assim, seria ainda possível encontrar uma verdade absoluta? Verdade limpa, essência transparente de uma realidade? A citação que segue ilustra essas questões:

podemos somente reconhecer que vemos as coisas com base a certos preconceitos, a certos interesses, e que se nunca é possível a verdade, essa é resultado de um acordo que não é necessitado de alguma evidencia definitiva, mas somente da caridade, da solidariedade, da necessidade humana – muito humana – de viver em sintonia com os outros (VATTIMO, 2012, p. 103).

Entender uma posição filosófica somente é possível estando diante de outras possibilidades. De modo que a verdade surge quando uma outra posição parece mais clara. Mas, para Vattimo, seria ainda o caso de buscar uma síntese mais adequada, uma saída total do realismo? A resposta estaria ligada àquela que foi dita em relação à metafísica. O esforço em sair de um discurso realístico pode se dar somente de forma enfraquecida, como *Verwindung*, sem a superação absoluta, *Überwindung*, que cairia na mesma posição metafísica da qual deseja-se sair.

O antirrealismo não significa, pois, um realismo oposto, como se ao dizer que tudo seja falso não fosse também uma posição de pretensões absolutas. A *Verwindung*, por isso, é a impossibilidade de sair totalmente da metafísica, que, segundo Vattimo, no esforço de Heidegger, significa nem tanto uma vontade de encontrar uma verdade mais objetiva e, sim, o aspecto prático de fugir de uma organização científica demasiada. Tal tarefa continua importante porque mesmo o mundo da tecnologia avançada, com suas grandes promessas, mantém uma sociedade organizada ainda com base em princípios metafísicos de poder e de domínio. O elemento importante, pois, vai além do plano teórico e aponta para um horizonte prático.

O Pastoreio do Ser sem Violência

Sair do realismo tem, pois, a tarefa de liberar-se da ameaça da falta de liberdade e de projetualidade. Nem do ponto de vista prático, nem teórico existem argumentos suficientes para afirmar que fazer experiência do mundo significa refletir as coisas tais como são. Os objetos são, neste sentido, instrumentos, ou seja, sempre aparecem direcionados a uma rede que lhes dão significado. Aquilo que é nomeado por ser, fala mais do horizonte no qual as coisas aparecem do que de uma essência pura, independente de tal horizonte. De outra forma, o *pensamento enfraquecido* não quer eliminar o ser, pelo contrável, sua profecia é exatamente salvá-lo de sua estagnação representativa.

O que se entende, sinteticamente, por fim da realidade[5]? Primeiramente, por motivos práticos e políticos se busca sair da metafísica. Segundo Vattimo, na analítica existencial de Heidegger, as coisas se dão nos projetos jogados e elaborados por uma linguagem histórica da comunidade humana. O *Dasein* é sempre lançado numa rede de critérios que flutuam entre o verdadeiro e o falso. "O que Heidegger chama evento do ser não é um acontecer de um experimento saído da ciência normal, segundo o paradigma vigente; é sobretudo a revolução paradigmática, o instituir-se de um horizonte histórico novo, o verdadeiro e próprio nascimento de um mundo" (VATTIMO, 2012, p. 125). A verdade, por isso, não é concebida como posse do em si das coisas, entretanto ela é *Alétheia*, ou o dar-se histórico do paradigma. Não sendo estrutura fixa a verdade do real é pensada como evento. Acontecimento que funda o mundo, que muda as maneiras normais de ver a realidade. Mundo fundado principalmente pela poesia, pela obra de arte.

Vattimo chama a atenção para o conflito que é parte também do ser como acontecimento. Jornais e revistas estão cheios de acontecimentos e no entanto nada de novo parece acontecer. Alem do mais, nota-se um tipo de resignação que não faz ir adiante, mesmo em tempos de crise. O motivo se parece com aquele mal-estar heideggeriano que via o ser identificado com a ordem normal, atual. Uma acomodação do ser ao ente, um esquecimento, ou o próprio risco da massificação como afirmou Niestzsche? O que significa sair desse esquecimento? Significa que o ser como evento não é uma verdade que acontece de maneira neutra e imediata. Ele exige, como em forma de apelo, a participação ativa do ente humano. Essa é a dimensão que liberta, na verdade, o compromisso ativo com a mesma. Consequentemente,

> o homem, segundo uma das imagens um pouco enfáticas de Heidegger, é o pastor do ser. Não é dele o senhor, mas em muitos sentidos é responsável por ele. Se ele não assume decisivamente a própria responsabilidade, aquela de fazer acontecer a verdade no conflito, é o ser mesmo que se perde no esquecimento metafísico (VATTIMO, 2012, p. 129).

---

[5] O tema da desrealização é tratado, principalmente em seu livro *Della Realtà*. Realidade pode ser entendida como o conjunto de verdades sobre o ser, o homem, a natureza, Deus que fazem parte de uma cultura, de uma tradição e a partir da qual movimentam-se as convicções humanas, que, segundo esquemas metafísicos, chegam ao estatuto de verdade absoluta, denominado por Vattimo por realismo. "Enquanto o metafísico – realista, relativista, naturalista ou o que seja – é sempre como aquele que acredita (poder) falar de lugar algum, que não leva em conta (e em jogo) a si mesmo na sua imagem do conhecimento, e está, portanto, ele sim, exposto ao efeito devastador das contradições performativas" (VATTIMO, 2001, p. 32).

O acontecer da verdade não é um suceder sereno, natural das gerações, mas principalmente uma luta constante de modo que a ausência de emancipação talvez seja o primeiro sintoma da imposição metafísica. O conflito, assim, mantem-se como instância crítica capaz de movimentar o acontecimento do ser sem aprisioná-lo. Ele estaria como ponto de equilíbrio para que o dialogo aconteça e a criatividade apareça. O estilo globalizado, por mais que faça aparecer as diferenças, não se torna aberto às mudanças necessárias quando segue apenas a lógica do poder e do domínio. No plano econômico, por exemplo, assiste-se a países emergentes como China, Brasil, Índia, no entanto, tais países buscam a manutenção da mesma mentalidade capitalista que sustenta a fria realidade da diferença entre ricos e pobres.

Tal discrepância entre ricos e pobres é um bom exemplo de que não se pode, na cultura atual, tirar conclusões superficiais da hermenêutica como caminho de um vale tudo. Não pode ser banal na forma de conceber o diálogo apenas como um encontro de opiniões a revelia de qualquer compromisso, desconsiderando o conflito como intrínseco ao diálogo. A hermenêutica deve ser uma fonte de conciliação dialógica dos conflitos interpretativos. A ideia do enfraquecimento é, para Vattimo, uma mistura do niilismo nietzscheano com a ontologia de Heidegger, concebendo como o enfraquecimento do fundamento absoluto está em consonância com a ontologia hermenêutica, ao possibilitar a liberdade divergente, sem uso da violência. Enfraquecimento de tudo que tem a pretensão de estabilidade é, portanto, o declínio da verdade, da realidade. Não se trata apenas de um diagnóstico de um processo já instaurado. É ainda, o pôr-se a caminho, um projeto de combate à violência, a ser seguido constantemente.

O *pensamento enfraquecido*, ainda mais, ao considerar a viabilidade das relações humanas pelas vias não violentas, aponta para o fato de que o diálogo, desconfiado de toda imposição arbitrária, apresenta-se como herdeiro do ideal da caridade. "É propriamente porque a verdade absoluta é liquidada, desvalida com todos os valores supremos, pode-se finalmente exercitar a *caritas*, o amor cristão em direção ao próximo" (VATTIMO, 2012, p. 136), já que:

> a violência sempre se exercita com base em afirmações absolutas, seja no que vem assumido como absoluto o próprio desejo, vantagens, preferências, nas tantas formas de violência privada, seja em nome de pretensos valores absolutos, uma autoridade histórica que justifica violências bem maiores (VATTIMO, 2012, 2012, p. 136).

E em qual sentido a dissolução da realidade faz parte do pastoreio do ser no empenho antiviolência? Porque apela à liberdade, ao reconhecimento do *Dasein* como memória do ser, que em sua eventualidade está sempre se dando. Ao seguir o preceito do Evangelho, que diz para não confiar em ninguém que se pense como Messias, pastorear o ser, para o *Dasein*, significa colocar-se no lugar de ente encarnado. Programa ético-político, frágil na sua aparência, no entanto, nada fácil e tranquilizante. Se a filosofia quer, ainda, manter-se como filosofia, ela deve fazer uma crítica radical da metafísica. Segundo Nietzsche, nesse caminho, os mais moderados triunfarão. Resta, por isso, na aurora de um novo pensar, a descoberta de uma incapacidade de prosseguir da metafísica pelo menos por dois motivos práticos: um representado por *Auschwitz* e outro pela sociedade organizada, de modo que,

> o desprezo que a metafísica professa pelo caduco, o corpo, o indivíduo na sua específica e acidental singularidade, prepara objetivamente, para além de qualquer intenção dos filósofos e da cultura que nessa é expressa, o extermínio de grandes massas de homens em nome de uma teoria; ou ainda a sua subserviência a um projeto de racionalização global da existência, como é aquele da sociedade totalmente administrada no mundo tecnológico avançado (VATTIMO, 2012, p. 152).

Autores como Levinas (1906-1995) e Adorno (1903-1969) usam o holocausto como ponto culminante do nexo entre metafísica e violência, ficando, ainda, segundo Vattimo, presos na necessidade de ultrapassar a metafísica com uma etapa mais lúcida. Nesse ponto, a tradição heideggeriana descarta a possibilidade de uma fuga para uma experiência originária, seja estética, religiosa ou política e devolve o sujeito ao seu horizonte histórico. Mais que uma conversão ou decisão, surge a escuta, exatamente no bojo do *Ge-Stell*, de uma sociedade racionalmente organizada. Diante do ser totalmente nominado permanece a possibilidade de um ser de novo, na distorção não de um ser diante, mas na sequência do próprio movimento metafísico. De modo que metafísica não é erro, mas partícipe da história do ser da qual se escapa para iniciar um novo caminho, tornando inevitável a participação da mesma. Ainda mais, o pensamento heideggeriano, assumido por Vattimo, aponta para o fato de tal distorção não depender somente do *Dasein*, mas também do ser, sendo que tal via aceita a metafísica como destino e no seu destino final não aponta para nova fundação, senão para o niilismo que emerge quando tudo parece consumado[6].

Por isso é justo avançar no entendimento de que a hermenêutica niilista seja uma radicalização antimetafísica de formas sociais históricas como o marxismo, por exemplo. Isso significa tomar plenamente a sério suas duas raízes: a religiosa e a política. Hermenêutica niilista que entra em confronto com fundamentalismos religiosos e regimes políticos totalitários, revelando o aspecto sempre frágil das equações que dividem o ser humano entre maus e bons. A vocação hermenêutica, portanto, está ligada à inauguração de mundos novos. E no quesito revolução, a via de construção de alguma novidade seria "trabalhar a revolução sem cair na metafísica é tarefa da hermenêutica como filosofia da práxis, e a via para qualquer emancipação, propriamente no mundo do fim da metafísica e do niilismo pleno" (VATTIMO, 2012, p. 176). A conclusão à qual se chega é, então, que um humanismo hermenêutico não pode ser senão um humanismo revolucionário que profetiza o diálogo como porta de toda verdade, a partir do qual o ser acontece. Diálogo que ressoa como exigência de escuta permanente daquelas vozes que foram caladas pelas estruturas de domínio. E em consequência, que se cale apenas o domínio e a violência, inibidores do empenho aberto do *Dasein* como pastor do ser.

Qual o futuro da filosofia na idade da democracia? A tradição heideggeriana aponta a metafísica como concepção do ser como ordem dada, objetivamente, uma vez por todas. E se o ser é estrutura dada uma vez para sempre, não se pode pensar em alguma abertura da história, nem tampouco em liberdade. Mas, com a democracia, cai por terra a pretensão de verdade ou o de poder absolutizados. De um lado, a filosofia como lugar de pensar a verdade enfraquece-se, o que fica claro até em sua pouca procura nas universidades, afirma Vattimo. Por outro lado, crescem os domínios fragmentados nas diversas disciplinas do mundo técnico. Morre o posto soberano da filosofia porque morreu o que é soberano. Heidegger, por sua vez, mostra o lugar do pensamento como "pensar

---

[6] A pergunta resistente sobre o ser, no apogeu da organização técnica, é uma das questões mais importantes na grande aventura do pensamento vattimiano, particularmente em sua proposta filosófica de um cristianismo não religioso. De fato, se a metafísica tivesse alcançado a palavra definitiva sobre o *em si mesmo* das coisas, não haveria mais espaço dialogal entre ser e ente, elimanando, assim, a grandeza do horizonte da própria relação amorosa entre os homens.

o que permanece escondido na cotidiana apresentação daquilo que acontece sempre" (VATTIMO, 2012, p. 182). Mesmo pensar esse escondimento pode desaguar na eleição do proletariado, como queria Marx, ou no encontro com palavras inaugurais. Vattimo, em contraposição, retoma uma saída pela via da ontologia da atualidade. Na época da democracia o ser se configura na experiência coletiva. O novo intelectual, ironiza Vattimo, estaria mais próximo de um artista de estrada.

Como, pois, pensar a verdade sem cair num universalismo violento ou num relativismo descompromissado? Esse parece ser um problema fundamental e perigoso do ocidente acostumado às grandes verdades, de modo especial às grandes religiões como o cristianismo. Em vários cenários da história, o vínculo entre verdade e poder foi quase concebido como natural. É necessário, contudo, pensar, seriamente, as consequências dos postulados hermenêuticos como possibilidade de mudança, por exemplo, "a secularização do mundo moderno é, se não uma prova, um sinal de que se pode ir além da identificação entre profissão de uma verdade religiosa e adesão a uma rígida ordem política" (VATTIMO, 2012, p. 193).

De forma mais radical, Vattimo aponta que o cristianismo é exemplar em sua versão missionária universalista capaz de batizar pessoas pela força ou pela coação. A busca da libertação de qualquer absolutismo ou da identificação entre verdade e autoridade auxilia a possibilidade de uma vivência religiosa pós-moderna na qual a relação com o divino não seja tanto contaminada pelo medo, pela violência, pela superstição. Resta, contudo, perguntar se, de fato, toda a história do cristianismo, mais precisamente da tradição católica, lugar gerador das ideais vattimianas, não passou de uma postura atrelada ao poder e ao autoritarismo? É claro que, no contexto pós-moderno, já não faz sentido pensar uma religião fechada em ideias absolutas. As críticas vattimianas, todavia, principalmente às formas instituídas, são assim tão caridosas e moderadas? Suscintamente, qual seria de fato o nexo entre a hermenêutica niilista, secularização e cristianismo não religioso em Gianni Vattimo? No presente ponto desse trabalho, faz-se necessária a passagem do arcabouço filosófico, até agora discutido, para sua relação com o tema central da presente pesquisa que é cristianismo não religioso. De outro modo, a questão de fundo deve acenar para a conexão entre o *além--do-homem* e o ser como evento como instâncias possíveis somente no horizonte da secularização que, em sua condição mais radical, para Vattimo, é a vocação do cristianismo enquanto mensagem kenótica da *caritas,* que faz da história uma instância salvífica.

3 DA SECULARIZAÇÃO AO CRISTIANISMO NÃO RELIGIOSO

3. DA SECULARIZAÇÃO AO CRISTIANISMO NÃO RELIGIOSO

A presente parte do livro tem especial impor-tância porque trata de uma proposta inu-sitada de Gianni Vattimo. Enquanto para uma ideia mais geral a secularização significa distanciamento do cristianismo, o pensador apon-ta para o fato de ela ser um processo no qual a fé cristã realiza sua vocação mais fundamental: compreender a história como desenrolar de um amor dialogal entre ser e ente. Por que escolher a história, com seus dramas e chances, como lugar onde se desenrola a práxis amorosa como instân-cia salvífica e não uma verdade abstrata à qual se corresponder? De outra maneira, como alcançar uma leitura da secularização como espécie de destino do cristianismo que gera a filosofia à qual a presente reflexão está referida?

Nesse ponto, o pensamento vattimiano re-corre às categorias da teologia para respaldar seu *pensamento enfraquecido*. Visita, sobretudo, mais que conceitos, movimentos como a encar-nação, *kênosis* e *caritas,* mostrando que são es-ses elementos que revelam o ser como relacional e possibilitam a criação da filosofia hermenêutica. O leitor deverá estar atento, portanto, para a sin-gularidade do próprio conceito de secularização apresentado pelo filósofo. Certamente notará que tal categoria destoa do que comumente se pen-sa, principalmente em instâncias religiosas. Verá que secularização é entendida como fator positivo que significa um constante dissolver de estrutu-ras sacrais rígidas da sociedade, apontando para a laicidade, enquanto experiência livre, lugar de resposta ao mistério do ser. Perceberá que tal fenômeno não quer dizer a despedida do cristianismo, porém sua realização enquanto kênosis, enquanto correção de muitos tratados naturais. Com isso, é possível entender também em que sentido o cristianismo é não religioso.

Secularização: Ponto de Encontro do Niilismo com a Vocação Cristã

Ainda que Heidegger não chegue, explicitamente, a um engajamento social, sua herança, como a de Nietzsche, possui um ponto crítico em relação à normalidade cotidiana, segundo leitura vattimiana. Depois de sua *Kehre,* do pensamento em termos de autenticidade para o pensamento que cunha a *Lichtung,* claridade do ser e também o escondimento na presença, a partir daí já se ensaia a impossibilidade de tomar o mundo a partir de uma imagem unitária. Mesmo vendo a fragmentação como niilismo, Heidegger nunca chegou a se nomear, como o fez Nietzsche, como niilista, por isso, a *Kehre* heideggeriana pode ser concebida como passagem da noção de autenticidade para a *Ereignis.* "Recordar o ser não quer dizer conquistar asceticamente a própria autenticidade com a decisão antecipadora da morte, mas escutar o sentido do ser que se dá no evento, na época, no mundo" (VATTIMO, 2012, p. 212). Segundo Vattimo, a partir daí, Heidegger aposta na palavra da poesia e da obra de arte como lugares privilegiados de escuta do ser.

O risco da confusão do ser com o ente na época da organização técnica, segundo a tradição heideggeriana, faz nascer a necessidade de ultrapassar a metafísica buscando uma nova postura de escuta silenciosa e empenhada do ser esquecido. Segundo Vattimo, o *pensamento enfraquecido*, neste ponto, é mais radical porque não enxerga o niilismo como um risco máximo e sim como destino do ser, no dissolver do fundamento objetivo. Não abandonar totalmente o ser como fundamento talvez faça parte de uma postura saudosa de Heidegger que o coloca numa persistência de escuta de algo ainda ontológico do ser. Para o autor do *pensamento enfraquecido*, escutar o ser é também escutar o silêncio dos que ficaram emudecidos por uma ordem social metafísica, não com a intenção de resgatar ou corrigir o passado, entretanto colhendo daí elementos que possibilitam construir outras constelações baseadas na interpretação. Deslocando, sempre, o vínculo entre metafísica e violência por trabalhar uma razão da meia luz; razão limitada e impotente, sem ser relativista ou inerte, mas engajada numa práxis mais fraterna.

Tal legado filosófico, Vattimo tem intenção de levar a termo propondo-o como época da amizade, fruto do enfraquecimento de qualquer forma de pensamento e de vida violentos, geradores de práxis que legitima o abismo entre pobres e ricos, entre grandes e pequenos. Segundo sua perspectiva, isso se torna viável porque nos alicerces desse pensamento encontra-se a mensagem cristã. Horizonte que parte de Nietzsche e de Heidegger e que está estreitamente em conexão com a proposta da *kênosis* que por sua vez é a instauração da secularização de qualquer valor absoluto. Perdendo sua luminosidade autotransparente numa razão forte, Deus somente pode ser acolhido como evento na história, colhido pela experiência vivida e ensinada pela *caritas* de Jesus. A aventura que segue é recolher a questão da secularização como destino do ser que, para Vattimo, coincide com sua proposta de um cristianismo não religioso em sua irrenunciável centralidade de vivência do amor. De alguma forma, o ser como evento é o ser encarnado na *kênosis* de Jesus, ou seja:

> do discurso que segue, espero, resultará também menos escuro o sentido desta relação entre filosofia (*pensamento enfraquecido*) e mensagem cristã, que eu consigo pensar somente em termos de secularização e isto é, no fundo, em termos de enfraquecimento, ou seja, de encarnação (VATTIMO, 1999a, p. 27).

Quais são os ganhos de tal vizinhança entre encarnação cristã e *pensamento enfraquecido*? Essa e outras perguntas serão trabalhadas, a saber, como Vattimo enxerga nesse nexo a possibilidade de seu retorno pessoal ao cristianismo mostrando caminho aberto para ir muito além, caso o cristianismo não queira se transformar em uma seita fechada, como revela o seguinte:

> a encarnação, e isto é o abaixamento de Deus ao nível do homem, isto que o Novo Testamento chama a kênosis de Deus, será interpretada como sinal que o Deus não violento e não absoluto da época pós-metafísica tem como seu trato distintivo aquela mesma vocação ao enfraquecimento da qual fala a filosofia de inspiração heideggeriana (VATTIMO, 1999a, p. 31).

A pós-modernidade inaugura uma nova época que tem sua maior expressão na pluralidade do real. Fatores como os meios de comunicação e a imposição da técnica impõem ao sujeito a necessidade de um novo pensamento. Capaz de interpretar a história, os valores, a cultura como elementos criativos, dinâmicos, sempre situados em construções que não gozam de um sentido único, universal, perene, o *pensamento enfraquecido* fornece essa nova possibilidade de maneira particular porque coloca a razão diante de seus limites sem, entretanto, desmerecer suas chances. Gianni Vattimo lança um olhar mais profundo sobre a época atual, buscando não somente uma compreensão de seus fenômenos, mas propondo um repensar elementos essenciais da cultura, pelo menos da ocidental.

Concebendo o cristianismo como fonte importante na geração da história do ocidente, o filósofo se vê diante de uma pergunta central: com o processo de secularização haveria ainda possibilidade de repensar o legado cristão ou os dois elementos seriam antagônicos e incompatíveis? De outro modo, estaria se iniciando uma era pós-cristã ou sem religião? Essas questões encontram no *pensamento enfraquecido* uma particular e inusitada resposta porque a partir de elementos como encarnação, *kênosis* e *caritas*, Vattimo profetiza que o próprio cristianismo possui em si mesmo os eixos constituintes de uma cultura plural, hermenêutica, rompendo com a dicotomia entre sagrado e profano. Isso acontece porque, no evento Jesus, encarnação kenótica de Deus, a história deve ser entendida não mais como um caminhar rumo ao mais além, entretanto como instância salvífica e dinâmica no tempo atual. Sendo o ser, evento que se revela e se esconde na história dos seres humanos, o Deus de Jesus Cristo, encarnado, esvaziado como movimento de entrega amorosa, está em consonância com tal eventualidade.

Com isso, a discussão entre cristianismo e secularização pode indicar a colocação de problemas opostos ou separados, entretanto a opção do autor é por uma leitura de que os dois elementos não estão em oposição. De fato, o cristianismo é visto como elemento de secularização, isto porque o processo *kenótico* age em seu cerne como fato dinâmico que dissolve qualquer ideia de onipotência de Deus ou de dicotomia entre realidades como céu, terra, religião, mundo. Como afirma Pires, "para Vattimo, e aqui está muito de sua originalidade, o elemento niilista operante no interior da metafísica é o cristianismo" (PIRES, 2007, p. 185). O percurso a seguir abordará os temas da secularização, da *kênosis,* da *caritas* como fundamentais para a concepção do cristianismo não religioso do autor pesquisado.

De alguma forma, todo o evento da secularização realiza o que de mais importante possui o cristianismo, ou seja, sua mensagem vivida na diversidade da vida. Com a morte do Deus fundamento, o Evangelho fica liberado a renascer na sua força criativa como mensagem dinâmica porque em seu centro está a *caritas*, que não tem a ver com a verdade objetiva com a qual o próprio Cristo por vezes foi confundido. A qual cristianismo Vattimo retorna e qual a conexão ele faz entre o ser como evento (fim da metafísica) e a *kênosis* (morte de Deus) no final da metafísica? Se por um lado há um movimento que diz que a secularização instaura um processo de contínuo distanciamento da religião e, no caso do ocidente, do cristianismo; por outro, a própria Igreja, como a Católica, incentiva um diálogo com a época atual, guardando o cristianismo como instância crítica da mesma. A leitura vattimiana, todavia, é mais radical ao concluir que secularização e cristianismo, pós-modernidade e fé cristã além de não serem opostos, são a mesma coisa, mostrando, ainda, como os conceitos que provém da teologia como encarnação, *kênosis* e *caritas* são assumidos pelo *pensamento enfraquecido* como fundamentais para a filosofia que pensa o *além-do-homem* e o ser como evento na época da morte de Deus e do fim da metafísica, grandes ícones da cultura pós-moderna secularizada.

Secularização: Variações de um Conceito

Nascido num terreno protestante, o conceito tornou-se impactante no mundo católico. Autores como Bonhoeffer, Gogarten, H. Cox foram seus verdadeiros profetas acolhidos no seio do catolicismo, no entanto, as teologias da secularização diferem nos métodos, da teologia clássica[1]. Há diferenças também na forma de analisar o processo. Alguns dizem da passagem do religioso ao secular. Uma sociedade secularizada seria aquela que não se define em nada a partir de uma transcendência religiosa. O mundo secularizado estaria na passagem de uma mentalidade simbólica, do mundo medieval no qual o homem não é dono de si, para uma racionalidade secular. A partir disso, nasceria o homem livre da religião e da metafísica. O mundo que antes era um espelho do além passa a referir-se "unicamente a relações imanentes e imediatamente traduzíveis em conceitos simples, operatórios, quer dizer, plenos de uma técnica" (DUQUOC, 1974, p. 32). Assim, a secularização coincide com a uma nova época de mudança na apreensão do mundo, com as passagens do simbólico para o regime científico; do rural, para o urbano; de um mundo hierárquico, para um tempo idealmente igualitário e democrático.

---

[1] A obra de Christian Duquoc (1974), **Ambiguedad de las teologias de la secularización,** serviu como referência básica para as variações do conceito e dos autores sobre o tema da secularização, visando mostrar, em seguida, as particularidades da interpretação vattimiana.

Friedrich Gogarten (1887-1967), um dos fundadores da teologia dialética, afirma que Deus também fala na história e não somente na palavra bíblica e nos sacramentos. Deus se manifesta na condição humana, tornando a secularização o lugar no qual ressoa a Palavra de Deus. Que a revelação cumpre-se na história, esse é o maior ensinamento bíblico. O caráter profano do mundo, para Gogarten, é produto da fé bíblica. Assim, a secularização não é um fato vindo de fora, mas é desenvolvimento das raízes do próprio cristianismo, por isso libertar-se do Deus metafísico é abrir-se ao futuro como esperança encarnada. Dietrich Bonhoeffer (1906-1945) foi ainda mais militante do que Gogarten. Segundo ele, vive-se num mundo adulto no qual o homem superou a religião. Deus concede o saber para que os homens cheguem a viver sem Deus. Nota ele, em sua militância contra Hitler, que a religião tornou-se um puro sentimento religioso em cuja preocupação central está a satisfação da necessidade das almas. O Deus crucificado revela ao homem que este tem que ser adulto. Então, o eixo do Evangelho passa a ser o processo de secularização. Harvey Cox (1929-) seguiu seus estudos, propondo que a secularização é o caminho e Deus parece ter mais interesse pelo mundo do que pela religião. Há um vínculo essencial entre a fé bíblica e a secularização. A secularização começa no momento em que o homem deixa de pensar num mais além para viver neste mundo e neste espaço. De modo que a cidade secular concretiza as propostas bíblicas.

Tal movimento compreende ganhos e também certo mal-estar. Na grande cidade se perde a identidade e cria-se um vácuo existencial do qual algumas produções artísticas, como os filmes de Ingmar Bergmann, dão testemunho. Com isso, desaparece o espaço poético e o cotidiano passa por crises chegando à banalidade. Trata-se de um processo inacabado porque mudam as escalas de valores, mas não de forma absoluta. A secularização acaba sendo uma ruptura com a tradição e ao mesmo tempo envolve o ser humano numa busca ansiosa pela criação de outros sentidos; negação de uma sociedade organizada ao redor de elementos cristãos, o que impacta certa forma de ser Igreja não tão acostumada com a democracia ou com a divergência de opiniões tornando sua pastoral arcaica. Nesse sentido, as questões se diversificam:

> o encontro com o outro é mais frutífero porque se participou na liturgia dominical? A competência na sociedade é maior para aquele que se consagra também a uma comunidade religiosa? É necessário vincular-se a uma Igreja visível para lutar em favor de uma maior justiça no mundo? É útil favorecer a Igreja católica para ascender a uma maior cultura? (DUQUOC, 1974, p. 46).

Secularização torna-se um fenômeno complexo, portanto, e pelo menos desde a década de 1970, do século passado, alguns movimentos eclesiais, ou extra-eclesiais, colocam-na como ponto discutido. Mesmo com o retorno de forte presença religiosa, torna-se um tema importante. Para o magistério da Igreja, há o conceito de *saeculum*, mundo – tempo, história; mas existe também *mundus*: cosmos – universo – lugar. Secular surgiu no século XII para designar aquilo que diz do temporal. Na Idade Média, o sagrado tornou enfraquecida a dimensão laica, mundana. Consequentemente, o eterno ganhou destaque numa sociedade teocrática. Gregório Magno (540-604) já mencionava que a perfeição cristã consistia em abandonar as coisas do mundo. No século XII, por exemplo, aconteceu a dicotomia entre clérigos e leigos. O Concílio Vaticano II, mais recentemente, percebeu a secularização ligada ao mistério da Encarnação, como expressa o documento **Gaudium et Spes**. Apesar de um interesse pela unidade, o secular continuou sendo ligado a um horizonte mais laico e o sagrado, ao mundo dos consagrados.

Num sentido jurídico-canônico, secularização significou a passagem do estado eclesiástico para o estado secular; numa visão histórico-política, seria a perda de poder do âmbito religioso para o civil; e culturalmente falando, o enfraquecimento, na sociedade civil, dos símbolos especificamente religiosos. Na Filosofia, Hegel disse da mundanização (*Verweltlichung*) do cristianismo. A secularização seria a realização do cristianismo. Max Weber (1864-1920), também disse que o capitalismo seria filho de um cristianismo secular.

Com o advento do Concílio Vatticano II, o documento **Gaudium et Spes** fala da autonomia das realidades terrestres e propõe uma síntese de fé e vida. O Processo de *Aggiornamento* libera as vozes proféticas e passa a dar atenção aos pensadores protestantes como Bultmann, P. Tillich e Gogarten, que por sua vez pensam a secularização fundamentada no cristianismo. Reduzem-se as dicotomias tradicionais e autores como Cox e Metz proclamam o fim da metafísica. "A metafísica, que considera o real de um ponto de vista estático, realista e substancialista, não permite pensar em termos de história, devir e tempo, já que entende a mudança como um dado acidental num universo imutável" (FISICHELLA; LATOURELLE, 1994, p.868).

Thomas J. J. Altizer (1927-) certamente pode ser mencionado entre os mais radicais teólogos da secularização. Em sua obra **The Gospel of Christian Atheism**, (1967), chega a afirmar que *Deus* morre para que o homem viva. Na encarnação, a Palavra torna-se continuamente carne. A *kênosis* tem como efeito a morte da cristandade na cultura contemporânea, tendo em vista que "na tradição cristã, a convicção da metafísica grega – Deus é soberano e imutável – obrigou a teologia a expelir sutilmente a originalidade da encarnação" (DUQUOC, 1974, p. 100). Ao que tudo indica, no bojo dessa radicalização de Altizer, Vattimo também encontra-se com sua conexão entre cristianismo e secularização. Possivelmente consciente de tais correntes de pensamento proclama, no entanto, uma visão inusitada sobre o assunto. A secularização, segundo sua filosofia, é o destino e realização do cristianismo por conta da encarnação de Deus através de Jesus Cristo, evento que aprofunda a dignidade mais profunda do que significa a história.

Segundo Altizer, (1967, p.15) "(...) o cristão, e o cristão somente, pode falar de Deus em nosso tempo; mas a mensagem que o cristão é agora chamado a proclamar é o Evangelho, a boa-nova ou feliz alvíssaras, da morte de Deus". Assim, o autor toma como ponto de partida que o teólogo não pode mais ignorar tal elemento, já que a Teologia, por muito tempo, ficou silenciosa em relação a isso e o preço que pagou foi o isolamento diante de realidades da existência humana. A Teologia cristã não pode sobreviver sem um autêntico diálogo com as realidades terrestres. Ela será estéril se continuar defendendo somente algo imutável, simplesmente a espera de uma correspondência.

De certo modo, não se pode identificar o testemunho cristão com aquela pequena parcela, diminuído fragmento da história, dos que explicitam a fé. A Palavra deve ser reconhecida em ambientes não cristãos também. De forma contundente o autor afirma:

> uma vez que decidimos engajar num confronto teológico positivo com a visão do século 19, descobrimos rapidamente que ainda em suas mais ateístas expressões é inseparável de ambos uma estranha mas radical forma da fé cristã e uma apaixonada afirmação do nascimento de uma nova humanidade (ALTIZER, 1967, p. 20).

Deve o cristão ler os tempos atuais apenas como escuro caos a ser combatido? A resposta seria mergulhar numa passagem sem retorno de um cristianismo feito estrutura estável para uma fé fraca e kenótica, peregrina e engajada no mundo. Qual seria, portanto, a singularidade do cristianismo na visão de Altizer? Usando o exemplo da mística oriental, mostra que em toda religião há certa negação do mundo. Muitas vezes com a linguagem do silêncio, somente se pode falar de Deus invertendo os valores estabelecidos. Considerando o mundo, as realidades terrenas como secundárias como se houvesse uma realidade originária mais perfeita. Diante disso, a singularidade do cristianismo seria exatamente renunciar a tentação de um retorno ao sagrado original mais perfeito. Assim sendo, a Palavra de Deus não se revela como evento fechado do passado, porém como instauradora de um processo contínuo porque é encarnação. Sua realidade dinâmica está no fato de se tornar carne humana.

Se em outras orientações o espírito vem até a carne humana para anulá-la, para Altizer o que é novo no Cristianismo é que o espírito vive como carne. Desconsiderar isso seria lançar uma pedra sobre o sepulcro de Cristo, como dizia Nietzsche ao se referir à Igreja. Deus em Jesus é palavra encarnada. Somente no cristianismo encontra-se o cumprimento radical da encarnação e aí é possível descobrir o cristianismo não religioso. Paradoxalmente, por isso mesmo, o cristianismo torna-se responsável pela morte do sagrado porque na morte de Cristo, encarnação plena, participa-se do processo de salvação e com isso elimina-se a distância entre sagrado e profano.

> Na crucifixão a Palavra finalmente morreu em sua forma original, perdendo sua transcendente glória e sua primordial santidade, tornando-se completamente carne. Somente na Crucifixão, na morte da Palavra na cruz, a Palavra de fato e completamente tornou-se carne. Finalmente, a Encarnação é somente verdadeira e de fato real se ela efetua a morte do sagrado original, a morte de Deus mesmo (ALTIZER, 1967, p. 54).

A partir disso, o que Jesus significa para o hoje? Não terá sentido se for proclamado sem levar em conta a realidade atual. Não é possível voltar a uma religião do sagrado antigo. Antigo que nas categorias de Aristóteles era *actus purus*, distante do mundo; agora é totalmente encarnado. Em sua dialética, Hegel, o idealista, mostra que uma ideia que evolui passa a ser uma ideia mais perfeita, e na *kênosis* o absoluto se torna relativo para assimilar o relativo em seu ser absoluto. A diferença do que se propõe estaria mais próximo do que se encontra no Evangelho de João. Jesus não é espírito, mas amor. Deus é Jesus, palavra esvaziada de seu sentido primeiro e absoluto, encarnação amorosa.

Desse modo, no processo da encarnação, do cristianismo radical, não existe mais dualismo entre Deus e história. Dualismo que na verdade impossibilitava a transfiguração do homem e da história em lugar da presença totalmente encarnada de Deus. A teologia tem a tarefa, portanto, de pensar isso de forma inteligível para os dias atuais. Deus, ele mesmo, torna-se palavra encarnada na história, nessa história e não em outra. A escatologia deve compreender que é nessa história que Deus deve se tornar tudo em todos. Há um universal corpo da humanidade onde a palavra continua se esvaziando.

Deus, muito longe de ser estático, é um Deus da contínua metamorfose kenótica. O princípio teológico fundamental e decisivo está distante de algo imutável. Aproxima-se muito mais de um misterioso movimento relacional, por isso, é necessário dar conta da revelação como processo continuado porque:

> o Deus que revela a si mesmo na história é o Deus que esvazia-se da plenitude do seu ser primordial; então ele de fato e verdadeiramente torna-se manifesto na história, e finalmente a história se torna não simples arena da revelação mas o verdadeiro Corpo de Deus encarnado (ALTIZER, 1967, p. 83).

Sem desconhecer os desafios dos impostos por tais reflexões, o breve apanhado sobre a questão da secularização revela que, pelo menos implicitamente, o discurso filosófico de Gianni Vattimo, é influenciado por tais movimentos e interpretações. Com isso, abre-se o caminho para entrar em seu pensamento e descobrir as particularidades de suas conclusões. Em meio às nuances sobre o tema da secularização, surge a leitura que Vattimo faz do cristianismo, não somente como religião secularizada como também secularizadora, a partir de argumentações filosóficas. Apesar de usar a palavra retorno em seus escritos sobre religião, ele não dá a ela o significado de retomada de alguma coisa que passou, deixando de existir, para num segundo momento, voltar a ser. Para o autor, pensar o cristianismo é pensar a instância intrínseca à cultura ocidental como lugar do declínio do ser. Tal clareza evita uma leitura dicotômica, não existente no pensamento vattimiano, sobre a relação entre ocidente e cristianismo.

Além dos problemas insolúveis da pós-modernidade como a questão do sentido, que poderiam justificar a volta ao fato cristão como refúgio para uma crise, Vattimo vê nas transformações racionais uma causa mais profunda para reencontrar a vitalidade do mesmo. Se antes, com o iluminismo e o positivismo, a religião era considerada como resíduo a ser extinto, com o declínio da modernidade deu-se também o enfraquecimento das teorias que pregavam o fim da religião, colhendo a insuficiência de a razão dar conta, por si mesma, de suas raízes mais fundamentais, de maneira que:

hoje, não existem mais razões filosóficas fortes plausíveis para ser ateu, ou de qualquer forma para refutar a religião. O racionalismo ateístico tinha tomado, de fato, na modernidade, duas formas: a crença na verdade exclusiva da ciência experimental da natureza, e a fé no desenvolvimento da história rumo a uma condição de plena emancipação do homem de toda autoridade transcendente (VATTIMO, 1999a, p. 18).

Nietzsche e Heidegger têm particular influência nas conclusões vattimianas. Ambos desenvolvem um caminho de crítica a uma forma de pensamento que identifica a verdade do ser com a mensurabilidade, com o cálculo apenas. Desvestem tais pretensões e apontam para a necessidade de pensar o ser como evento e tomar consciência de que o mundo verdadeiro é fábula, construções que dependem de uma série de fatores culturais. No *pensamento enfraquecido*, o próprio ser tem vocação ao enfraquecimento, o que está estreitamente ligado ao reencontro com o cristianismo naquilo que ele possibilita a inculturação. Não foi um erro da metafísica construir, afirmar, postular verdades do ser porque ele mesmo se manifesta, se revela assim. O equívoco foi não prestar atenção àquilo que é encobrimento, ocultamento que o mantém em sua possibilidade de continuar sendo e não se transformar num ente. Também essa é uma dimensão que deve ser constantemente explorada, o enfraquecimento como horizonte traçado pelo próprio ser, de maneira que o *pensamento enfraquecido* não é aquele simplesmente consciente de suas limitações, no entanto "uma teoria do enfraquecimento como caracter constitutivo do ser na época do fim da metafísica" (VATTIMO, 1999a, p. 26).

Tal vizinhança Vattimo enxerga como descoberta decisiva em sua vida e filosofia, proporcionando a volta ao cristianismo nos traços essenciais que, talvez, ficaram encobertos pela metafísica e que permaneceram impulsionando o mesmo em sua vital tensão de já e ainda não. O termo decisivo é secularização que, se por um lado significa desligar-se de uma dependência a um Deus absoluto e soberano, por outro lado, como consequência, secularizar-se passa a ser a realização do ensinamento amigável de Jesus, encarnado na história humana. Não seria absurdo pensar que no bojo do processo de secularização fosse redescoberto, então, a mais importante mensagem cristã da fraternidade e de um Deus envolvido com as acontecências humanas.

Se a pós-modernidade condensa o declínio da metafísica, que dentre tantas verdades tinha Deus como fundamento absoluto, passando ao tempo do ser como evento, composto de revelação e encobrimento, então a secularização como processo de distanciamento das imposições do sagrado é tempo propício para o aparecimento do rosto também enfraquecido de Deus. Assim, retorna-se à herança cristã do preceito da caridade. Em passagens neotestamentárias como a revelação das coisas de Deus aos pequenos e não aos sábios; não vos chamo servos, mas amigos; fica muito claro o dito acima. Desponta-se, como aurora, a chance de uma leitura otimista da secularização conforme explicita o dizer seguinte:

> secularização como fato positivo significa que a dissolução das estruturas sacrais da sociedade cristã, a passagem a uma ética da autonomia, à laicidade do estado, a uma menos radical literalidade na interpretação dos dogmas e dos pecados, não vai no sentido de ser menos ou uma despedida do cristianismo, mas como uma mais plena realização da sua verdade que é, recordemo-lo, a *kênosis*, o abaixamento de Deus, a correção dos tratados naturais da divindade (VATTIMO, 1999a, p. 40).

De acordo com as conclusões vattimianas, a salvação de Deus, em Jesus, não se dá pela anulação da condição humana, pois a *kênosis* cristã não aniquila, todavia exalta a história como lugar operante e decisivo, dialogal do ser com o ente. Ao destruir as posturas rígidas da sacralidade naturalística, a secularização abre as portas para um encontro livre com a essência mesma do cristianismo, a saber, de que, sendo histórico, o ente humano é convocado a responder continuamente aos apelos do ser. Vattimo garante que o desejo de que essa proposta seja um pouco mais amigável não significa percorrer um caminho tão fácil porque, conclusivamente, apesar de saber que as construções culturais fazem parte da revelação ontológica, o que permanece escondido é exatamente o fato de que elas nunca serão a plenitude de todas as possibilidades.

No processo irreversível de secularização, a *kênosis* fornece princípios críticos para o mundo atual, para a Igreja e para a própria secularização. Há um paralelismo entre teologia da secularização e ontologia do enfraquecimento, porque ambas devem continuar um processo, cujo limite deve ser o de romper com qualquer absolutismo, buscando a caridade. A secularização não pode pretender ser um postulado metafísico e, mesmo o reconhecimento do nada aberto pelo niilismo, necessariamente, em seu encontro com a *caritas*, abre-se em projetualidade. Dessa maneira, o nexo entre ontologia fraca e secularização aponta para o sentido positivo da revelação cristã porque no cristianismo está prevista a história interpretativa do ser. E de alguma forma, "se me esforço por compreender seriamente o sentido da *kênosis,* seguindo também os êxitos da crítica filosófica da mentalidade metafísica, rendo-me conta que o desmascaramento é Cristo mesmo" (VATTIMO, 1999a, p. 64).

Cristianismo não Religioso, Secularizado e Secularizante

Vattimo retorna ao cristianismo, porém na forma que ele chama de "creio que creio", reposta dada a um antigo professor seu quando este perguntou-lhe se ainda acreditava. Para ele uma tese da não existência de Deus já não seria mais possível, senão haveria um retrocesso ao metafísico. "Onde quer que haja algo de absoluto, mesmo que seja a afirmação da não existência de Deus, ainda existe sempre metafísica, ou seja, justamente aquele Deus que Nietzsche acredita ter descoberto que é supérfluo" (VATTIMO, 2004a, p. 09). A filosofia do sec. XX, num tempo de desencanto, permite chegar a essas conclusões. Depois de Auschwitz, desconfia-se de uma verdade fortemente estruturada. Se não existe um fundamento absoluto, também não seria plausível dizer que Deus morreu, absolutamente. Assim, o pensamento vattimiano afirma:

> minha intenção é, acima de tudo, mostrar como o pluralismo pós-moderno permite (a mim, mas creio que também a todos, em geral) reencontrar a fé cristã. Se Deus morreu, ou seja, se a filosofia tomou consciência de não poder postular, com absoluta certeza, um fundamento definitivo, então, também não existe mais necessidade de um ateísmo filosófico (VATTIMO, 2004a, p. 12).

Portanto, não há incompatibilidade entre niilismo com alguma forma de crença porque, paradoxalmente, a morte de Deus é condição de possibilidade para o retorno de Deus, caso seja colocado na posição daquele nada do ser que permanece como impulso livre a interpelar tudo que é vivo na busca de continuar fazendo acontecer a história. O que se tentou durante muito tempo, o esquecimento do religioso, continuaria hoje somente por inércia dos filósofos. O próprio contato europeu com outras culturas levou ao descrédito de uma cultura superior ou de um cenário religioso absoluto. Com o enfraquecimento da metafísica, a religião à qual o autor retorna, distancia-se do fundamentalismo. Mas, então, qual religião seria realmente plausível no tempo pós-metafísico? E qual seria o motivo principal para que um retorno acontecesse? São esclarecedoras as palavras que seguem: "[...] somos herdeiros de uma tradição que se nutriu de valores 'cristãos', como a fraternidade, a caridade, a recusa da violência, todos fundados em uma doutrina que tem por centro a ideia da redenção e a ideia da encarnação, ou, como São Paulo a denomina, da *kênosis* de Deus". (VATTIMO, 2004a, p.34).

E Vattimo acrescenta que sendo a secularização a época do enfraquecimento do ser, ou de outra forma, a época da *kênosis* de Deus, ela está então profundamente conectada com uma experiência religiosa que faz parte de sua íntima vocação. A saber, é a partir desse enfraquecimento e da secularização que uma filosofia pós--metafísica tem possibilidade de entender os fenômenos de retorno da religião e o fato de colocar a si mesma também em questão. De outra forma, secularização seria a realização de um cristianismo como lugar da vivência de um Deus que se esvazia de si mesmo assumindo a história humana e de uma história, ela mesma, consciente de que nunca é a realização plena do ser absoluto.

Tais premissas alicerçam-se também numa espécie de crença na época espiritualizante, na qual a história da salvação é história dos que recebem o anúncio do ser e do próprio anúncio. Uma salvação ainda em curso implicaria um caráter essencialmente histórico da salvação: como processo, como algo que envolve a rede de significados do mundo todo e não somente as experiências isoladas individuais. Seria o que ultrapassa as concepções individuais, superando os ideais de um Deus totalmente outro.

> Em outras palavras: o Deus totalmente outro ao qual se refere grande parte da filosofia religiosa de hoje, não apenas não é o Deus cristão encarnado; é, ainda sempre, o velho Deus da metafísica, pelo menos na medida em que é concebido como um fundamento último inacessível à nossa razão (a ponto de lhe aparecer absurdo), porém, justamente por isto, ele é garantido por uma sua suprema estabilidade, definitividade – isto é, com as características do *ontos on* (ente em si) platônico (VATTIMO, 2004a, p. 53).

Para Vattimo, o Deus totalmente outro é ainda concebido como estrutura estável, eterna, imutável, inacessível ao discurso racional, o que o leva a explicitar o seguinte: "o sentido em que emprego o termo secularização é exatamente este: uma aplicação interpretativa da mensagem bíblica que a desloca para um plano que não é estritamente sacramental, sagrado, eclesiástico." (VATTIMO, 2004a, p. 60). Há um encontro do sagrado com o que antes era considerado profano. "Naturalmente, há que se perguntar até que ponto pode chegar à aceitação da secularização. Não haverá mais nenhuma distinção entre interpretações legítimas e interpretações aberrantes da mensagem cristã? (VATTIMO, 2004a, p. 63). O único limite seria a caridade, já que o que existe são interpretações, num mundo onde há explosão de culturas e modos de entender a realidade.

Vattimo, nesta direção, apresenta a história da salvação como história da interpretação, movimento que só pode acontecer, em sua forma mais forte, na fraqueza relacional, na *caritas* como entrega dialogal do ser, transformando-se em situação parâmetro para a condição humana finita, ou seja,

> o que pretendo sugerir é que a ideia de uma produtividade da interpretação – ou seja, a ideia de que esta não seja tão somente um esforço para apreender o sentido originário do texto (por exemplo, a intenção do autor) e reproduzi-lo com o máximo de rigorismo, mas acrescente algo de essencial ao próprio texto (entender o texto melhor do que o autor, como diz um adágio da hermenêutica do século XVIII) – pode nascer apenas como um efeito da concepção judaico-cristã (ou, mais especificamente, cristã) da história da revelação e da salvação (VATTIMO, 2004a, p. 81).

Se a hermenêutica é, portanto, a *koiné* (lugar-comum) da cultura contemporânea,

> seria necessário acrescentarmos aqui que a secularização não é um termo que se choque com a essência da mensagem e sim um aspecto constitutivo: como evento salvífico e hermenêutico, a encarnação de Jesus (a *kênosis*, o rebaixamento de Deus) é ela mesma, acima de tudo, um fato arquetípico de secularização (VATTIMO, 2004a, p. 86).

Qual o critério para que esse processo hermenêutico interpretativo não mergulhe na banalidade do relativismo e tome consciência de que nem tudo é tão pacífico assim no contato do Evangelho com as culturas? Não havendo nenhuma instância crítica, o processo de secularização não perderia em legitimidade? Ou seja, por que é preferível a dinâmica do diálogo, do encontro, do respeito à dignidade do ser humano ao invés do fundamentalismo excludente ou do relativismo descomprometido? Apesar de facilmente haver pontos discutíveis nas propostas vattimianas, o pensamento seguinte ajuda na compreensão de que mesmo sendo avesso ao fundamento absoluto, de qualquer forma aposta num fundamento hermenêutico que extrai na tradição cristã. Ou seja:

usando uma linguagem mais explicitamente espiritual, poderíamos dizer que o único limite para a secularização é o amor, a possibilidade de comunicação com uma comunidade de intérpretes. Não seria um paradoxo afirmarmos que a história da hermenêutica moderna, da qual foi um momento extremamente relevante a Reforma protestante, é igualmente um longo caminho de redescoberta da Igreja (VATTIMO, 2004a, p. 87).

Em seu núcleo mais radical, a secularização torna-se, para Vattimo, a descoberta de que o ser acontece ao historicizar-se e a plataforma relacional dos humanos é a casa de um encontro que continua germinando a própria história e, portanto, garantido pela *caritas*, não permite que nenhuma transformação cultural impeça a emergência de novas interpretações. Ao que tudo indica essa é, exatamente, a chance de o ente não se transformar numa massa estratificada e repetitiva do que do ser já foi dito. Caso ele assuma sua condição de abertura que, junto com os outros entes, guarde o que lhe é mais particular, o pastoreio do ser, levará adiante sua importante participação no processo de acolhida do mistério amoroso que busca-o pelas vias kenóticas. Assim, a vocação mais genuína do *Dasein* não passaria pela busca de uma verdade reveladora do em si de Deus, todavia, vivendo já na referência de sua doação amorosa, é chamado a construir caminhos também de fraternidade.

Kênosis: O Deus Enfraquecido

Em Vattimo, o caminho proposto para a filosofia numa época da interpretação, de uma razão enfraquecida, assume estreita relação com a afirmação de que o ser é acontecimento e de que, assim sendo, a *kênosis* pode ser lida como realização mais profunda da qual parte a própria hermenêutica. De outro modo, o dizer de Nietzsche de que não existem fatos, apenas interpretações, não pode ser também uma afirmação metafísica, porque tal afirmativa, já é uma interpretação. Com isso, o pensamento humano se vê impossibilitado de encontrar um fundamento único, objetivo, eterno já que é situado, limitado, feito de heranças e tradições, ainda que seja criador de novas configurações. De outra forma, é seguindo tal perspectiva que Vattimo elabora sua hermenêutica de cunho niilista porque reconhece que já não é mais possível o pensamento humano se alicerçar numa única e exclusiva experiência do ser porque o ser mesmo não se manifesta assim.

É justamente seguindo esta tradição que se encontra um caminho de retorno ao ser sem que este seja confundido com um ente. Para isso é preciso levar em conta que todo conhecimento é interpretação situada que apresenta alguma dimensão verdadeira do ser, mas que ao mesmo tempo deve se perceber como limitada e, por isso mesmo, incapaz de abarcá-lo completamente. Se, portanto, o que existe é interpretação, deve-se reconhecer que também toda interpretação é mensagem colhida de um apelo histórico. Interpelação que chega como movimento do próprio ser que não se deixa confundir totalmente com o ente. Apesar de não se revelar como presença incondicionada, o ser mostra acenos que o mantém não confundido com as representações manipuladas pelo conhecimento.

De onde parte o *pensamento enfraquecido* para chegar a essa conclusão do ser como envio dinâmico, como provocador de um movimento ao qual os entes, de modo especial o *Dasein*, respondem em sua existência concreta? A interpretação vattimiana, muito mais que uma filosofia, é a afirmação da inevitável historicidade da própria existência entendida como herança de um cristianismo que tem a *kênosis* como sua mensagem mais importante. Esse é o ponto no qual, para Vattimo, encontra-se a legítima possibilidade do cristianismo, ou seja:

> a relação da hermenêutica moderna com a história do cristianismo, portanto, não é apenas aquilo que sempre se acreditou, ou seja, o vínculo essencial que a reflexão sobre a interpretação sempre teve com a leitura dos textos bíblicos. O que proponho aqui é, ao contrário, que a hermenêutica, em seu sentido mais radical, expresso na frase de Nietzsche e na ontologia de Heidegger, é o desenvolvimento e a maturação da mensagem cristã (ZABALA, 2006, p. 67).

A inquietação chave para Vattimo é sustentar que o cristianismo, primeiramente, não é uma verdade e sim a aventura do amor kenótico. Ao notar, por exemplo, a história moderna da Igreja, tem-se a sensação de que verdade sempre esteve ligada a uma coisa objetivável, seguindo o modelo das ciências positivas. Isso aprisionou a Igreja naquilo em que ela mais poderia dar sua contribuição, ou seja, seu alicerce no amor encarnado que ultrapassa os limites da própria razão humana, de maneira que seria preferível crer que "o cristianismo só tem sentido quando a realidade não é, unicamente e acima de tudo, o mundo das coisas simplesmente presentes; e o sentido do cristianismo como mensagem de salvação é justamente, antes de tudo, aquele de dissolver as pretensões peremptórias da realidade" (ZABALA, 2006, p. 70).

Reconhecendo que a mensagem cristã desdobra-se precisamente na dissolução das pretensões da objetividade, a Igreja poderia finalmente sanar certos confrontos entre verdade e caridade que a tem acompanhado no curso de sua história[2]. Dizer, então, que o niilismo pós-moderno é, paradoxalmente, a verdade do cristianismo, esclarece-se pelo fato de ele contribuir para o enfraquecimento do conceito metafísico de verdade, dando lugar a algo criativo que se chama amor que, em si, não tem nada de fixo, de objetivo ou de pronto. E é isso que gera a tradição ocidental que, portanto, não pode ser nomeada sem o elemento cristão, segundo Vattimo. Então, não se pode nomear a realidade ocidental sem o cristianismo do qual o niilismo é seu porta-voz e, já que a verdade em seus tons objetivos não se mantém num tempo pós-moderno, a única chance que ainda resta é o preceito da *caritas* cristã.

Por que é o ocidente a terra do cristianismo secularizado? Para Vattimo o ocidente, mais precisamente a Europa, tem como elemento de identificação o cristianismo, ainda que de forma por vezes não pacífica. Ou seja, a modernidade não pode ser vista como momento totalmente novo, inaugural simplesmente. Ela tem sua herança referida aos valores cristãos. "O que pretendo afirmar é que o ocidente é essencialmente cristão na medida em que o sentido da sua história se mostra como o 'crepúsculo' do ser, o enfraquecimento da dureza do real por meio de todos os procedimentos de dissolução da objetividade que a modernidade trouxe consigo" (VATTIMO, 2004a, p. 98). Há aqui uma correlação entre pensamento fraco, cristianismo e ocidente como terra do crepúsculo do ser ou da secularização. Secularização da ética, da ciência, da história porque já não mais existe um espelhamento da realidade. De qualquer forma é o cristianismo que gera a tradição cujo pano de fundo é o enfraquecimento, ou a *kênosis* do ser.

O retorno da religião deve-se a essa tradição, tratando-se muito mais do que da volta de algo que se foi, passando pela oportunidade

---

[2] Enfaticamente, as considerações vattimianas sobre verdade e caridade chegam ao seguinte: "a verdade que, segundo Jesus, nos tornará livres não é a verdade objetiva das ciências e nem mesmo a verdade da teologia: assim como não é um livro de cosmologia, a Bíblia também não é um manual de antropologia ou de teologia. A revelação escritural não é feita para nos fazer saber como somos, como Deus é, quais são as naturezas das coisas ou as leis da geometria – e para salvar-nos, assim, por meio do conhecimento da verdade. A única verdade que as Escrituras nos revelam, aquela que não pode, no curso do tempo, sofrer nenhuma desmistificação – visto que não é um enunciado experimental, lógico, metafísico, mas sim um apelo prático – é a verdade do amor, da *caritas* (ZABALA, 2006, p. 71).

de aprofundar as raízes da própria cultura ocidental. Mesmo que a filosofia tenha tido a pretensão de superá-la, manifesta-se, outra vez, sua presença por pertencer à força motriz de toda uma cultura, portanto,

> o silêncio da filosofia sobre Deus parece ser hoje carente de razões filosoficamente relevantes. Em sua maioria, os filósofos não falam de Deus, ou, antes, consideram-se explicitamente ateus ou irreligiosos, por puro hábito, quase por uma espécie de inércia [...] Se não é mais válida a metanarrativa do positivismo, não se pode mais pensar que Deus não existe porque este não é um fato demonstrável cientificamente. Se não é mais válida a metanarrativa do historicismo hegeliano ou marxista, não se pode mais pensar que Deus não existe porque a fé nele corresponde a uma fase superada da história da evolução humana, ou é uma representação ideológica funcional ao domínio. É verdade que justamente Nietzsche, que contribuiu de forma decisiva para a dissolução das metanarrativas, é também aquele que anuncia a morte de Deus (VATTIMO, 2004a, p. 109).

A razão humana, não encontrando mais motivos para descartar a religião de suas buscas, encontra-se mais uma vez diante de questões abertas. Sendo assim, de qual lugar a filosofia deve ainda falar de Deus[3]? Uma filosofia que já reconhece que não mais pode ser ateia, para que não se afaste da consciência comum, deve contribuir com discernimentos entre fundamentalismos ou relativismos. Se ela se contentasse em se aprisionar entre as quatro paredes das universidades, estaria fadada a uma grande ineficácia em suas produções epistemológicas. A filosofia do *pensamento enfraquecido*, também ela kenótica, pode oferecer à pós-modernidade pistas para um reencontro com suas raízes cristãs sem, no entanto, cair em posturas fundamentalistas e violentas de uma religião natural. Para Vattimo, parece haver uma encruzilhada: ou o cristianismo assume a cultura da qual é gerador (secularizada) ou volta a se tornar uma seita. Diante de seu aspecto missionário deve manter-se dialogal, garantindo um espaço de legitimidade para outras experiências religiosas. É a encarnação

---

[3] O próprio Vattimo sugere uma importante pergunta: uma filosofia que tenha se conscientizado da ausência de razões para o ateísmo poderia realmente se aliar com a nova religiosidade popular, impregnada de fundamentalismo, comunitarismo, ânsia de identidade étnica e, em última instância, de promessas "paternais" pagas com o sacrifício da liberdade? (VATTIMO, 2004a, p. 111).

de Deus em Jesus que coloca o cristianismo não distante, mas dentro do mundo natural. Isso levaria a uma libertação dos vínculos imperialistas e uma aproximação com sua fonte genuinamente evangélica.

Como consequência, a filosofia deveria reivindicar ao cristianismo que ele manifeste sua primordial vocação à laicidade, passando do universalismo à hospitalidade. Por isso, "se deseja concretizar-se na forma da hospitalidade, a identidade do cristão no diálogo intercultural e inter-religioso – aplicando o preceito da caridade – pode apenas se reduzir, quase completamente, a um dar ouvidos e palavra aos hóspedes" (VATTIMO, 2004a, p. 126). Essa postura evitaria o colonialismo e para Vattimo essa sua tese, mesmo sendo de consequências bastante discutíveis, para que haja a renovação da vida civil no ocidente, será necessária também a renovação da vida religiosa.

Com a morte do Deus moral, o evento Jesus já não pode mais ser identificado com uma verdade simplesmente objetiva. Se essa morte significa que não existe mais verdade objetiva, então fica aberta a clareira possível para outro movimento que é o da caridade. E esse seria o critério propulsor do niilismo como época de escutar o ser em sua revelação e também em suas sombras ocultas. De colher, portanto, o caráter hermenêutico de toda verdade. De que modo isso se justifica, o pensamento seguinte parece esclarecedor:

> o niilismo, do ponto de vista nietzscheano/heideggeriano no qual me coloco, é a perda da crença em uma verdade objetiva em favor de uma perspectiva que concebe a verdade com efeito de poder – nos múltiplos sentidos desta expressão: experiência científica que realiza o *principium reddendae rationis* –, sendo o fundamento erguido sobre a vontade ativa dos sujeitos que constroem a experiência e daqueles que, no quadro de um paradigma, se não arbitrário certamente histórico, o aceitam como válido; ideologia considerada verdadeira por aqueles que pertencem a uma categoria; mentira dos monges, inventada para justificar o poder e a disciplina social (VATTIMO, 2004a, p. 132).

A caridade cristã, de algum modo, está bem próxima da *ereignis* (evento) heideggeriana. Ela não se trata somente de uma verdade objetiva da revelação; é muito mais um fato proveniente da encarnação que revela o destino enfraquecido do ser que sai de suas estruturas ônticas rumo à historicidade de tudo o que é. Não sendo assim, o cristianismo correria outra vez o risco de se atrelar, segundo Vattimo, ao nexo entre metafísica e violência, como esclarece a citação: "a violência se insinua no cristianismo quando ele se alia à metafísica como 'ciência do ser enquanto ser'" (VATTIMO, 2004a, p. 146). O cristianismo não religioso estaria, assim, alicerçado na seguinte concepção de salvação:

> não salvação por meio da *kênosis*, visto que se a glória fosse conseguida somente mediante a humilhação e o sofrimento estaríamos novamente em plena lógica vitimária. A *kênosis* não é meio de redenção, é a própria redenção. Esta é, a meu ver, a leitura mais razoável da mensagem da Encarnação. Que é uma leitura "niilista" apenas para quem persiste em pensar o ser com as características metafísicas da imponência, da estabilidade, da evidência plena na presença (VATTIMO, 2004a, p. 149).

Nesse sentido, o autor ao ligar o campo epistemológico do ser como evento ao de uma práxis cristã da *caritas*, pergunta-se, por exemplo, pela presença da Igreja e sua plausibilidade. Afirma que o grande problema que sofre a Igreja refere-se exatamente a perda de plausibilidade de seu dogmatismo. Entende, grosso modo, que a missão da Igreja tem coincidido com uma postura metafísica, autoritária, principalmente no que diz respeito à sua hierarquia. De modo que – "levando em consideração também São Paulo aos Coríntios (primeira carta) sobre a caridade como aquilo que resta –, quer dizer que hoje os cristãos são chamados a dissolver dogmatismos e autoritarismos em favor de uma atenção caridosa a todos" (VATTIMO, 2010c, p. 165). Considera que há, desde as grandes peregrinações para estar com o papa até os movimentos da *new age* e telepregadores, um considerável retorno de cenários religiosos. Paradoxalmente entende que, ao mesmo tempo em que cresce o interesse por temas religiosos, diminui a adesão de grandes massas a Igrejas e aos seus ensinamentos práticos dogmáticos.

Acrescenta que muito do que se diz negativamente sobre Igrejas, tem conexão com a questão do poder. Uma grande parte dos que falam de certo ateísmo parece professá-lo a partir de um contato com formas eclesiais que são obstáculos para o crescimento humano e social. Talvez eles não tenham nada contra Jesus Cristo ou sua divindade. O que não suportam é uma alma humana que tenha a pretensão de reger em nome de Deus. O que dizer dos crentes na Igreja, mas ateus? E dos inúmeros entraves sobre questões de bioética, sexualidade?

Há um clericalismo sem religião e uma religião sem Igreja, que, aliás, vê sempre mais na Igreja-instituição um fator de escândalo que ameaça produzir um afastamento da própria fé. Dois fenômenos sob os quais, repito, vale a pena refletir, mesmo porque caracterizam, para além da história desta ou daquela confissão religiosa, o processo de secularização em que estamos imersos (VATTIMO, 2010c, p. 169).

Qual o significado disto para a filosofia da religião? A demonstração de que "o cristianismo está vivendo uma fase de des-institucionalização, ou, pelo menos, um momento no qual a verdade da fé pode salvar-se apenas reduzindo drasticamente o peso da autoridade central e, sobretudo, dos dogmas e da disciplina" (VATTIMO, 2010c, p. 169). Problemas continuam por toda parte e um dos mais graves, segundo Vattimo, é a ideia de um Deus poderoso e criador, um Deus da lei natural e, por conseguinte, conflitivo com o processo da encarnação de Jesus que revela o Deus do amor, da acolhida ao ente fragilizado, o Deus "que faz novas todas as coisas".

Caritas: Gratuidade e Dom do Ser

Seria possível ter experiência da *caritas* sem Igreja ou sem a construção de uma comunidade ainda que fosse de intérpretes? Vattimo, nesse ponto, ao mesmo tempo que destaca a necessidade de tal comunidade, parece também partir para um caminho crítico à rigidez institucional, afirmando que para os cristãos, se realmente querem salvar o cristianismo, devem abandonar o que seria uma luta fantasiosa de domínio que a Igreja já não mais possui "uma espécie de terceiromundismo dogmático supersticioso" (VATTIMO, 2010c, p. 171). Sua proposta, então, vai de encontro ao hino à caridade revelada por São Paulo. "A experiência religiosa, justamente para ser fiel ao Evangelho, tem hoje que percorrer a via da solidariedade e da progressiva eliminação do domínio" (VATTIMO, 2010c, p. 172).

As posturas de Vattimo geram, entretanto, indagações importantes para o significado de um cristianismo como *caritas*, simplesmente. Qual seria o futuro de tal cristianismo? Destituído de um Deus pessoal e salvador e de uma organização institucional o que resta do cristianismo? Seguindo as premissas vattimianas, o que restaria seria o essencial possível para uma cultura secularizada: a *caritas*. Tal conclusão está alicerçada numa postura pós--metafísica que provém de Heidegger e Nietzsche para os quais a verdade não pode ser algo objetivo que a razão alcança em sua totalidade. O Deus que morre e que deve continuar morrendo é exatamente esse Deus dos filósofos, o Todo-poderoso, transcendente, que ao morrer deixa aberto o caminho para outra forma de experiência religiosa. O Deus que emerge, portanto, já não é o onipotente, mas aquele que pode ser constantemente interpretado pela comunidade dos fiéis em suas variadas experiências. A ideia de Deus passa a ser aquela recuperada pelo processo de secularização, ou seja, o Deus encarnado, *kênosis*, esvaziado do poder e inserido nas vicissitudes humanas. Processo que tem como legado central a prática do amor e que a Igreja, comunidade de intérpretes, possui como tarefa anunciar, testemunhando, mais que guardando-o como verdade. Caso a Igreja fique estagnada na postura rígida de defensora dos dogmas, ela tende a não responder ao tempo atual. De modo que,

> para salvar o cristianismo, no que ele tem de essencialmente e de valioso, ele advoga o seu despojamento do revestimento institucional, de todo aparato de poder. Convertido numa comunidade, que vive a caridade e a solidariedade, no respeito das diferenças, o cristianismo poderá realizar efetivamente a utopia de sua vocação de religião universal (MAC DOWELL, 2010, p. 176).

Sem dúvida, esse cenário mostra a contribuição do autor em sua tentativa filosófica em demonstrar a plausibilidade cristã num cenário pós-moderno que impele, principalmente a Igreja católica, a deparar-se com várias crises de credibilidade. Chegar, contudo, a uma conclusão de autoritarismo por parte da Igreja, porque na maioria das vezes o que ela faz é expressar sua opinião, cabendo a cada um aceitar ou não, pode cair no perigo de uma caricatura de todo o horizonte cultural do qual a própria Igreja é porta-voz. Isso fica ainda mais insinuado quando a radicalidade de Vattimo propõe: "A estrutura institucional da Igreja e o aparato doutrinal do cristianismo devem ceder lugar a uma única realidade que permanece, a caridade" (MAC DOWELL, 2010, p. 178). De algum modo é a religião sem religião, concluindo que a Igreja já teria cumprido sua missão ao implantar os elementos como liberdade, democracia, igualdade. Em seus escritos Vattimo diz acreditar em Deus, mas, então, em que Deus? Um Deus certamente que coincide apenas com os apelos do ser humano em ter uma garantia para sua vida? Não sendo Deus uma realidade transcendente, distinta, seria também a perda de uma referência maior. De algum modo "a redução do cristianismo e da religião, em geral, a uma dimensão meramente imanente, como prática do amor, não se sustenta também à luz de uma hermenêutica aprofundada da própria condição humana" (MAC DOWELL, 2010, p. 179).

Pensando a religião como necessária e imanente condição para aliviar a dor, por exemplo, ela não teria esse poder se fosse somente algo intra-humano, já que o ser humano existe alicerçado na oscilante consciência de não levar consigo mesmo seu próprio fundamento. E mesmo o amor tido como princípio irrenunciável do cristianismo, também seria muito limitado se entendido sem sua dimensão de dom, de graça, já que por si mesmo nenhum ser humano possui capacidade de levá-lo a termo. Resta, assim, provocar as conclusões do *pensamento enfraquecido* com o seguinte: "se o mandamento do amor representa o cerne da vida nova proposta no Evangelho, ele não constitui seu princípio e fundamento. O amor, o dom de si no amor, não pode ser para os humanos senão resposta a um dom, resposta que é ela mesma dom" (MAC DOWELL, 2010, p. 180).

Trata-se, pois, o amor, de um elemento não tão natural e nem automático na condição humana. Não sendo ele acolhido como dom a ser respondido num caminho constante de conversão, torna-se inviável. Tal constatação oferece ao pensamento vattimiano a lucidez de saber da insuficiente capacidade humana em almejar tão grande e indispensável elemento. Perdido em seus próprios esforços, o pensamento humano seria até mesmo incapaz de alcançar o rumo do amor oblativo. A psicanálise freudiana parece mostrar isso muito bem em sua pesquisa, quando afirma que de fato não existe, nas malhas da subjetividade humana, amor que seja puramente gratuito, o que nasce primeiro com o infante seria o impulso de domínio, como Nietzsche bem aponta no que ele chama de vontade de potência. Seria de fato, possível ao ser humano, viver um amor despossuído das preocupações narcísicas? De outra forma, não é esse o único e verdadeiro elemento do qual, sem a graça, o homem não consegue por si mesmo: um amor capaz de esvaziar-se até a morte?

Acontece, então, que o amor humano, por mais nobre, é sempre limitado. Preso a interesses afetivos, a escolhas inconscientes, podendo tornar-se facilmente aprisionado no círculo impotente de critérios estreitos. Entretanto, a própria cultura em suas diferentes épocas, também não mostra a possibilidade de um esvaziamento, de uma abnegação, de uma entrega ao serviço do outro? Quantos exemplos poderiam ser elencados? Seriam esses personagens privilegiados por um tipo de sorte coincidente, jogados ao acaso? Resumidamente, Mac Dowell, apenas para citar um exemplo, ao esboçar um diálogo com Vattimo, alerta para o seguinte:

> o significado do cristianismo não se restringe, portanto, a revelar o amor como sentido definitivo da existência humana individual e social, como pretende Vattimo. A consciência do primado do amor por si só não é suficiente para estabelecer a paz na justiça e na solidariedade. Independentemente do recurso à autoridade da revelação cristã, a própria análise da experiência humana, em toda a sua profundidade, mostra que, deixado a si mesmo, o ser humano não é capaz de realizar-se no amor. Ele precisa ser salvo de seu fechamento em si mesmo pelo dom do amor de Deus. (MAC DOWELL, 2010, p. 181)[4].

Avançando ainda mais nas conclusões vattimianas sobre o processo kenótico que tem a *caritas* como instância culminante e, de alguma forma, conclusiva da herança cristã, o diálogo com o teólogo Carmelo Dotolo revela pistas importantes para o cristianismo possível na pós-modernidade[5]. Diante da pergunta: "o fenômeno do advento da modernidade encontra sua inteligência como fenômeno de ruptura com o cristianismo ou como fenômeno de derivação do cristianismo?" (VATTIMO, 2009, p. 8), os dois autores pensam na segunda possibilidade. Com isso, pode-se dizer que a tradição hebraica-cristã, predominantemente, gera a modernidade secularizada, entretanto, qual seria a baliza para tal conclusão?

Segundo Vattimo, no dizer de Dotolo, depois que a filosofia do século XIX revelou a impossibilidade da metafísica de encontrar o em si de uma razão abstrata, desencarnada, restou partir de outra posição para que a cultura ocidental encontrasse com suas raízes mais profundas. E tal alicerce é a *kênosis*, evento do aniquilamento completo de Deus, elemento que mostra a impossibilidade de se dizer quem Deus de fato é. Ele não é um objeto a ser descrito,

---

[4] A questão da soteriologia, de modo particular na profundidade de sua dimensão escatológica, não é possível ser tratada neste livro porque o autor parece não abordar aspectos importantes da mensagem cristã como ressureição, vida eterna. Ao escolher elementos como a *caritas* aposta numa posição filosófica muito mais próxima de uma práxis libertadora ou de uma mística da vivência amorosa, ficando deficientes outros pontos que a teologia muito bem pode questionar.

[5] ***Dio: la possibilità buona*** (2009) é um debate entre Dotolo e Vattimo sobre o tema *"Cristianesimo tra verità e carità"*. O pequeno escrito traz a grandeza de uma conversa sobre os limites e as possibilidades de um diálogo entre filosofia e teologia, de modo especial sobre provocantes pontos que dizem respeito à experiência cristã na atualidade.

mas um acontecimento que sempre volta a interpelar o ser humano como graça, como dom reinterpretado. Desse processo kenótico emerge o mandamento, a *caritas* como caminho sem retorno para a cultura ocidental que a tem como sua mais importante genitora. *Caritas* que inaugura a abertura ao outro na sua alteridade e por não conceber o ser, portanto, como uma verdade única, mas como colóquio, conversação, aposta numa direção dialógica, democrática, elegendo a fraternidade como mola cultural exemplar.

Não seria tal leitura da *kênosis* feita por Vattimo a descaracterização de Deus mesmo reduzindo-o à história? Ou seja, "a renúncia à transcendência vertical de Deus arrisca em fazer do mundo um horizonte fechado em si mesmo e na possibilidade que disso provem". (VATTIMO, 2009, p. 16). Com isso, o niilismo hermenêutico não cairia num absolutismo? Com a morte de Deus na cruz deveria ser renunciada a transcendência vertical para descobrir um Deus amigo? Nesta perspectiva, a reflexão teológica de Carmelo Dotolo chama atenção para os perigos de um absolutismo da história, mostrando a necessidade de encontrar uma esperança para o mundo, que não deriva de si mesmo, já que a própria filosofia mostra a insuficiência de encontrá-la apenas nos limites do imanente. Deus é diferente da história e isso abre a chance de o cristianismo salvar sua instância crítica. Um cristianismo secular chamado a viver no mundo, mas sem se confundir com ele. Mantendo sempre sua "reserva escatológica", elemento que não deixa a história cair em seu próprio absolutismo. Enfim, filosofia e teologia podem percorrer esse caminho juntas, sem confusão, deixando uma aprofundar a outra.

De qualquer forma, seria uma riqueza assumir a tradição como lugar de iniciar sempre um percurso para repensar a mensagem cristã. Existiria uma ruptura entre modernidade e pós ou uma continuidade? A ruptura seria com a ideia metafísica de espelhamento. Mas o pós-moderno volta a uma raiz moderna que é a de dar ao homem a capacidade de ser sujeito da interpretação do real. Deveria, com isso, optar-se por um cristianismo estático ou criativo?

> Escolher um cristianismo que seja capaz de dialogar com a pós-modernidade significa escolher um estilo de cristianismo que encontra os problemas contemporâneos, ainda se estes coloquem em movimento sua própria identidade. Uma identidade fechada torna confinada com o fundamentalismo interpretativo e com estruturas religiosas que preferem de qualquer modo proteger-se do choque com a história, antes que entrar em diálogo (VATTIMO, 2009, p. 10).

Na perspectiva vattimiana, a vitalidade do cristianismo está justamente na vivência da caridade e não na pregação de que a sua verdade encontra-se ancorada como verdade absoluta para a razão humana. No entanto, as considerações de Dotolo, interrogam se a coincidência total entre cristianismo e cultura não eliminaria sua reserva escatológica, importante ponto crítico ao pós-moderno. O cristianismo guarda consigo a provocação tensional que leva o homem a se humanizar, gerando mais vida, que faz crescer. Se não fosse assim, não teria mais nada a dizer. Mas para Vattimo o que seria transcendência horizontal? Seria apenas estar diante de uma possibilidade e de uma possibilidade positiva. Ele mesmo esclarece que é "a transcendência do kenótico, do kenotizante, daquilo que se dá, é uma transcendência que revela-se somente no dar-se" (VATTIMO, 2009, p. 18). A isso Dotolo acrescenta que o Deus do Cristianismo não é algo que nasce de uma teoria, conclusão da razão, mas um Deus que vem ao encontro com sua alteridade, como ele mesmo expressa:

> a mim parece que hoje a reflexão teológica e filosófica nos faz compreender que o homem, mesmo na necessidade religiosa, é chamado a uma escolha que não é um consequente desenvolvimento de uma promessa natural, mas é uma opção que leva a um caminho inédito, livre, arriscado. A partir não de uma ideia de Deus, mas do Deus que vem à ideia, isto é que em Jesus Cristo se fez homem (VATTIMO, 2009, p. 24).

Ao assistir o reencantamento do mundo, fruto de uma religiosidade que obstrui a mentalidade sobre Deus, colocando-o de novo no âmbito de sua transcendência, como superar também o seu aniquilamento total? Ao mesmo tempo em que Vattimo diz da secularização como destino, inúmeras tentativas de ressacralização fundamentalistas, como reações à penúria de sentido, utilizando até mesmo esquemas já obsoletos, ressurgem. O que significa o retorno religioso? "Ou melhor, qual é a forma deste renascimento que parece sedutor e propriamente, no supermercado das ofertas de sentido, fascinante?" (VATTIMO, 2009, p. 31). Segundo Dotolo, primeiramente, são formas de religiosidade que chegam para trazer certa tranquilidade psicossocial ou para preencher uma falta de sentido. Uma religiosidade que venha para atenuar a fadiga e não exigir uma escolha. Além disso, encontra-se o enfraquecimento da experiência religiosa com personagens idealizados – bruxas, magos, gênios que saem da lâmpada de Aladim, mostrando que a necessidade religiosa em alguma maneira faz evitar o princípio de realidade. Disso já falava Freud como obstáculo da religião em relação ao caminho de maturidade do ser humano. Todavia, o próprio do cristianismo, seguindo as teses vattimianas, estaria em outra direção, naquela do encontro com o outro, com o diferente. Do contrário, como sobreviver com uma religiosidade que conserva o fundamentalismo das próprias ideias quando o real se fizer diferente, estranho.

Outra ponderação externada a Gianni Vattimo, trata-se de restringir a interpretação kenótica do cristianismo não confrontando--se com temas centrais como a ressurreição (1Cor 15,14). Vattimo responde dizendo que acredita na sobrevivência do que for bom, entretanto não sabe o que será o depois e espera que seja alguma coisa de interessante, mas não acredita que possa saber mais do que isso. É próprio do cristianismo acreditar num tipo de sobrevivência e não parece razoável crer na total mortalidade. Crê em alguma coisa que se chama espírito, apesar de estar convencido de não poder demonstrá-lo, faz sentir-se bem e seguir com esperança. Assim sendo, o que sugere é o enfraquecimento também da transcendência, colocando-a em uma posição mais horizontal, que guarda a esperança do futuro, mas focando-se no presente como lugar da vivência da caridade. Ao cair a ideia de metafísica como encontro com o sentido do mundo, poderia ela ser retomada como sentido último, sendo Deus tal sentido? Dotolo, seguindo a mesma tradição de Rino Fisichella, elege a questão do sentido, ou seja, que a fé ainda pode oferecer ao homem atual um sentido. É o cristianismo ainda capaz de dar sentido a vida? Sentido significa alguma coisa pela qual vale a pena empenhar-se. Sim; é possível encontrar o sentido numa luta constante como a de Jacó, que foi tocado por um significado que o permitiu continuar atravessando um rio quase incapaz de fazê-lo. Um cristianismo que, inserido no finito, convida o ser humano a construir novos céus e terra, sem perder a capacidade crítica de uma postura que reduz o cristianismo à esfera intimista e individual. Um dos problemas, segundo Dotolo, é que "ninguém, hoje, nas culturas e políticas europeias nega o grande valor do cristianismo, mas tal não negação é afirmação de um cristianismo que deve permanecer neutro politicamente, e confinado no privado individual" (VATTIMO, 2009, p. 47). Um cristianismo que não é capaz de modificar o vivido, caso fique atrelado a um conceito puramente imanente não estaria fadado a perca do significado mais radical de sua mensagem?

A Plausibilidade Enfraquecida da Condição Cristã

Não é novidade afirmar que existem crises de várias dimensões no cristianismo, que trazem para ele questões que implicam não somente sua credibilidade estrutural como também seus pressupostos dogmáticos. Resgatar o tema de sua plausibilidade no contexto atual seria impossível sem uma honesta atenção aos cenários da secularização, do niilismo, do relativismo. Temas que geralmente são associados negativamente, ou como empecilho à vivência da fé cristã, porém que para Gianni Vattimo, partindo de Heidegger e Nietzsche e da ontologia hermenêutica, é condição de possibilidade para o retorno deste tema de forma enfraquecida e não mais apegada aos contornos estritamente metafísicos. Vive-se na época do enfraquecimento do ser enquanto representação, ideia global e fixa, que caracterizava a modernidade. Passa-se ao pós-moderno, tempo da fragmentação, da relativização, da interpretação. No ocaso de Deus, abre-se, paradoxalmente, a possibilidade de Deus. Ao se diluir, a metafísica inaugura a chance de um novo tempo inclusive da religião, assim pensa Vattimo. De modo que tudo aquilo que era rigidamente organizado, inclusive por formas hierárquicas, pode dar lugar ao surgimento de uma vida mais plural, portanto mais rica.

Tudo isso está conectado à visão heideggeriana de ser como evento. De modo que não haverá mais necessidade de ideias violentas, neuróticas para garantir uma visão universal do ser porque ele mesmo se dá, se transforma, revela-se e esconde-se em um caminho que guarda a diversidade de manifestações. A historicidade levada a sério, revela que o que parecia uma ruptura com o mundo cristão, a secularização, é, para Vattimo, a realização do próprio cristianismo. De que modo? A partir do ponto inaugural da experiência cristã que é a encarnação e a *kênosis*. A entrada de Deus na história por meio do logos, Cristo, esvaziando-se na condição humana, faz, portanto, da história, uma única fonte de salvação. Rompeu-se a dicotomia entre transcendência e imanência, brotando somente o dar-se da história como lugar de eternidade porque ela é morada de Deus no mistério contínuo do homem. E com isso acontece a dissolução de toda sacralidade naturalista como vocação do cristianismo. Esse é exatamente o processo da secularização, a dissolução contínua de qualquer religiosidade natural. De forma mais radical, a proposta vattimiana mostra que:

> secularização quer dizer, então, o direito de não sermos afastados da Verdade do Evangelho em nome de um sacrifício da razão que não consegue mais acreditar em verdades fortes, que o fim da metafísica manifestou de uma vez por todas como tais, verdades que a análise apontada manifesta como não cristãs, como formas de distorcer a mensagem evangélica e que não mais se encaixam com a sensibilidade pós-moderna (CUGINI, 2012, p. 638).

Sendo a secularização a distorção dos elementos fortes, ela encontra em si mesma os seus elementos geradores: a mensagem da *kênosis*, da encarnação de Deus na história. Por isso, no lugar de um esquecimento da herança ocidental cristã, torna-se possível enxergá-la como condição de possibilidade para a época da interpretação. Colhê-la não passivamente, mas interpretando-a, estaria em consonância com o pensamento de Gioacchino da Fiore, por exemplo, que afirma que o tempo atual seria uma espécie de terceira época, havendo um nexo entre espiritualização e enfraquecimento no processo de constante interpretação existencial do texto bíblico. "Nesta nova perspectiva, Vattimo faz questão de mostrar a relação entre o evento da *kênosis*, o lento e sofrido caminho do Ser de Deus na história dos homens até o seu total aniquilamento, e a interpretação espiritual dos textos, que pode ser definida como uma suavização do ser" (CUGINI, 2012, p. 642).

Então, qual será o cristianismo da pós-modernidade, de acordo com a perspectiva de Gianni Vattimo? Pelo menos algumas passagens ou mudanças seriam necessárias e plausíveis: o enfraquecimento de uma interpretação hierárquica da Sagrada Escritura para uma interpretação pessoal e comunitária da mesma, deslocando a força da autoridade para a comunidade. Além disso, o deslocamento do olhar fixo nos dogmas, nas normas absolutas para uma atenção mais acentuada para o aspecto vivencial da caridade. De modo que o futuro do cristianismo e da Igreja seria tornarem-se lugar de pura caridade. Depois, a virada de uma ética dogmática para a ética relacional, com a qual Vattimo denuncia um verdadeiro diálogo entre surdos que acontece, por exemplo, entre Igreja e mundo, em certos aspectos. A hermenêutica denuncia uma moral dogmática que não consegue ler os sinais dos tempos.

> O problema que devemos sempre ter em nossa frente é o nosso relacionamento com os irmãos e não com presumidos sagrados princípios. É nesta relação de amor com os irmãos que devemos entender a ideia de pecado e, talvez

somente assim, é possível sair daquilo que Vattimo chama de esquema neurótico de pecado e confissão (CUGINI, 2012, p. 645).

Enfim, é necessário enfrentar a passagem de uma visão monista e exclusivista para uma concepção pluralista, tornando o cristianismo denso de possibilidades no mundo atual. E o que esperar, então, da Igreja se ela continua prisioneira de sua metafísica natural[6]?

> Se o cristianismo não quer voltar a ser uma seita fundamentalista como era necessariamente em seus primórdios; deve, o mais cedo possível, retomar a própria vocação universal, assumindo a mensagem evangélica como princípio, para a dissolução de toda pretensão de objetividade (CUGINI, 2012, p. 645).

Essa análise de Vattimo sobre a tendência niilista e pluralista do cristianismo, desperta também algumas observações. Vattimo, em certo sentido, revela a dificuldade de a instituição eclesiástica dialogar com o mundo, mas acaba caindo em alguns problemas. Uma questão importante é o risco de identificar dogma com esquema fixo, rígido. Há uma longa história do dogma, e fazer uma leitura apressada deste pode perder-se em caricaturas que não contemplam os inúmeros benefícios da tradição, que exigem pelo menos uma atenção por parte do hermeneuta. Outro problema é a identificação entre enfraquecimento do ser e *kênosis* como momento pleno e final do rebaixamento de Deus. No entanto, a *kênosis* não é o último momento porque existe a ressurreição. Aliás, é a partir da ressurreição que nasce o testemunho primeiro. Um dos riscos que toda religião corre é de ser ideologizada ao eleger algum de seus elementos como mais importantes. Isso também não acontece com Vattimo ao escolher a caridade? A atualização do princípio da *caritas* como *modus vivendi* do cristão não carece, de antemão, de alguma instância que está para além das descobertas intra-humanas que comumente é nomeada como graça? Não seria, portanto, a ressurreição a clareira a manter vivo tal princípio ao interpelar o ser humano para esse contínuo e árduo processo que é o de viver no amor e não no fechamento narcísico?

---

[6] Apesar de não confundir o cristianismo com a Igreja Católica, Vattimo (2012) reconhece que é a partir da via do catocomunismo que emergem suas reflexões. Diante de suas críticas a certa rigidez doutrinária, deve-se questionar também se tais críticas em muitos casos não soam também unilaterais, desconhecendo, por exemplo, os caminhos hermenêuticos que a própria comunidade de fé traçou para chegar aos dogmas, por exemplo.

4 *VERWINDUNG* E TEOLOGIA KENÓTICA: VIAS QUE SE COMPLEMENTAM

É necessário continuar repensando as contribuições e impasses que o percurso da hermenêutica niilista filosófica apresenta à teologia, já que o autor mescla as duas em sua literatura, principalmente a partir dos questionamentos anteriores que podem ser resumidos pela seguinte questão: a caritas, em Vattimo, é um dom e que, portanto, não encontra no homem seu fundamento ou ela é puramente imanente? Sabendo que a *ratio* fundamental da teologia como sentinela é importante como voz profética também num contexto inaugurado pela modernidade e pós-modernidade que anunciam a morte de Deus como evento que mudará a estrutura da credibilidade da consciência de fé nos tempos atuais, responder a tal questão deve acontecer à luz de uma nova solidariedade entre fé e razão, teologia e filosofia, a partir de uma perspectiva que concebe a secularização como vocação do próprio cristianismo.

No entanto, todo processo secular é, de fato, compatível com a mensagem evangélica? Sem pretensões apressadas em responder tais questões, melhor será compreender o *pensamento enfraquecido* de Gianni Vattimo como metáfora do diálogo entre modernidade, pós-modernidade e secularização. É preciso colher a *Verwindung* como condição de possibilidade do entrelaçamento entre modernidade, pos-modernidade e secularização e cristianismo. Tal construção, a partir das ponderações do teólogo Carmelo Dotolo, por exemplo, compreende que,

> no invalidar a legitimidade das grandes narrativas, o pós-moderno não inaugura somente a crise de uma instável paradigmaticidade teórica seguindo a modernidade, mas também, radicaliza aquelas problemáticas não mais justificáveis como incidentes de um erro histórico, nem registradas quais imprevistos desvios do programa emancipativo da racionalidade. Trata-se, isto é, da declaração, mais ou menos legítima, do insucesso teórico da modernidade cujo desejo de transformação do real é proporcional a inexorável crise da razão. Em outros termos, a idade pós-moderna é projetada na elaboração de uma razão hermenêutica, capaz de fazer descobrir a constituinte interpretativa da existência contra a ilusão de um saber, que tinha acariciado a ideia de uma identidade entre ser e pensar, mudando a metafísica em hiperfísica do saber totalizante (DOTOLO, 1999, p. 31).

Ao assumir a crítica nietzscheana-heideggeriana à obsessão ocidental da procura de um fundamento último e absoluto, Vattimo adere a uma ontologia do declínio e da atualidade. O fundamento metafísico dá lugar ao fundamento hermenêutico que é aquele da historicidade e da finitude. Entre a interpretação total do ser ou a impotência racional diante de seu mistério, o *pensamento enfraquecido* busca uma terceira via como atenta escuta as razões da pluralidade e da provisoriedade da condição humana. Há sim uma pretensão: aquela de mostrar que o movimento da secularização, segundo a distorção metafísica, vai de encontro, paradoxalmente, ao cristianismo e à teologia em sua proposta de ser a história morada do ser, de Deus enfraquecido.

Secularização: ruptura ou realização cristã?

Com a emergência da subjetividade contra a objetividade da tradição, a modernidade, de certa forma, nasceu com uma proposta antropológica em relação aos desafios de uma postura teológica. "O moderno na assunção da criatividade do *novum*, encarrega o sujeito-homem de assumir a própria verdade cognoscitiva contra o objetivismo da *auctoritas*, a partir da qual não existe a possibilidade de escritura ulterior do mundo e da história" (DOTOLO, 1999, p. 55). A questão, portanto, está na oposição entre superação da tradição e autoafirmação subjetiva como ambivalência da modernidade, de modo que:

> é convicção compartilhada que a novidade da modernidade está em haver provocado uma distância a respeito à tradição e de ter ocupado seu lugar, ainda que com o peso daquele tipo de complexo de Édipo de quem se sente filho e ao mesmo tempo antagonista do genitor, cujo distanciamento é uma herança da qual não é possível prescindir (DOTOLO, 1999, p. 57).

Seria possível, de fato, uma nova história, pelo menos ocidental, que superasse totalmente a herança cristã? A modernidade se encontra numa postura diferente do cristianismo, revelando uma unidade perdida, um tempo de lacuna de sentido, entregando ao sujeito o critério de verdade e privado de tradição. É em direção à ruptura com a tríade metafísica, Deus – homem – mundo, que acontece a perda do princípio-criação, mudando paradigmas cosmológicos e antropológicos, que a modernidade pretende impor sua novidade. Há, portanto, um enfraquecimento do mundo e da natureza e ruptura com o equilíbrio clássico entre natureza e lei, fazendo nascer uma convicção sobre a falta de uma lógica universal, que se torna visível na crise da relação sujeito-objeto. O choque mais visível se dá na difícil identidade do sujeito que passa a navegar entre a possibilidade de um fechamento em sua própria interioridade e as interpelações de uma abertura ao infinito.

O desconhecimento do princípio da criação, portanto, um distanciamento de Deus dos cenários da história, conduz à afirmação moderna sobre a centralidade do sujeito. Há uma passagem (morte da interioridade) para a emancipação subjetiva. É possível voltar aqui à questão insuperável da interioridade, como ensina Agostinho. *O Deus absconditus in interiore intimo hominis* (o Deus escondido no interior mais íntimo do homem) mostra uma fé que é cura de si e encontro com o outro, no entanto, o encontro da Europa com outros continentes, com aquela parte de culturas ainda não conhecidas, provocou uma exteriorização da subjetividade, mudando a própria identidade do homem. De maneira que a interioridade moderna tem uma particularidade que pertence somente a si mesma e que diverge do cristianismo. O princípio da subjetividade, pois, acentuará a antropologia do ego solitário que causará a viragem rumo à afirmação da razão centrada num sujeito autoevidente.

A exteriorização do sujeito como fundamento de tudo, não apenas como possuidor de uma interioridade ligada ao princípio de graça e natureza, Deus e homem, leva o próprio sujeito a um desequilíbrio, à constante crise do fundamento: um sujeito que se elege como fundamento, mas que em sua consciência mais profunda percebe-se como carente de fundamento. A solidão transcendental do sujeito kantiano, por exemplo, mostra a autorreferência do eu possuindo até mesmo uma autonomia moral. Um sujeito transcendental, mas que descobre em sim mesmo uma incapacidade de conhecer a própria essência e de agir com coerência. Nas páginas finais da **Crítica da Razão Pura**, aparece a questão da ligação entre a dimensão pragmático-empírica da experiência com o dado transcendental de modo que a pessoa tem um critério imperativo: se posso universalizar uma ação, ela é moral, se não, ela não é moral. Roubar não é imoral por conta de Deus, mas porque a própria razão diz isso. Por outro lado, mesmo sabendo o que é moral não significa que o sujeito agirá moralmente. Por que o sujeito fica, assim, dividido? Porque ele é também desejo e quer felicidade. Com isso é preciso postular um sentido escatológico para garantir o encontro entre moral e felicidade. Como saber que uma ação moral é simplesmente por dever e que sua ação e sua intenção sejam puramente para o bem? O problema é que isso não é possível de saber. Só Deus pode saber. Para Kant não se pode conhecer Deus, no entanto ele é necessário. A moralidade desemboca na religião porque é Deus quem conhecerá de fato o humano no ato do juízo. O sujeito percebe que é o fundamento, mas que não é um juiz para si.

A tensão nasce com o solipsismo teorético. No dizer de Vattimo o que é considerado como *a priori* que funda a experiência, aparece na cultura pós-moderna, como linguagem e não como estrutura fixa da faculdade cognoscitiva. O sujeito transcendental de Kant é o ser humano *em si* e não um sujeito situado na história, encarnado numa linguagem. Para que ele seja universal, ele tem que ser um sujeito metafísico. O espírito absoluto em Hegel, por exemplo, possui a mesma autorreferência essencial. Um sujeito que vive em si uma unidade na diferença e uma diferença na unidade. É uma consciência infeliz caracterizada por uma noite do Eu que não diferencia e não sabe mais nada fora de si mesmo. Isto significa que a única esperança seria colher no Cristo aquele movimento simbólico de uma realização de cada homem. Uma espécie de compenetração entre humano e divino como, em Hegel, indivíduos suprassumidos na divindade que é o ser humano, não passando Deus de um espírito absoluto, nomeado por Cristo, que simboliza o recolhimento de tudo *em si mesmo*. A dialética hegeliana é a própria história em seu conjunto, uma história que gera sua negação, superando-a, em seguida.

O cogito, portanto, encontra-se como insuficiente, navegando entre sua autorreferência e a possibilidade de uma abertura ao infinito. O solipsismo leva a uma impossibilidade de encontrar um ponto de apoio entre finito e infinito, tendo Deus como instância apenas asseguradora das convicções racionais. De fato, seria possível que a natureza tivesse uma ideia de Deus se Deus mesmo não existisse? O impasse é instaurado, assim, entre homem e Deus. A não resolvida remoção da religião no processo de autolegitimação do moderno, "no que emergiu na luta do sujeito pela sua identidade, evidencia o seguinte: o nó teorético implícito no estatuto da modernidade, caracteriza-se pelo enredo entre autonomia do finito e realização com o infinito que, em última análise, retoma o nexo problemático do cristianismo e modernidade" (DOTOLO, 1999, p. 109). Sendo a emancipação, portanto, palavra chave no contexto do iluminismo, o que significa essa busca do homem em tornar-se senhor de sua história? O essencial pode ser traduzido pela procura de emancipar-se de tudo aquilo que o condiciona para encontrar e ser a medida de si e, como consequência, a não aceitação de uma redenção que venha de fora, de Deus. Emancipação como afirmação do sujeito, alérgico a qualquer sotereologia extrínseca.

Um dos maiores impasses seria voltar à questão da revelação como algo indisponível à razão humana a não ser por meio de uma comunicação de Deus. O que se nota é uma religião da razão como expressão de uma radicalização iluminística da hermenêutica bíblica e um crescente conflito entre teologia e filosofia. A razão iluminista já não comporta mais o pressuposto do dado revelado como algo extrínseco ao humano. E isso gera um conflito que torna teologia e filosofia como que separadas. Ao que parece, a filosofia da revelação teria mais proximidade com a teologia; mas existe a possibilidade de uma filosofia da religião que leve em conta o transcendente? A tomada de consciência da razão fundamento, mas que não se funda? Certamente tal questão instaura um conflito como bem explicita o pensamento seguinte:

> a possibilidade de um conhecimento de Deus, objeto da teologia natural, por meio de um processo lógico argumentativo da razão fundado sob a prova da existência de Deus, inclina-se no seu oposto, isto é em uma impossibilidade da razão que abdica à sua função não por uma manifesta deficiência gnosiológica (não porque não consegue conhecer), mas por declarada supremacia epistemológica a ponto de mostrar a não fundamentação do conhecimento de Deus (DOTOLO, 1999, p. 123).

Pelo menos dois motivos justificam a crise ontológica de Deus como *ens necessarium (ente necessário).* Seriam eles a virada de Descartes que propõe a *causa sui* (causa de si mesmo) como autocerteza do cogito. Ou seja, a única certeza que se tem é a do ato de pensar. Depois, chega-se a Deus num argumento ontológico que demonstra que somente pode existir ideia de perfeição porque um ser perfeito a criou. Tendo, pois, a ideia de um ser perfeito esse ser perfeito deve existir. São argumentos sempre internos da própria consciência. A segunda crise aparece com Leibniz e sua *ex contingentia* – que coloca o ser como necessário no registro da possibilidade, não da necessidade. Mas é com Kant que a crise do argumento ontológico torna-se protótipo da modernidade. A filosofia da religião nasce seguida da crise da metafísica ontológica. E a filosofia da revelação nasce da insuficiência da filosofia da religião – Kant critica todos esses argumentos. O problema é o paradoxo: se a filosofia deseja ser realmente fiel aos seus pressupostos racionais, corre o risco de limitar a religião em sua esfera epistemológica e, consequentemente, eliminá-la; ou, ainda, considerar a religião como esfera que a razão não pode nem iluminar, nem justificar, terminando, portanto, por concebê-la como irracionalidade. Assim sendo, ou a razão reduz a religião aos seus próprios limites ou dela se afasta porque não tem nada a dizer.

Em Kant não há importância a experiência de Deus, mas a concessão de um posto a Deus ainda que não seja reconhecido. Deus é necessário para postular a permanência da razão e da moralidade. Deus seria necessário para justificar um fundamento, mas do qual não se pode dizer nada. Nessa posição agnóstica, qual seria de fato a crítica kantiana à religião? É diante do cristianismo como religião revelada que a filosofia kantiana se mantém numa oposição insolúvel porque sua aporia reconhece a religião no campo da razão prática não como dom revelado, mas como razão prática autojustificante. Kant, na **Crítica da razão prática**, diz que não há necessidade de Deus para saber o que é certo e errado. Entretanto, esbarra-se no limite de saber também que o ser humano não é só razão. Se fosse só isso, agiria sempre moralmente; mas é também interesses, desejos, existindo deveres que o levam a agir contra a própria vontade. Esse paradoxo da busca da felicidade e do agir segundo o dever, instaura uma dualidade da qual o ser humano carece de um Deus e de uma vida eterna para que haja, enfim, o encontro entre dever e felicidade. Deus é necessário para uma leitura correta do coração do homem. Porque ninguém sabe quando se age somente por dever, é necessário Deus para que saiba o que é agir simplesmente por dever. Tudo se resume a uma questão da moralidade, diluindo o cristianismo na razão humana, tornando-se uma religião da razão e não da revelação.

A pós-modernidade, por sua vez, tem um princípio hermenêutico importante: "a impossibilidade de uma operação de reconstrução e restauração das condições passadas do pensar, e a consciência que a própria modernidade outra não seria que lugar metafórico no qual se sucedem interpretações e construções de sentido" (DOTOLO, 1999, p. 161). Mostrando a impossibilidade de resolver o processo histórico a partir de um fundamento racional do real, não se pode considerá-la como uma ruptura absoluta porque cada época tem seu "pós" que dela depende. A postura que Vattimo apresenta, contudo, é a de uma ruptura radical com a modernidade somente naquela pretensão de alcançar algo totalmente novo. Uma transformação que ultrapassa o uno e concebe a realidade como pluralidade. Um tempo sem utopias absolutas e sem construções extáticas; tempo do movimento e da criatividade que se aproxima do cristianismo em seu dado kenótico inaugural.

A modernidade é o tempo da afirmação do sujeito e da razão e consequentemente instauradora de uma crise dupla: crise de modelos orientadores e de certeza. A história, a partir daí, não será mais uma unidade controlada pela razão. A pergunta sobre o sentido da história se reflete sobre a questão do sujeito, perguntando-o: qual o ponto crítico da reviravolta que o lacerou como fundamento do ser e do agir? A independência do pensamento diante da ligação cosmológica leva o sujeito a aprofundar sobre si mesmo, mas sem um ponto de apoio. Surge, portanto, um deslocamento ao sentir-se morador de uma casa que não é propriedade sua. E qual a reviravolta que a razão, diante dessa crise da história e do sujeito, deve fazer? Deve tomar consciência de que aquilo que é mais razoável não é o possuir uma compreensão absoluta do real, aspirando à sua globalidade, mas o fato de ela pensar o próprio de si mesma como razão contextual e limitada. Esse é o núcleo mínimo salvo da razão no *pensamento enfraquecido*.

Vattimo aponta que a grande tentativa de recuperar a força da racionalidade, na crise moderna, foi a aventura metodológica da abertura fenomenológica. Uma volta à coisa mesma por meio da *epoché*, como se fosse possível um retorno a algo originário isolado de qualquer que seja o mundo da vida. Mas o enxerto da hermenêutica na fenomenologia problematizou a possibilidade de conhecer a *coisa em si* porque o próprio sujeito tem consciência de que antes de conhecer os objetos ao seu redor já, de alguma forma, está implicado com eles. A hermenêutica que era considerada uma serva da filosofia passa a ser um tipo de *koiné* (uma língua falada por todos), uma linguagem comum e indispensável para ela. Apostar na interpretação sem limites seria dizer que não existe uma interpretação absoluta e que, portanto, a interpretação está sempre a caminho. Se a metafísica buscava o fundamento, acontece com a hermenêutica um deixar o ente na sua nulidade diante do abismo da diferença ontológica. Daí a necessidade da ontologia hermenêutica, da *Verwindung* e da *kênosis*.

No debate hermenêutico contemporâneo é importante inserir a questão da escuta porque ela propõe uma ultrapassagem da perfeita adequação entre sujeito-objeto, reconhecendo a alteridade. A emblemática postura de Luigi Pareyson mostra a possibilidade de a hermenêutica ser uma espécie de retorno de cérto relativismo ligado à possibilidade ontológica[1]. Acena, assim, para a necessidade de uma referência transcendente à qual a existência está relacionada. A verdade sempre se dá na interpretação, porém ela é o possuir de um infinito. Não se pode ter toda a verdade, mas a que se tem, sendo verdade, guarda consigo algo de transcendente, por isso, há uma copertença entre hermenêutica e ontologia.

Em Pareyson a questão da verdade não é neutra, porque passa pela questão do cristianismo. O cristianismo não é somente um evento da história, mas ele marca a própria história, transcendendo-a. Tal pensamento garante a instância crítica cristã, insistindo na questão do fato eterno porque senão o cristianismo se torna algo somente intra-histórico. A atenção ao não filosófico não pode ser considerado como mera apologia da vida, todavia é uma própria interpretação de Logos que se mostra num já, mas que ontologicamente chama a um ainda não e é bem isto que a hermenêutica ontológica de Pareyson ou de Ricoeur propõe.

Um elemento importante a ser aprofundado diante desses impasses, seria a pretensão vattimiana de fazer coincidir secularização com cristianismo, como se a época da pós-modernidade fosse a realização das promessas salvíficas cristãs. Como se nota, os impasses não são tão simples de serem diluídos. Nem tudo que os cenários pós-modernos propõem são compatíveis com a mensagem salvífica do cristianismo. A inevitável demanda da ética, entre relativismo e responsabilidade, faz nascerem as mais diversas questões. Questões como a impossibilidade de um horizonte comum, universal dos valores éticos. Um problema que se torna dilema para um quadro metaético ao apontar para a fragilidade de uma ética apenas consensual. Dilema que tem no mundo da técnica seus contornos mais dramáticos porque ela formula valores autojustificáveis para atender a seus próprios fins. Levando a ética a uma busca pelo estético como caminho de identificação e não de diferença. Ainda: problematiza a questão da responsabilidade. Se não existe uma instância basilar, fundamento, ser responsável em relação a quem ou a quê?

---

[1] PAREYSON, *Esistenza e persona*, (1985).

> Certo é que o panorama pós-moderno parece querer a todo custo livrar-se da herança metafísica. A justa advertência da razão hermenêutica acerca da atenção a história e aos significados da existência, luta contra a paixão antimetafísica e pós-metafísica da cultura radical, cujos princípios de insignificância, multiplicidade e exclusividade do presente parecem domesticar o caminho do pensamento. Em particular, a presença do niilismo que, nas suas múltiplas formas, pretende interpretar uma escolha: aquela de se livrar definitivamente a contemporaneidade das heranças do passado. O retorno do sacro na sua nebulosidade e a eventualidade do mito são cifras emblemáticas de tal opção (DOTOLO, 1999, p. 198).

No meio de todo esse percurso entre a modernidade e a pós-modernidade, a proposta vattimiana sobre a secularização como realização do cristianismo parece ousada porque instaura uma perspectiva que ajuda a superar o impasse da razão forte metafísica em relação ao seu próprio fundamento. Nesse caso, somente é possível dar um passo adiante colhendo o fundamento como sendo hermenêutico, o que para Vattimo é possível diante da luz da *caritas* e, nesse ponto, ele não diz que ela é propriedade que nasce do ente porque assim estaria também caindo na confusão entre ser e ente denunciada por Heidegger e assumida por ele. De qualquer forma a *caritas*, em Vattimo pode ser lida também como um movimento do ser e, o que é fundamental para o *pensamento enfraquecido*, somente como esvaziamento ao entrar numa relação e não na imposição com o ente humano. É a isso que Vattimo chama de secularização e, portanto, de realização cristã. Tudo que interessa não é a soberania ontológica, contudo seu declínio partilhado na história do ente como sendo sua própria história. De modo que uma leitura dessas pode, quem sabe, ser considerada como mais transcendente do que a noção exata de um Deus soberano, apenas encontrado por uma razão soberana.

Niilismo: Itinerarium Mentis da Transcendência Encarnada

A pós-modernidade, entendida pelo viés hermenêutico, é o tempo da impossibilidade da tópica transcendental separada da historicidade, apostando mais no fragmento e no deslocamento do uno para o plural, valorizando as relações fraternas em detrimento e suspeita das autoridades absolutas. Nesse sentido, a pergunta de Heidegger – que coisa significa pensar? – é importante. "Que coisa é que nos envia em direção ao pensamento, o que nos chama ao pensamento?". A resposta exige um passo atrás, rumo ao velado, ao não dito. "O niilismo é *itinerarium mentis* para ler a questão do ser além do episódio histórico do seu esquecimento, naquela liberdade abissal do ser que somente o nada pode converter como possibilidade para uma decisão pro ou contra o sentido do ser" (DOTOLO, 1999, p. 200). Trata-se aqui de um niilismo que não tem a pretensão de contrapor-se ao ser, entretanto de anotar que o nada pertence ao ser. Um niilismo aberto ao ser que inaugura um filosofar como interrogação constante sobre a verdade, pelas vias da interpretação. Nietzsche, exatamente, critica o niilismo do último homem que se propõe a viver de qualquer forma, defendendo o niilismo ativo, que é o do *além-do-homem* disposto a continuar com os sonhos, sabendo que está sonhando.

O teorema do niilismo delineado por Nietzsche, entendido por Vattimo, significa, então, desontologização da realidade compreendida por um sujeito moderno, critério único da verdade, com a queda da evidência das certezas absolutas do idealismo. Nietzsche intuiu que o pensamento dialético, em sua pretensão de um pensamento linear, não percebeu a circularidade da interpretação, engessando o que é próprio do pensar em sua tarefa constante de resposta ao ser.

> Tal pressuposto é o ponto de partida do itinerário interpretativo de Nietzsche, para o qual o caráter enigmático da vida e do mundo constituem o espaço da *curiositas* e de um pensamento que, contra a invasão cético-idealista, restringiu a perspectiva sobre o real a um saber anticriativo (DOTOLO, 1999, p. 204).

O niilismo ativo de Nietzsche é a forma eleita por Vattimo em sua aventura de pensar, verdadeira mola propulsora e criativa, sem culpa de construir horizontes novos. Pensar, que não é irracionalismo, mas instância interrogativa diante da indisponível alteridade da finitude da existência. Sem a certeza imediata, há, mesmo assim, uma abertura à alteridade que a própria finitude convoca. Paradoxalmente, a morte de Deus, em Nietzsche, se dá com o cristianismo. Nietzsche parece ir ao niilismo para superá-lo, condenando até mesmo a fé como fuga de uma realidade insuportável. Nietzsche não pensou num banal ateísmo, entretanto, no entender de Vattimo, a vontade de potência provoca a força vital que deve ser respondida na interpretação.

Em Heidegger, Vattimo também considera que o niilismo não é a mera desconstrução metafísica, tratando de deixar guiar-se pelo ser mesmo, num exercício de pensar-filosofar, tendência natural do ser-no-mundo, como história do esconder-se e manifestar-se do próprio ser. A hermenêutica, assim, revela um processo de mascaramento da realidade a partir dos conceitos verdadeiros e de sua distância em relação à proveniência do ser como envio. É possível colher algo de essencial do ser ao compreendê-lo não como verdade puramente presente, mas como diferente do ente que ao mesmo tempo pergunta por ele? Perguntar-se pelo ser estaria na raiz mesma da resistência que procede das mensagens enviadas pelo ser ao ente *Dasein*. Heidegger alcança a vertiginosa diferença entre ente e ser, passando do fundamento para o abismo. E para ele o próprio "cristianismo primitivo se organiza sob a ideia de futuro, o imprevisível e o incalculável que torna a vida livre de todo peso ontoteológico". (DOTOLO, 1999, p. 212). A intuição heideggeriana leva a liberar-se da malha platônica-cristã; ou seja, a morte de Deus, então, não é legível como apenas negação ateia, mas como dissolução da metafísica ideia de Deus como fundamento, razão, *causa sui*.

O único percurso possível, não menos problemático, seria o do pensamento *gott-los*, pensar o próprio Deus, sem Deus. É esta, para compreender a inédita visão do niilismo, a leitura do nada como guardião do ser na sua diferença ontológica, sendo o niilismo libertador do ser de seu suposto engessamento metafísico. O nada heideggeriano, por exemplo, não é um nada vazio, mas um nada pleno, um nada pleno de ser. O niilismo faz voltar ao ser – à metafísica – naquele lugar de onde o ser tem sua proveniência. Desde 1936, o termo evento (ereignis) foi palavra chave do pensamento de Heidegger, em sua busca por um novo pensamento que caminhasse com a questão sobre o ser, ao mesmo tempo levando em conta também o discurso sobre Deus. A ausência de Deus não é um nada, porém a presença de um *ainda não* como aconteceu na pregação de Cristo e essa perspectiva é clara nas considerações vattimianas.

O Deus divino, o último Deus niilista, é o que surge não de experiências concretas do sujeito, do culto ou de outra coisa, senão aquele que aparece no espaço abissal do ser mesmo. Apesar de complexo, o divino em Heidegger não é colhido senão na relação com o evento. O último Deus não é o ser, todavia a necessidade do ser, ou para Vattimo, o que nasce na fronteira da perspectiva enfraquecida da razão humana. Para ambos, a excesso de representação, ou a fixação em assertivas sobre o ser, roubam do mesmo sua abissal condição de mistério, de modo que sua salvação encontra-se na reserva inesgotável de sentido que o acompanha também em seu nada. De outra forma:

> antes de mais nada, o niilismo é a salvação do ser, reserva e
> guarda da infundação-liberdade do ser no seu diferir, porque
> o nada é superabundância do ser no seu não ser, isto é na
> negação daquele ser que a metafísica transformou em ente.
> O nada é a *Lichtung* na qual se reconhece que a verdade-
> -desvelamento do ser é a ausência-presente de Deus (DO-
> TOLO, 1999, p. 222).

Aqui surge uma vertente místico-poética para a qual somente se mantendo na possibilidade do sagrado é que a palavra Deus pode ser dita como alguma coisa que permanece sempre além, no aquém de suas interpretações. O niilismo nietzscheano-heideggeriano, do qual Vattimo é herdeiro, e para o qual a utopia parece perder o sentido por conta da desvalorização dos valores supremos e de uma fragilidade das regras da vida, coloca a pergunta seguinte: é plausível ir além do niilismo ou se, ao contrário, o caminho será o da hermenêutica infinita que no final das contas tudo vale? O niilismo pós-moderno parece reabrir a pergunta religiosa, assim, pelas vias do sentido. Qual demanda religiosa possui a pós-modernidade? Esta é uma questão com respostas plurais. Se de um lado, há um cenário religioso subjetivista compatível com as variações dos desejos individuais; por outro, há um reencontro com o mito como provocador de outra linguagem que não a científica. A morte do Deus monoteísta, ligado ao espírito absoluto, possibilita o reencontro com outros mitos, elementos escondidos ligados ao pluralismo da vida. Um reencontro com o mito, mas por que falar de reencontro? Porque a superioridade racional científica em relação ao mito é somente uma superioridade fatual, de escolhas, mas não definitiva. A volta da mitologia acontece porque ela possui uma dimensão comunicativa e prática que vai para além do absolutismo da realidade. O mito funda uma ordem social e produz uma ordem diante da tragicidade da vida. O mito exprime uma referência ulterior à qual a experiência humana está ligada e que a razão não pode decifrar.

Consonante com esse itinerário da razão frágil, assumida em sua condição representativa e limitada, nasce o empenho em escutar o que ainda não foi dito na história do ser. Escutar sem pretensões de totalidade, entretanto, esse não dito deve, segundo as premissas vattimianas, ser colhido na situação encarnada da história porque ela é casa onde ser e ente convivem. Convivem, superando qualquer postura de senhorio por parte do *Dasein* ou de imposição metafísica por parte do ser. Essa é a probabilidade de uma transcendência concreta porque o ente se retrai para sua posição de escuta de uma mensagem que dele mesmo não procede. Postura tal que não aconteceria, segundo Vattimo, não fosse o niilismo. Dessa relação entre ente e ser, na história, surge a tarefa de a filosofia e a teologia não se distanciarem, todavia de se implicarem numa escuta dialogal da complexa pergunta pelo ser que o *Dasein* coloca em situações diversas.

Filosofia e Teologia: Encontro Dialogal

Haveria alguma relação entre teologia e filosofia na leitura de Vattimo sobre o cristianismo não religioso e a novidade de Deus na pós-modernidade? Em diversos momentos o autor transita entre as duas disciplinas gerando perguntas se ele é um filósofo da religião ou um teólogo liberal. A partir do *pensamento enfraquecido*, que compreende elementos como *kênosis* e *caritas*, não se nota nenhuma dicotomia radical. Talvez, na leitura vattimiana, as duas poderiam assumir o lugar de servas que se mesclam. O próprio Vattimo diz sentir-se um filósofo intérprete de um modelo teológico. Filosofia e teologia dizem a mesma coisa em termos diversos, sobretudo a filosofia ocidental moderna, que sem o modelo bíblico não teria sentido. Vattimo nunca, de fato, abandonou radicalmente a relação com o pensamento cristão, o que faz seu filosofar interessar outros estudiosos também da teologia.

O debate com Carmelo Dotolo pode auxiliar no aprofundamento de tal relação[2]. Para o teólogo, o homem se define na sua relação com Deus, que equivale ao conceito de ser, distinguindo-se ao mesmo tempo, "porque o ser indica um horizonte de referimento que o homem deve constantemente nominar, Deus indica um horizonte de referência que nomeando-se permite ao homem uma resposta na qual já há uma relação nominal". (VATTIMO, 2009, p. 78). Seja Deus ou o ser como evento, ambos provocam um horizonte de compreensão para o homem. De tal maneira que Dotolo destaca:

> a teologia sugere à filosofia compreender como no mistério da vida há possibilidade de abertura diferentes e há possibilidade de encontrar na experiência religiosa um itinerário que ajuda a procura da verdade e do sentido; e a filosofia sugere

---

[2] A escolha do autor Carmelo Dotolo, no diálogo da filosofia vattimiana com a teologia, deve-se, sobretudo, ao fato de a tese doutoral de Dotolo ter sido **La Teologia fondamentale davanti alle sfide del ´pensiero debole´ di Gianni Vattimo** (1999). Por conseguinte, nessa tese, Carmelo Dotolo, além de elencar elementos fundamentais da filosofia, refere-se a autores como Schillebeeckx, J.B. Metz, do campo teológico.

a teologia uma capacidade constante de abertura fenomeno-lógica a realidade, de um rigor hermenêutico, interpretativo, em ordem à pergunta mas também à argumentação que a vida, o real, exigem para poder ser afrontado (VATTIMO, 2009, p. 82).

Para que haja diálogo, as duas instâncias devem guardar o que lhes são próprias. E uma questão que a teologia não pode deixar de levar à filosofia do *pensamento enfraquecido* é se Deus é só a história de sua interpretação ou se é mistério inexaurível que envolve o ser, permitindo sua história? Vattimo não estaria propondo um cristianismo não religioso exatamente por ele conferir uma saída que ultrapassa os limites da própria história? Considerando por religioso aquelas formas que conservam o ser humano numa relação natural com seus próprios anseios, projeções, proteções narcísicas tão comuns nas manifestações espiritualistas da pós-modernidade, em que sentido o encontro da filosofia do *pensamento enfraquecido* com a teologia da *kênosis* traz contribuições sobre o cristianismo?

De fato, se a modernidade se entende como expressão da secularização, a pós-modernidade interpreta, de forma extrema, sua dimensão de desconstrução. A secularização como princípio hermenêutico, é uma categoria que possui vitalidade e diante de seus variados sentidos e a própria teologia, no último milênio, parece ter tratado mais desse fenômeno do que de si mesma. Mas até que ponto a secularização rompe com o passado e impõe o novo, novo modo de entender a história, nova fé, nova prospectiva ética? Rompe ao entender que novo não é somente mudanças de costumes, mas recusa da metafísica e com isso o surgimento da exigência de uma nova fundação, instaurando, pelo menos, três percursos interpretativos: o ser como produto histórico inspirado pela reflexão bíblico-cristã; um fenômeno cultural caracterizado pela tomada de consciência da autonomia humana na projeção do mundo; declaração do homem pela sua identidade autossuficiente. E diante disso, pergunta-se: o ser humano basta a si mesmo para dar sentido a tudo ou mais uma vez se vê diante de uma grande carência de sentido?

De alguma forma, essa é uma das grandes demandas pós-modernas que a secularização impõe também à teologia, a saber, como recuperar a palavra Deus e a questão do sentido. É a busca de uma nova solidariedade entre razão e fé, teologia e filosofia, um campo profícuo para trabalhar tais elementos. O problema, acima de tudo, é maior quando se perde, por inércia, a coragem de se colocar a própria pergunta pelo sentido, diante da dificuldade de se encontrar um fundamento ou uma verdade absoluta para o real. A secularização em suas raízes parece colocar em conflito o existencial filosófico e teológico, somente quando não se escuta outra vez os apelos do ser. Seria a secularização da teologia e da filosofia um processo de indisponibilidade pela pergunta radical do sentido, devendo, então, ambas rechaçar uma sociedade secularizada ou, de outra forma, um apelo a buscarem uma relação mais aprofundada entre história e fé?

Uma resposta possível para tal questão é a consciência de que com o fim da metafísica e a escuta do ser como evento, *ereignis*, acontece uma virada na possibilidade de o humano não conceber Deus como projeção de seu mundo, todavia como alteridade ontológica. Isso revela que o excesso de dizer sobre Deus acabou entificando-o e esquecendo-se de seu silêncio necessário e não roubou-lhe a insistência de seus apelos gerados pelo escondimento que o faz sempre mistério. Possível justificativa, então, para que esse pensamento provoque o retorno à questão Deus, porque denuncia a modernidade como absoluto racionalismo incapaz de dar conta de um todo da vida mesma. O Deus que morre é o Deus dos modernos e não aquele da experiência principalmente do primeiro cristianismo, vivenciado na prática do amor. A dimensão prática aponta muito mais para uma atitude de descoberta do habitar do amor, do que para a busca pelo seu conhecimento racional, pelo menos é o que pode ser encontrado na vasta produção de Vattimo.

Sobre a possibilidade da questão de Deus, há verdadeira busca de tal palavra para além do excesso conceitual metafísico ou apenas o abandono no mistério. Saindo do extremo de não poder nada dizer de tal palavra ou do exagero de querer dizer tudo, os aspectos teológicos do filosofar vattimiano seguem outra direção ao pretender sair de uma tendência de conceber Deus apenas como opaca lembrança, como simples nostalgia, voltando outra vez a mergulhar-se na história como lugar de sua presença kenótica, colhendo a provocação de pensar na presença ausente de Deus a partir da lógica da encarnação. Como deve ser pensado Deus num mundo sem Deus? Vattimo parece seguir e radicalizar pensamentos como os de Bonhoeffer, para o qual "a única possibilidade é recolocável no ser do Outro e para os outros de Jesus Cristo que, por meio do evento da cruz, recolocou o homem na sua originária vocação: viver a existência como responsabilidade na liberdade" (DOTOLO, 1999, p. 265).

A secularização explicita, assim, a mundanização do mundo como lugar de uma liberdade autêntica do ser humano, onde Deus encarna-se, eliminando qualquer visão religiosa que remeta a questão divina para um plano totalmente estranho ao campo existencial. Contudo, outros autores apontam para as exacerbações do secularismo que parece ser uma invalidação da própria intencionalidade da secularização sonhada por Vattimo. O crente deve viver uma luta constante sabendo que seu lugar é o mundo, mas sem idealizá-lo. Schillebeeckx diz que entre o Deus da religião morto pelo processo de secularização e o Deus vivente ou o Deus da fé é importante perceber que no bojo da experiência secularizada, ou ela mesma, demandam aspectos do mistério absoluto. E que a fé deve escutar as razões dos não crentes não para que haja um embate, mas para que se perceba o abismo de não crença que existe em todo crente.

Sobre o pensamento vattimiano, no que resume a história da secularização como manifestação de um cristianismo não religioso, culminado no niilismo pós-moderno, conclui-se que a única história da salvação, sem os apegos neuróticos de um depois transcendental, deve-se vislumbrar a passagem para a compreensão do cristianismo como possibilidade de mudar a própria noção de história, onde ser e ente são vizinhos. Essa postura, no entanto, não deve desmerecer o que os teólogos acrescentam. Pannenberg, por exemplo, afirma que a secularização constitui um déficit de sentido na orientação existencial e cultural trazendo à tona "a ruptura de vinculações orientadoras e criações de espaços para viver sem imposições nem condicionamentos externos, desenhados da amplitude da liberdade individual" (DOTOLO, 1999, p. 269). Isso equivale a afirmar, também, que a teologia deve manter-se como instância crítica e não apenas como disciplina pulverizada nos contornos da secularização ao apontar para outras dimensões do ser para além das reduções subjetivas. Sendo assim,

> um dado, porém, aparece irrenunciável: que a estratégia de adequação à compreensão da realidade secularizada não autoriza a reflexão teológica a um recuo de conveniência nos confrontos da autocompreensão da pós-modernidade. Em tal ótica, a teologia deve explicitar a sua tarefa de consciência crítica contra a depreciação da transcendência de Deus e da sua salvação a respeito às terapias dos messianismos secularizados (DOTOLO, 1999, p. 270).

J.B. Metz e Schillebeeckx, dois teólogos dos mais importantes no campo da secularização, de acordo com Dotolo, apontam para a necessidade da retomada da fé na pós-modernidade por conta de uma razão em crise e que não é mais compacta e abrangente. Sobre teologia e secularização os autores a pensam como processo formado no âmbito ocidental que vai contra o cristianismo e que conduz a Europa a uma época pós-cristã, o que leva o cristianismo a confrontar-se com a secularização. O que sugerem é uma visão crítica da modernidade não com o objetivo de abolir suas conquistas, contudo de buscar as questões fundamentais das quais ela não deu conta. Sua proposta é a de uma teologia política que mostra o processo de mundanização presente no próprio cristianismo. Teologia política, profecia que não aceita simplesmente as condições secularizadas, todavia entra num conflito fecundo com a mesma. "A situação interlocutora do mundo mundanizado não autoriza a fé a confinar-se no invólucro de uma devoção privada, de certo modo atemporal, e, tanto menos, reduzir a dinâmica da revelação a um teorema acadêmico" (DOTOLO, 1999, p. 276). A teologia deve fazer-se, portanto, escatológica, não se prendendo a um antropocentrismo teológico e nem a uma forma de ideologia. Deve guardar uma tensão entre emancipação e redenção, entre o já e ainda não. Ela deve inserir-se na dimensão da práxis, resguardando-se como instância crítica.

Um bom referencial, no sentido do diálogo da razão com a fé, pelo menos no campo católico, é o documento do Concílio Vaticano II, *Gaudium et Spes*, ao mostrar a necessidade de o ser humano trabalhar uma autonomia teônoma. A atividade humana não pode tomar a si mesma como fim absoluto para que não caia numa complexa idolatria. O mundo possui suas incoerências e contradições das quais apenas um novo humanismo não dá conta de buscar fundamentos de mudanças, de modo que:

> o problema é crucial para o cristianismo, que tem o projeto de apontar para o estabelecimento de relações fraternas como base das relações sociais. Está sujeito este projeto a uma antecipação nas condições humanas? Ou é puramente escatológica? O cristianismo permite ao substrato sociológico humano considerar a tradução de seu projeto nas condições da história? A dialética interna das sociedades, causada pela ambivalência de pertencer ao grupo, coloca uma questão fundamental sobre as relações entre o cristianismo e o movimento real da história" (DUQUOC, 1974, p. 172).

Gaudium et Spes não usa a palavra secularização, mas autonomia. As teologias da secularização tomam a história como um produto independente enquanto a teologia católica já contempla a história como criação ligada ao criador. O problema é que a fraternidade universal proposta somente pode ser acolhida dentro de uma comunidade bem determinada pelos limites da própria sociedade humana. J. B. Metz trabalha o perigo da redução de uma fé ao privado e explora a questão da dimensão pública da mesma. É injustificada uma fé que seja privada do dinamismo social. Metz propõe falar de uma dimensão política da caridade que pode ser entendida por uma luta constante pela justiça, pela paz, pela liberdade. Tal autor abandona a ilusão de uma estrutura natural da caridade e se guarda como crítico de pensar a secularização como realização do que há de melhor para acontecer. O ideal deve sempre permanecer como foco nunca totalmente realizado, ideal de justiça, de paz e de liberdade.

De tal tensão o Concílio Vaticano II também dá testemunho ao afirmar que: "as alegrias e as esperanças, as tristezas e as angústias dos homens de hoje, sobretudo dos pobres e de todos os que sofrem, são também as alegrias e as esperanças, as tristezas e as angústias dos discípulos de Cristo" (COMPÊNDIO DO VATICANO II, 1971, p. 141). Pensamento recorrente no espírito do Vaticano II é que o mundo no qual se vive é criado pelo amor de Deus e que nele encontra-se também o pecado e a graça operante por meio da ressurreição de Cristo. No tempo das evoluções modernas, os debates sobre as angústias de uma finalidade, sobre um porquê último das coisas e do homem não são esgotados pelas conquistas da ciência ou da técnica. A Igreja deve, portanto, estabelecer com a sociedade um diálogo que ajude a iluminar os vários problemas emergentes, fundamentado no Evangelho.

Ao perscrutar os sinais dos tempos, sempre os interpretando à luz do Evangelho, busca-se manter a dimensão crítica, não elegendo, portanto, o tempo atual como se fosse a concretização total do Reino de Deus. Características da pós-modernidade como as mudanças rápidas, diante de muitas facilidades econômicas, de comunicação, não excluem problemas como a miséria e tantos conflitos sociais. "E nem falta o perigo de uma guerra capaz de destruir tudo até o fim" (COMPÊNDIO DO VATICANO II, 1971, p. 146). É nesse mundo que os contemporâneos se interrogam e vivem a mistura de angústia e esperança. Situações forjadas principalmente por uma evolução tecnológica rápida, por mudanças sociais, psicológicas, morais e religiosas radicais. As transformações acontecem em todos os campos na busca de um humanismo novo. Tudo isso não somente expresso pelos filósofos, mas impresso no espírito atual questiona o tempo histórico que pretenda se constituir sem as implicações da religião.

Em meio aos benefícios e contradições, que provoca o olhar crítico sobre a pós-modernidade, constata-se que:

> o mundo moderno se apresenta ao mesmo tempo poderoso e débil, capaz de realizar o ótimo e o péssimo, por quanto se lhe abre o caminho da liberdade ou da escravidão, do progresso ou do regresso, da fraternidade ou do ódio. Além disso, o homem se torna consciente de que depende dele dirigir retamente as forças por ele despertadas e que o podem oprimir ou lhe servir. Por isso, o homem se pergunta a si mesmo (COMPÊNDIO DO VATICANO II, 1971, p. 151).

Tais constatações levam a razão a se perguntar sobre o significado da dor, do mal, da morte, apesar de tanto progresso. Para que servem as vitórias adquiridas a tanto custo? O que se seguirá depois desta vida terrestre? Para a teologia, a secularização provoca sempre a inquieta pergunta: que relação existe entre cristianismo e o movimento da história? E seus pensadores atuais respondem com um dilema: ou o cristianismo opta pelo anacronismo, não deixando-se interpelar pela mudança de época, ou ele reconhece nesse movimento uma mediação imprescindível para manifestar sua vocação de ser mensagem crítica. Isso significa que há algo fora do mundo que é oferecido como ponto importante de sentido para o humano. Trata-se de uma oferta que exige do homem uma acolhida, abertura, ou uma recusa. O ser que se é somente pode ser entendido a partir daquele outro que não é si mesmo. Portanto, o homem não pode se compreender a partir de si mesmo. A fé é a hermenêutica da realidade que recorda o homem, a partir da revelação, seu destino ontológico, de modo que, somente o homem que crê consegue ver finalmente o mundo.

Mesmo que tais afirmativas teológicas, em primeira vista, pareçam contraditórias com a proposta do cristianismo não religioso de Vattimo, quando lidas com atenção mostram também congruências em pontos importantes. De diversas maneiras Vattimo faz essa confissão ao intuir que o *pensamento enfraquecido* deve à *kênosis* sua herança que, outra coisa não é, do que a confissão de que, na sua eventualidade kenótica, Jesus mostra que o amor é a única instância capaz de manter o processo de salvação continuado, sem secularizar-se, porque ele mesmo é secularizador[3]. Em todo

---

[3] Os vários recortes da teologia inseridos ao longo do texto revelam possibilidades e impasses da leitura vattimiana do cristianismo não religioso. As chances nascem principalmente da busca que a teologia faz em ler a história como fato salvífico o que para Vattimo é inaugurado pela encarnação. Os impasses surgem quando se insiste em mater a dicotomia entre imanência e transcendência, o que na leitura vattimiana seria ainda não levar a sério o declínio de Deus no evento da *kênosis*.

caso, se a filosofia de Vattimo pode receber a suspeita de propor um cristianismo sem transcendência, do mesmo modo, ela também pode questionar o porquê de procurar Deus nas alturas abstratas do pensamento se Ele mesmo desceu e fez morada na vida humana, instaurando a divindade do amor encarnado.

Adeus à Verdade: A Reinvenção Ontológica do Cotidiano

De acordo com o pensamento vattimiano, a cultura ocidental é cada vez mais pluralista. Tomando exemplo do controle de informações, das justificativas para guerras como as do Iraque, Vattimo suspeita da arbitrariedade nas decisões e de seus interesses, o que faz sua filosofia acreditar ainda mais nos limites da verdade. Sobre a despedida da verdade, Vattimo toma os exemplos dos filósofos Adorno e Heidegger. Para o primeiro, a dialética é composta pela totalidade e pela reapropriação. Não se vê o verdadeiro porque não se vê o todo. Por isso, a ideologia é falsa porque é particular e não compreende o todo. É necessário passar pelo processo de reapropriação para que se consiga o todo. Mas esse todo seria possível? O que movia Adorno, por exemplo, à crítica da totalidade massificada? O que motivava também Emanuel Levinas ou Walter Benjamin a buscar a dignidade do que era excluído? Talvez certo *pathos* micrológico ou uma piedade por aquele vivente ofendido. De modo que a dialética negativa passasse a ser uma defesa da existência debilitada diante da totalidade. Fiel a Heidegger, Vattimo revela, por sua vez, que a verdade como correspondência comporta uma forte presença da violência, com receio justamente da formação de uma sociedade baseada numa organização total positivista. Vanguardistas como Ernst Bloch e Chaplin explicitam tal temor, segundo Vattimo; no entanto, Vattimo jamais pensou numa emancipação das verdades menores como possibilidade de chegar a uma verdade maior pelo simples fato de vencidos também se tornarem vencedores.

Assim sendo, **Adeus à verdade**, passa a ser "uma despedida da verdade como reflexo objetivo de um dado que, para ser descrito de forma adequada, deve fixar-se como estável, quer dizer, como dado". (VATTIMO, 2010a, p. 25). Isto pode somente dar-se nas ciências que não pensam, seja porque não colocam em questão o horizonte ao qual se movem ou porque não levam em conta tudo aquilo que condiciona seus objetos. Para Vattimo, **Adeus à verdade** significa democracia. Caso existisse de fato uma verdade total, não seria necessária a democracia, porque bastaria confiar nas descobertas geniais daqueles mais iluminados como os reis, sem nenhum comprometimento dos simples mortais, no entanto, é preciso levar em conta que mesmo os paradigmas como os de Thomas Kuhn, (2001), são crenças compartilhadas como fenômenos de pertença. E que isso não pode ser tratado como irracionalismo, porém como interpretação de um passado que chega como mensagem aberta. Uma língua fala no ser humano e ao mesmo tempo é falada por ele.

Tais conclusões têm consequências profundamente práticas e não somente no campo epistemológico. De modo que elas são críticas a toda forma política, filosófica ou religiosa que pretenda se autovaler excluindo o consenso, impondo regras para manter-se a todo o custo como é o caso, por exemplo, do mercado. "No final das contas, é questão de entender que a verdade não se encontra a não ser que se construa com o consenso e o respeito à liberdade de cada um e das diferentes comunidades que convivem, sem confundir-se, em uma sociedade livre" (VATTIMO, 2010a, p. 35). Tal perspectiva parece estar em consonância com o ideal cristão da caridade.

Tarefas do Pensar

Segundo Vattimo, Karl Popper discorre sobre a sociedade aberta e seus inimigos, mencionando os filósofos que, no exemplo de Platão, ao sair da caverna, onde viviam os homens comuns, teriam posse das ideias eternas e deveriam conduzir aqueles que não possuíssem a verdade, ainda que por meios de força. Nesse campo, encontram-se também Marx com sua proposta de emancipação do proletariado e Hegel com a emancipação de uma razão astuciosa. Para o *pensamento enfraquecido*, no entanto, mesmo tal sociedade aberta não pode se colocar como parâmetro absoluto, portadora de uma verdade para todos, porque ela também é composta por escolhas, revelando sempre o risco da relação política – verdade. A partir da verdade como *adequatio intellectus et rei*, que depois de encontrada como valor objetivo deve moldar a realidade, segundo o princípio da correspondência, Vattimo cita, ainda, o exemplo das forças americanas ao usar argumentos democráticos para invadir o Iraque. Tudo isso, e suas desastrosas consequências, faz ir sempre mais longe atingindo o próprio conceito de verdade que, segundo ele, pode ser aprofundado com os elementos filosóficos de Nietzsche e de Heidegger.

Segundo Vattimo, (2010a), Nietzsche faz um balanço da cultura ocidental sob o signo do niilismo, resumindo no **Crepúsculo dos ídolos**, como o mundo verdadeiro tornou-se fábula. Primeiramente, Platão concebeu a verdade das coisas no mundo das ideias, ou seja, nas essências transcendentais. Essas essências são imutáveis. O cristianismo, depois, entendeu tal verdade como sendo conhecida somente na eternidade. Kant concebeu a verdade como estando na mente capaz de organizar o mundo dos fenômenos mesmo não conhecendo o em si mesmo. Finalmente, Comte chamou de verdade tão somente o que pode ser verificado pelo método experimental. Heidegger, por sua vez, concorda com a crítica nietzscheana apesar de pensar que ele permanece preso a uma concepção metafísica ao conceber a verdade como puro jogo de forças. Heidegger reconheceu a herança niilista do ocidente e foi adiante ao dizer que além de desaparecer o mundo verdadeiro, ele dá lugar à organização tecnológica tornando o homem um objeto de manipulação. Partindo de Platão, chegou-se a encarnação do mundo estável, na organização técnica, acontecimento que não pode ser descartado porque é ele mesmo que desperta outra vez a busca pelo ser.

Aprofundar o significado hermenêutico de toda verdade, distorcendo suas manifestações totalitárias, tem, também, uma razão política em todo o pensamento vattimiano. Se a verdade é somente aquilo que é objetivo e calculável não haveria motivos para dizer de subjetividade, dando margens ao fechamento da verdade em si mesma. Como se,

> para ser de verdade, deveríamos, em efeito, não ter incertezas, esperanças, afetos, projetos, senão corresponder em tudo e para tudo ao que a racionalidade social pretende de nós, quer dizer, que sejamos partes perfeitas da máquina de produção, do consumo e da reprodução sempre igual. Não esqueçamos que Comte falou, ademais, de uma ética industrial, imaginando que o comportamento moral deveria modelar-se sobre a cadeia da montagem, na qual cada um faz o que os outros esperam dele e assim não atrasa o processo produtivo (VATTIMO, 2010a, p. 49).

Diante dessas nuances, a ideia da verdade como abertura soa melhor para a liberdade. O discurso de Vattimo está inserido nessa herança, como ele mesmo afirma: "a conclusão a que quero chegar é que a verdade como absoluta, correspondência objetiva, entendida como última instância e valor de base é um perigo, mais que um valor" (VATTIMO, 2010a, p. 58). Seria melhor, portanto, optar pela pregação paulina do *veritatem facientes in caritate* (Ef 4,15-16) que corresponde ao grego *aletheuontes*. Segundo Vattimo, em 1964, Heidegger publica **O fim da filosofia e a tarefa do pensar** e, nesta obra, conceitua metafísica como uma concepção de ser como dado objetivo em uma estrutura à qual se deve corresponder. Nesse sentido há que se entender o fim da filosofia como posse da verdade verdadeira com a chegada dos meios democráticos. Com o crescimento de outros conhecimentos, ensinar uma verdade abstrata pura pode não servir para nada. Se por um lado a filosofia como saber-controle da verdade está sepultada, por outro isso abre um vazio e a pergunta sobre a tarefa de pensar depois de sua morte, com o objetivo de evitar autoridades ainda mais desastrosas como a dos técnicos de variados saberes. "Se quisermos usar uma metáfora psiquiátrica, diríamos que existe o risco de construir uma sociedade esquizofrênica, na qual antes e depois se instaura um novo poder supremo, as camisas de força e as camas de imobilização" (VATTIMO, 2010a, p. 78).

Não se pode, ainda, buscar a verdade como evento somente naqueles textos monumentais como os de Hölderlin, (2012), que só os filósofos reconhecem. O evento do ser ao qual o pensamento deve estar atento pode ir muito mais além. Ele abre a própria ontologia da atualidade. O novo lugar do intelectual, não científico ou técnico, seria mais parecido com o artista ou o sacerdote em seu pastoreio cotidiano. Ontologia da atualidade, expressão de Foucault, contrapõe-se a uma analítica da verdade. Para Vattimo é necessário passar de uma fenomenologia para uma ontologia da atualidade. O que pretende a fenomenologia? Uma de suas buscas é encontrar na natureza um *em si* das coisas e das pessoas para daí justificar normas éticas. O problema da fenomenologia é se esquecer de colocar em jogo a historicidade do filósofo ou do cientista somente o concebendo como a-histórico, geométrico, imóvel. Heidegger, em sua luta contra a metafísica, aprofundada depois de **Ser e tempo**, tem algo de vanguarda, como explicita o pensamento que segue:

> a metafísica deve ser superada ou ao menos não se deve aceitá-la, não porque não inclua ao sujeito da teoria e seja, portanto, incompleta, senão porque, com seu objetivismo, legitima uma ordem histórica e social na qual a liberdade e a originalidade da existência são canceladas (VATTIMO, 2010a, p. 120).

Então, um pensamento que busca sair do esquecimento do ser em favor do ente, de outro modo, um pensamento que deseja não resumir o ser a objeto, é de fato aquele que se ocupa do ente descobrindo nele a abertura do ser. De alguma forma poderia ser nomeado como ontologia da atualidade. Trata-se de suspender a pretensão de validade definitiva do ente em sua condição histórica, descobrindo suas possibilidades e, ao mesmo tempo, seus limites. Resumidamente seria assim: sustentar um processo de encontro e desencontros com paradigmas, guardando a abertura suficiente para transmitir o que se conquista e colher, ao mesmo tempo, o ser que continua enviando suas mensagens. Escutando, sobretudo, a voz silenciada dos perdedores da história. A verdade não nasce, assim, de um encontro com um em si mesmo e sim como resultado de um acordo; concordância que não necessitou de evidência definitiva, senão de processos de caridade, da solidariedade e da necessidade humana de uma convivência pacífica.

Além disso, Vattimo faz conexão entre a crise da razão metafísica com o socialismo real, que abriu campo para o liberalismo com forte caráter de concretude pragmática. Também o fim de pretensões políticas universalistas que, com a Primeira Guerra mundial põe por terra a pretensão do progresso linear da humanidade, guiada pelo mais civilizado ocidente, coloca em crise o filósofo político e seu dizer global sobre a vida política. Com a queda do socialismo real e o fim da metafísica o filósofo perdeu seu posto de conselheiro do príncipe. Perdeu não para o cientista, mas porque o próprio filósofo descobriu, também nas eleições políticas, que a realidade não pode ser mensurada por um sistema logicamente compacto e aplicável. Ela é muito mais guiada pelo jogo de forças entre minorias e maiorias do que por uma verdade absoluta.

Por que não se pode, então, pensar a política em termos de verdade no final da metafísica e no tempo de consolidação da democracia? Isso significa que a filosofia já não se sustenta como disciplina da verdade sem "aspas" e que se transforma, assim, num campo de rememoração do ser na pluralidade da atualidade do evento do mesmo. No entanto, que sentido faz ainda falar de ser se já não se acredita mais em fundamento? Sendo a filosofia uma ontologia da atualidade, sua vocação é interpretar sua época dando sentido aos seus significados difusos. Por isso, ela não é expressão abstrata de seu tempo, senão interpretação persuasiva e ao mesmo tempo contingente. Deixando a pretensão fundacional, a filosofia pode oferecer certa visão do curso da história não embasada em princípios eternos, porém com argumentações a partir do próprio processo mesmo, sabendo que nele está a história do ser.

Somente um Deus Niilista-Kenótico pode salvar

Não se trata somente de um jogo de palavras, para Vattimo, recuperar o dizer de Heidegger em uma entrevista ao *Spiegel*. Niilista no sentido de kenótico, que rompe com as distâncias violentas de formas sagradas, indica que: "um Deus relativista, ou kenótico, é o que se dá a nós hoje, neste ponto da história da salvação e, portanto, também neste ponto da história da Igreja, da católica e das cristãs, no mundo da globalização realizada" (VATTIMO, 2010a, p. 147). Já que não se começa nunca de um marco zero, necessário é colher a religião a partir de uma herança que é cristã e católica. E a realidade que se revela ainda como fundamentalista deve ser criticada não somente naquilo que diz respeito às posturas terroristas, como também ao forte clamor de Igrejas pelo reconhecimento de sua autoridade, principalmente em temas como bioética, por exemplo. De outro modo, se Deus encarnou-se, fez da história seu templo dialogal com o ente humano, descendo, esvaziando-se, qual seria a justificativa, então, para voltar ao apego racional a uma ideia de Deus absoluto, desencarnado?

Vattimo aponta para uma crise e ao mesmo tempo para um jogo de forças que, resumidamente, dá-se por meio da concepção de um "Deus fundamento e a Igreja como sua voz autorizada a decidir em última instância" (VATTIMO, 2010a, p. 146). Coerente com suas premissas filosóficas, conclui que não levar em conta as contradições inclusive dos próprios ministros autorizados, seria para os que se esforçam em acreditar em Jesus Cristo um tipo de pecado fundamentalista. Propõe, para isso, que a vocação atual da Igreja seja a de sair de tal postura ao constatar, ainda mais, que "pouquíssimos entre os católicos que se declaram praticantes e assíduos aos sacramentos dizem hoje que aceitam e praticam (ao menos tentam) a ética sexual pregada pelo papa" (VATTIMO, 2010a, p. 159)[4].

Segundo Vattimo, um grande filósofo católico, da Universidade de Milão, costuma dizer que a Igreja quando é minoria fala de liberdade, quando é maioria fala de verdade. Sua proposta, por isso, é

---

[4] O autor justifica seu argumento, sobretudo, citando uma pesquisa que impressionou o filósofo católico Pietro Prini, a partir da qual escreveu um livro com o título *Scisma Sommerso*, de 1999. Faz-se necessário esclarecer que, metodologicamente, a opção nessa parte do trabalho em citar alguns exemplos práticos sobre as consequências da proposta de um cristianismo não religioso em Vattimo, deve-se ao fato de levantar questões, a partir de uma reflexão filosófica, para que sejam também iluminadas por elementos teológicos e da própria Igreja. De modo que não se pretende avaliar criticamente a opinião do autor e, sim, apenas expô-la para que não haja omissão de algo tão prático como sua proposta de uma ontologia da atualidade, ainda que suas conclusões sejam controversas e plausíveis de avaliações.

a de um cristianismo que aproxime a mensagem evangélica aos homens de hoje. A encarnação deve purificar muitos elementos que acabaram por distanciar os homens da própria Igreja e, para Vattimo, um dos elementos mais perigosos de tal distanciamento é a superstição de que a fé seja "o conhecimento objetivo, primeiramente de Deus (de verdade ele queria revelar-nos como é sua natureza?), e logo das leis da criatura, das quais derivam todas as normas da vida individual e coletiva" (VATTIMO, 2010a, p. 165).

Passando do interior do cristianismo para o mundo em geral, a *kênosis*, como princípio de salvação, está conectada ao destino da metafísica. Se, somente o todo é verdadeiro, a metafísica, segundo tradição de Heidegger, culmina seu todo no *Ge-Stell*, na organização total da técnica e no domínio da razão calculista. Tal tese não comporta um deus princípio fundante porque se assim fosse "este não seria outra coisa que a fundação da inumanidade do mundo onde tudo é somente funcionamento predeterminado de um colossal mecanismo insensato" (VATTIMO, 2010a, p. 167). Assim, a *kênosis* significa que a salvação não é a coincidência de Deus com a ordem do mundo natural. Um Deus diferente do ser metafísico não é aquele de uma verdade absoluta, definitiva, que não aceita diversidade. Nesse sentido, poderia ser chamado de "relativista", um deus frágil.

> É à experiência de um Deus diferente deste a que são chamados os cristãos no mundo da multiplicidade explícita das culturas, ao que não pode mais contrapor-se, violando o preceito da caridade, a pretensão de pensar o divino como absoluto e como verdade (VATTIMO, 2010a, p. 168).

Outra questão não menos polêmica a que o autor de vez em quando exprime em sua obra, é a sexualidade, concebendo-a como campo criativo, que acaba sendo inibido ao impor-se a verdade de que somente existe a família sobre a base heterossexual, enquadrando a homossexualidade ou qualquer outro tipo de orientação na ordem das perversões. Para Vattimo, esse seria um dos pontos centrais que regem a ética católica: garantir uma suposta ordem natural. Agora que essas coisas, no entanto, estão mudando, onde encontrar a vontade de Deus? Como ligar essas observações sobre natureza, sexualidade com o tema do niilismo e da pós-modernidade? Em seu parecer, o niilismo seria uma versão pós-moderna do cristianismo capaz de salvar o mundo de uma guerra religiosa universal, sendo que, a morte de Deus em Nietzsche e a morte de Jesus na cruz coincidiriam-se no que tange ao movimento do divino ou do ser rumo ao despojamento de toda rigidez religiosa que não favorece a criativa resposta do *Dasein* nas possibilidades de sua existência. Para Nietzsche a morte de um ser eterno culmina na dissolução de valores absolutos e faz instaurar o niilismo; Heidegger faz também causa sua essa intenção de destruir as pretensões metafísicas não somente por uma questão de pensamento, como também por razões estéticas que é participação na criação histórica.

De outra maneira, "o niilismo é cristianismo na medida em que Jesus não veio ao mundo para mostrar uma ordem natural senão para destruí-la em nome da caridade. Amar ao teu inimigo não é com exatidão o que ordena a natureza e, sobretudo, não é o que ocorre de forma natural" (VATTIMO, 2010a, p. 176). Insiste, ainda, que a Igreja pode conservar suas mitologias, no entanto é danoso conservá-las como opção oposta às pesquisas da ciência, o que pode acarretar problemas de escândalos aos fiéis. Segundo o autor, há exemplos grandes dos danos que seria decidir algumas questões de bioética baseada simplesmente na natureza.

De modo que o caminho de uma concepção cada vez mais engajada de um cristianismo não religioso que entenda que, ao acreditar, elege sempre perspectivas, deixando impossível um mapa que reproduza com objetividade o todo do conhecimento. Aos cientistas cabe utilizar suas capacidades cognocitivas, ou seja, organizando, compartilhando. Por isso, não se comporta, no campo hermenêutico, como alguém que chega de Marte, mas que possui uma história e pertence a uma comunidade, acolhendo-a como dom e criando. Este ponto é respaldado pela antropologia cultural e as descobertas da diversidade dos costumes, formas de organização da vida. "A interpretação é a ideia de que o conhecimento não é reflexo puro do dado, senão a aproximação interessada ao mundo com esquemas que também são mutantes no curso da história" (VATTIMO, 2010a, p. 194).

Em que tudo isso tem a ver com o cristianismo por meio do olhar do filósofo? O que salva o homem não seria, pois, a mirada externa a um dado fixo de verdade com a qual se deve corresponder, porém a salvação vem ao buscar a verdade no mais profundo de si. E, segundo Dilthey, tudo se realizaria na busca pela subjetividade. Por isso mesmo, Vattimo argumenta que o cristianismo é uma doutrina de interpretações, mergulhada numa tradição que também era interpretação. Heidegger em seu curso sobre fenomenologia da religião estudou as cartas aos Tessalonicenses como texto mais antigo que os Evangelhos, tendo-os como transmitidos de forma oral pela comunidade cristã. Que isso significa? Que o cristianismo é algo eterno justamente porque pode ser transmitido na interpretação. E que dele é gerada a cultura ocidental, de maneira que se, por um lado, ninguém entenderia a literatura italiana sem Dante, por outro, não se poderia entender Dante sem a Escritura. Por isso, professar a fé no cristianismo é professar a fé no caráter ineludível de certa textualidade transmitida. Vattimo diz apreciar a frase de Croce "não podemos não dizer-nos cristãos".

> Por isso, talvez, o cristianismo deva ser não religioso. No cristianismo existe uma virtualidade de libertação que no fundamental é também libertação, digamos de forma escandalosa, da verdade. Se existe uma verdade objetiva, sempre existirá alguém que esteja mais próximo dela que eu e que se atribuirá o direito-dever de impô-la" (VATTIMO, 2010a, p. 207).

O Evangelho liberta, assim, a humanidade da verdade externa, objetiva, mostrando-lhe seu destino e não sua pura comunicação materializada. Liberta-a do império do simplesmente natural, ainda mais porque não existe nada mais natural do que a disputa entre humanos da qual sempre vence o mais forte. Nada disso tem a ver com o "amai vossos inimigos", que, aliás, não possui nada de natural. Deve-se continuar avançando no processo de secularização como combate ao que é natural, fixo, impositivo, passando para um horizonte cada vez mais cultural e espiritual, como o Evangelho mesmo propõe.

Não se deve amar primeiro a verdade, mas a comunidade de interlocutores na qual se está inserido e se pode compartilhar experiências sempre limitadas. Para Vattimo, nem todos os metafísicos foram violentos, mas "quase todos os violentos de grandes dimensões foram metafísicos" (VATTIMO, 2010a, p. 220). Quando alguém chega para dizer a verdade em sentido absoluto, certamente quer que o outro a acolha, o que muitas vezes pode dar-se por atitudes violentas. Não havendo uma verdade dada uma vez por todas, então pode acontecer o diálogo e uma melhor escuta ao que Nietzsche profetiza: de tudo se deve estar seguro, menos das verdades mais enraizadas em si mesmas. Ainda mais hoje, no diálogo inter-religioso, para nomear um complexo cenário, deve-se aumentar a capacidade de escutar as diferenças e por isso o futuro do cristianismo, e também da Igreja, é converter-se em uma religião de caridade cada vez mais purificada. Existe um cântico de Igreja que diz: onde há caridade e amor, aí está Deus, ou o próprio dizer de Jesus: quando dois ou três estiverem reunidos em meu nome, aí eu estarei.

Este é o projeto do *pensamento enfraquecido* que não se restringe a uma pregação sobre a tolerância e sim como projeto de futuro como progressiva eliminação dos muros de Berlim, das leis naturais que são pregadas contra a liberdade dos indivíduos, do muro imposto pelas leis do mercado, pelo controle da mídia ou pelo fundamentalismo religioso. Crê, portanto, na possibilidade de um verdadeiro ecumenismo e de um enfraquecimento dos dogmas, em nome da caridade. Citando o exemplo da Europa, o filósofo expressa que em suas raízes plurais, sua diversidade linguística, o cristianismo somente pode ser uma ponte de identidade para a mesma se ao mesmo tempo for elemento de desidentificação revelando sua vocação pós-moderna, ou seja, sua unidade na diversidade. E pergunta-se: "As guerras religiosas que devastaram a Europa dos primeiros séculos da modernidade são em verdade um fato do passado?" (VATTIMO, 2010a, p. 232).

Com o crescimento do islamismo na Itália, Vattimo não imagina que para haver unidade, diálogo, deva haver também mudança de religião. Com isso não se diz contrário à importância do cristianismo para a unidade da Europa, no entanto reconhece que tal unidade deve ser levada a termo pela sua vocação de religião da caridade e da liberdade. Argumenta que se deve chamar a Deus de Pai segundo uma tradição, porém, para isso, seria ainda justo violar as posturas feministas? O que seria mais importante: fazer guerra com discussões divergentes sobre o deus trinitário ou conservar a caridade como proveniente de tal convicção?

Assim sendo, o autor propõe que "a revelação judeu-cristã consiste no anúncio de que Deus não é violência, senão amor; este é um anúncio escandaloso, tanto que por isso se dá morte a Cristo; e é um anúncio tão fora das possibilidades de conhecimentos humanos, que somente podia vir de um Deus encarnado" (VATTIMO, 2010a, p. 241). Então, sua vocação pode auxiliar a Europa, no caso, somente como comunidade da hospitalidade e da dissolução sempre maior da violência do sagrado que é o centro da vida e pregação de Cristo, sendo esse um projeto não religioso do cristianismo *caritas*.

A proposta vattimiana do cristianismo não religioso estaria assumindo como plausíveis todas as formas de manifestações religiosas de traços cristãos ou não cristãos na pós-modernidade? Para responder a tal pergunta o critério passa pela compreensão do não religioso entendido como a negação dos vestígios de dominação, de violência, de massificação e de alienação do humano a que toda feição do sagrado religioso, em sua forma natural, pode acorrer. Natural, para Vattimo, é o religioso como ligação do humano a uma verdade absoluta que impõem normas, limites absolutos, não permitindo ao ente *Dasein* exercer sua força de criação subjetiva. Então, se o cristianismo insere na história o princípio da *caritas,* é ele que norteia a avaliação do que seja ou não plausível. Nesse sentido, não seria apressado dizer que muitas manifestações cristãs atuais, por esse aspecto, não são verdadeiramente cristãs porque são experiências profundamente de domínio, chegando ao nível da exploração e massificação das pessoas.

As implicações práticas do cristianismo não religioso, como o próprio Vattimo entende, possuem bifurcações variadas e sujeitas a objeções. Por isso, faz-se necessário trabalhar, de maneira atenta, a possibilidade de uma proposta ética, levando em consideração que tal visão possui suas contribuições, todavia não pode ser considerada como visão única. Por exemplo, diante das críticas em relação à rigidez da Igreja Católica, é importante lançar a pergunta se de fato a fé explicitada e transmitida pela comunidade é assim tão impositiva, aniquiladora do sujeito. Para não cair na armadilha de uma visão unilateral é necessário reconhecer também as contribuições que a Instituição fornece para o anúncio inclusive da *caritas.* Sem tal empenho no anúncio, na defesa de suas convicções, seria possível falar ainda de amor fraterno? Ou ainda: espera-se mudanças na Igreja simplesmente para satisfazer cenários culturais fechados em si mesmo ou para que a construção do bem comum, da dignidade da criação, da vivência altruísta do amor seja ainda mais forte?

5 ÉTICA DA INTERPRETAÇÃO E PROJETUALIDADE PRÁTICO- -EXISTENCIAL DA *CARITAS*

Já caminhando para as partes finais da obra, o leitor que teve a paciência de percorrer o caminho que partiu do contexto do niilismo, chegou ao cristianismo não religioso, verá as consquências práticas do percurso feito. Os dois capítulos conclusivos tratam especificamente da bifurcação ética do *pensamento enfraquecido*. A tarefa não será pensar numa fundamentação ampla sobre valores, costumes, no entanto mostrar o porquê de se considerar a interpretação como instância ética. Qual seria o terreno comum a partir do qual, num contexto no qual impera, cada vez mais, a polissemia das manifestações culturais, para continuar pensando a ética? Ao longo das reflexões seguintes, a finitude será colhida como morada coletiva humana na qual o evento do ser chega como interpelação amorosa.

O que é ético na interpretação?

A hermenêutica como nova linguagem da razão na pós-modernidade não pode se afirmar como outra forma metafísica e nem tampouco como simples apologia da multiplicidade, caso queira manter-se no caminho de escuta do ser em sua eventualidade kenótica. Ao conceber o ser como evento, ela deve entender-se a si mesma também como constituída de história e encarnação. Se uma ética da hermenêutica é necessária, é somente no sentido de uma ontologia da atualidade, no acontecimento de uma história que possui densidade salvífica, já que o próprio ser nela acontece pelas vias relacionais da *caritas*. Nesse sentido, o final da história é compreendido apenas como final do historialismo, o que favorece, ao mesmo tempo, viver o cotidiano como dádiva sempre nova do próprio ser que nele se manifesta em sua historicidade. Assim sendo, a tese de Vattimo não coincide apenas com o fim das metanarrativas, como propõe Lyotard, nem com a comunidade ilimitada da comunicação, buscando uma subjetividade emancipada, como sugere Habermas, nem com um simples consenso pragmático, nos dizeres de Rorty[1].

A visão de Vattimo guia-se pelas noções de Heidegger e Nietzsche, que apontam para o *An-denken*, a rememoração, e *Verwindung*, o enfraquecimento metafísico, assumindo a finitude como ferida inquieta da razão, convocada à sua travessia também kenótica, no final da era luminosa. Por isso, Vattimo não acredita em nenhuma retomada racional forte que se fundamente ainda nas certezas absolutas como emancipação de alguma postura. Mantém-se, porém, otimista com a razão sugerindo que "a racionalidade deve, em seu próprio interior, despotenciar-se, ceder terreno, não ter temor de recuar em direção a suposta zona de sombra, não permanecer paralisada pela perda de referência luminosa, única e estável, cartesiana" (VATTIMO, 1983, p. 10).

Falar de ética no pensamento vattimiano é possível superando a noção de imperativo categórico e dos conjuntos de princípios universais naturais. O eixo de sua reflexão passa pela *caritas* como elemento que não se seculariza porque ela mesma é o princípio de secularização. De modo que o grau mais ético de seu pensamento é sair de um conceito puramente racional de *caritas* e concebê-la como acontecimento, na força mesma do cotidiano como envio, enfraquecimento do próprio ser com suas mensagens diversas. Tudo isso parte do cristianismo não religioso como secularizante em sua mensagem principal de que Deus encarnou-se na história, enfraquecendo toda forma natural absoluta de verdade que, na metafísica, culminou com a noção de Deus fundamento.

Com isso, a ontologia niilista hermenêutica tem uma profunda vocação ética, sobretudo ao combater a forte tendência à violência

---

[1] Em sua obra **Ética de la interpretación** Vattimo traça de maneira clara o que seria pensar a ética levando a sério a hermenêutica, a secularização, a subjetividade, a comunicação e a comunidade. Nesse sentido, o próprio autor trata de mostrar que seu pensamento não coincide totalmente com as propostas de Rorty, Habermas, Apel, que segundo ele ainda guardam uma tendência à metafísica, pela promoção dos fragmentos.

que emerge do pensamento absoluto. De modo que "a hermenêutica que nasce da polêmica antimetafísica de Heidegger, permanece até hoje um pensamento motivado preponderantemente por razões éticas". (VATTIMO, 1999 b, p. 51). Sobre o nexo entre verdade metafísica e violência, Vattimo esclarece:

> não é porque o universal conduza necessariamente à violação dos direitos do individuo que a metafísica deve ser superada. Aliás, sobre este ponto os metafísicos fazem bem, ao dizer que os mesmos direitos dos indivíduos foram frequentemente reivindicados exatamente em nome de razões metafísicas – por exemplo, nas doutrinas do direito natural. Ao contrário, é enquanto pensamento da presença peremptória do ser – como fundamento último diante do qual é possível apenas calar-se e, talvez, sentir admiração – que a metafísica configura-se como pensamento violento: o fundamento, que se dá na evidência, incontroversa e que não deixa mais espaço para perguntas posteriores, é como uma autoridade que cala e impõe sem dar explicações (VATTIMO, 1999 b, p. 52).

A hermenêutica niilista, por isso, está longe de ser um campo sem ética. No entanto, de qual ética se trata? De acordo com Vattimo, fala-se de uma ética da comunicação tendo como expoentes Habermas e Apel e a promoção de uma comunicação não opaca, sem as barreiras ideológicas, sem estruturas de domínio. Haveria, no entanto, possibilidade deste ideal de uma transparência comunicativa sem destruir a hermenêutica que supõe que toda experiência da verdade tem uma base interpretativa, portanto limitada? Outra frente de reivindicação ética vem da produção de Rorty, segundo Vattimo, que resume as redescrições do mundo, de si mesmo como abordagem pragmática e hermenêutica. De modo que:

> em medida diversa, parece valer para Rorty e Foucault, como antes para Nietzsche, o princípio de que, se existe um dever que, na idade do niilismo, podemos ainda assumir como obrigatório, não é o de respeitar as tábuas de valores existentes, mas sim o de inventar novas tábuas de valores, novos estilos de vida, novos sistemas de metáforas para falar do mundo e da própria experiência (VATTIMO, 1999b, p. 56).

Tudo isso parece, na crítica vattimiana, ainda conceber a concretude subjetiva como "marco zero", isolado de uma herança precedente e como se as redescrições estivessem fadadas a perecerem sem nenhuma continuidade, identificando-se com o novo fechado em si mesmo, o genial. Para Vattimo a única ética que permanece coerente com a hermenêutica antimetafísica estaria mais próxima de Gadamer, ao se basear no diálogo, salvaguardando a continuidade, descontínua ao mesmo tempo, porque a interpretação é circular.

Qual seria, pois, a diferença do crescimento da vocação niilista da hermenêutica naquilo que ela trata da ética sem outra vez cair nas neuróticas procuras pelos fundamentos ou sem a pretensão de um sujeito desenraizado e dono também absoluto de sua história? Segundo Vattimo,

> o pensamento que não concebe mais como reconhecimento e aceitação de um fundamento objetivo peremptório desenvolverá um novo senso de responsabilidade, como disponibilidade e capacidade, no sentido literal, de responder aos outros de quem, enquanto não fundado sobre a eterna estrutura do ser, sabe-se proveniente (VATTIMO, 1999b, p. 62).

Mais do que um fundamento, pode-se descobrir uma palavra da tradição responsável por todo esse movimento ao qual a filosofia deveria dar mais atenção. Não se trata de um ornamento retórico, no entanto a hermenêutica deverá levar a sério, como herança, a tradição ocidental da qual é filha, sobretudo o princípio de caridade. Desse modo, a relação do moderno com o pós-moderno esclarece-se pela concepção heideggeriana que em Vattimo ganha a seguinte forma: "pós-moderno, podemos traduzir, é o que mantém com o moderno um vínculo *Verwindend*: o que aceita e repreende, levando em si mesmo suas pegadas, como em uma enfermidade da qual se segue estando convalescente, e na qual se continua, mas distorcendo-a" (VATTIMO, 1991, p. 24). *Andenken*, por isso mesmo, é *Verwindung*, fazer memória sem a pretensão metafísica do absoluto. Seria, usando metáfora de Nietzsche, um tipo de festa da memória. Trata-se, também, de uma atitude de *pietas*,

> no sentido moderno de piedade como atenção devota rumo ao que, tendo somente um valor limitado, merece ser atendido, precisamente em virtude de que tal valor, ainda que limitado, é contudo, o único que conhecemos: piedade é o amor que se professa ao vivente e às suas pegadas, aquelas que vai deixando e aquelas outras que leva consigo enquanto recebidas do passado (VATTIMO, 1991, p. 26).

Seria algo semelhante ao que Nietzsche denomina de filosofia da manhã, uma espécie de herança interpretada, acolhida com reverência, como *pietas*, como algo importante porque são monumentos construídos pelos viventes. Sendo assim, "a *pietas* não se oferece com a pregnância dos metarrelatos, pois não invoca, para corroborar-se, nenhuma estrutura metafísica; senão que, justamente ao contrário, dá-se como consequência de ter-se tomado da dissolução de toda metafísica da presença" (Vattimo, 1991, p. 32). Ao invés, portanto, de apegar-se à pujança das estruturas estáveis, a *pietas* se liberta para acolher o ser em seu acontecimento também inevitavelmente como mortalidade. É somente nesse sentido que parece viável um projeto ético no *pensamento enfraquecido* de Gianni Vattimo, levando em conta que seu pano de fundo essencial é o dissolver constante da herança cristã como gramática da *caritas*.

Nos horizontes da práxis de uma racionalidade finita e hermenêutica, o que realmente lhe chega como dever? Vattimo reconhece que tal discurso quase não se encontra mais em filosofia e que a justificativa mais plausível é devido à descrença na possibilidade de correspondência a princípios fundamentais, de modo que sua crise está ligada à falta de credibilidade em relação aos valores de validade universal. O encontro do ocidente com as outras culturas, a crítica marxista à ideologia, a descoberta do inconsciente freudiano, a desmistificação nietzscheana da moral, apesar de serem questões nascidas do campo teórico, passaram a influenciar profundamente opções sociais, de modo que,

> se a filosofia ainda pode falar de forma racional sobre ética, ou seja, de modo responsável diante das únicas referências que pode permitir-se – a ética, a herança, a procedência – é somente assumindo como ponto de partida explícito, e não como fundamento, a condição de não fundacionalidade na qual está lançada hoje (VATTIMO, 2010a, p. 252).

É possível, com isso, desenvolver ainda um discurso ético, com máximas de ação, recomendações comportamentais, hierarquias de valores baseadas na procedência ou na época da dissolução dos valores absolutos? Segundo Vattimo, a metafísica não deixa o ser humano de todo órfão. Ela também traz elementos plausíveis de reconstrução como revela o niilismo ativo de Nietzsche. Então, um primeiro passo seria a retomada ao que Vattimo chama de diferença entre ética pós-metafísica e relativismo, que ecoa como convite: "se concordas com que a referência para a ética é a procedência, convido-lhe a que não feches os olhos frente aos múltiplos componentes dessa procedência" (VATTIMO, 2010a, p. 257). O que não significa também ter pretensão de dar conta de tudo. Aceitando o passo atrás, sem cair na opção pela metafísica invertida e convertida em relativismo, ou no endurecimento da finitude simplesmente como instauradora de um silêncio mortífero, tomando distância em relação ao que toda ultimidade apresenta, a razão enfraquecida descobre que ético é sua condição relativa ao mundo onde habita e, ao mesmo tempo, a clareira que se abre com a projetualidade relacional, que não lhe deixa fechada igual mônada solipsista.

Vattimo acredita que somente levando em conta essa teia de conceitos é que a filosofia responsável pode falar de ética. Esclarece que sua proposta é a de uma ética da finitude que não é um salto ao infinito finito, nem eleição absoluta das propostas concretas vigentes. "Uma ética da finitude é a que tenta manter-se fiel ao descobrimento da situação sempre insuperavelmente finita da própria procedência, sem esquecer as implicações pluralistas do descobrimento" (VATTIMO, 2010a, p. 263). Todo esse processo pode ter também o nome de alteridade e a escuta do outro não pode ser, por sua vez, uma tarefa de poucos iniciados, no entanto, quem sabe, a elevação, em dignidade, da própria vocação de todo homem. A ética da proveniência é o resgate que a razão faz dos conteúdos herdados e o reconhecimento de sua abertura projetual capaz de acolher mensagens e construir outras, a partir de um núcleo que a movimenta nas clareiras do próprio ser. Se existe algo de absoluto no ser da *caritas*, é que sem alteridade não existe possibilidade de um caminho ético. Alteridade entendida tanto no sentido horizontal, entre irmãos, quanto na busca em preservar a diferença entre ser e ente.

O sentido mais convencido da ética da finitude é a escuta do outro, o acolhimento da verdade como proveniência, o combate de toda forma de imposição violenta seja ela política, social ou religiosa. Respeito pelo outro significa reconhecer a finitude que caracteriza a todos e a impossibilidade de superação total da opacidade constitutiva do ser humano. Qualquer outra argumentação pode levar ao desfecho da violência, por isso a ética da finitude não pretende ser somente um discurso exortativo, todavia e, sobretudo, pretende ser forma projetual e comprometida. Diante de um quadro ameaçador, como o das guerras e das tendências fundamentalistas americanas contra as mulçumanas, ou vice e versa, a filosofia teria ainda alguma pretensão de promover certa emancipação? Vattimo cita a afirmação de Heidegger segundo a qual a ciência não pensa o que é próprio do pensar porque está organizada a partir dos princípios de uma verdade que deve ser manipulada pelo cálculo e, portanto, não se dispõe a escutar o que está para além das descobertas empíricas. As questões kantianas: o que posso saber, o que devo fazer, o que posso esperar? não podem remeter imediatamente o filósofo a um discurso objetivo e sim exercitá-lo em sua capacidade de escuta do ser.

Então, nesse sentido, o que significa pensar? Para Vattimo, segundo Heidegger, o pensamento é pensamento do ser, no sentido genitivo. Com a Carta sobre o humanismo de 1946, resposta ao existencialismo de Sartre, acontece o que se chama de *Kehre*. É durante os anos 30 quando formaram-se os grandes blocos da Alemanha nazista, da Rússia comunista, dos Estados Unidos e todos seus aliados, que Heidegger percebeu, segundo Vattimo, os limites existencialistas e humanistas da noção de *Dasein*, elaborada em **Ser e Tempo**. Percebeu que a questão de inautenticidade e autenticidade não depende de uma postura individual do sujeito, senão de uma realidade histórico destinal. Todo conhecimento, inclusive o científico, emerge numa abertura que, ao conhecer os entes, aponta para o próprio ser. "Portanto, o ser que nos abre à possibilidade de toda experiência do mundo e de nós mesmos, não é uma estrutura estável, como o ser parmenídeo ou incluso o ser imutável das ideias platônicas e das essências de Aristóteles" (VATTIMO, 2010a, p. 286). Nesse sentido Heidegger aponta para a possibilidade da alienação do *ser* numa tendência a colher no cotidiano somente os entes como neutros e simplesmente verdadeiros. De alguma forma tudo isso também está em consonância com Nietzsche e Marx porque nesses autores o esquecimento do ser em favor dos entes depende das condições de domínio. Pelo menos no caso de Marx, o proletariado ao possuir a verdade também entraria metafisicamente numa condição de domínio, caso conseguisse seus direitos.

Por isso, volta-se à pergunta: "o que significa para a filosofia contribuir em transformar o mundo em um sentido desejável, racionalmente preferível às condições efetivas, às que já sempre se está lançado?" (VATTIMO, 2010a, p. 292). Significa assumir a mortalidade, um compromisso concreto para com a comunidade a qual se pertence. E se tal engajamento não pretende tão logo cair nas artimanhas das opções erradas, deve assumir a responsabilidade do projeto. "E esse projeto será tanto mais autêntico, quanto menos pretenda realizar de uma vez por todas a verdade, negando seus objetivos de base" (VATTIMO, 2010a, p. 296), evitando assim a violência que promove toda dominação que se serve de princípios como verdade, dado, ordem.

É a partir dessa tomada de posição que Vattimo interpreta a escolha de Heidegger pela parte maldita da história que foi o nazismo. Escolha sobre a qual nunca se pronunciou, optando pelo silêncio de continuar pensando como o ser se dá em cada época, ou seja, "sabemos que somos historicamente finitos e, por outro lado, também em política sempre somos lançados ao perigo de eleições parciais que somente corrigimos ao aceitar a negociação com outros, indivíduos ou grupos, tão finitos e parciais como nós." (VATTIMO, 2010a, p. 302). Guardando para si essa vocação de pensar o ser porque já está motivada por ele, a filosofia pode contribuir não somente para uma contemplação de uma ideia abstrata, metafísica, mas para o aprofundamento e engajamento de uma transformação do mundo ao garantir que nenhuma forma de organização social pode considerar-se como definitiva.

É necessário, por isso, inverter o platonismo, a busca pela verdade constituída universalmente numa ideia absoluta à qual se tem acesso. Necessidade que se justifica a partir dos inúmeros colonialismos de ontem e de hoje. Tal inversão deve começar por uma postura dialogal, mas também compreendendo diálogo de outra forma que não aquela de propiciar o encontro com a verdade total. Sua validade acontece porque diminui as fronteiras da violência e possibilita alguns consensos, também limitados. Diálogo que supõe conflitos sem permitir a violência. Esta tendência deve indicar uma práxis da *verwindung*, da convalescência, na atualidade do mundo. Tal postura não pode resumir-se numa construção apenas textual ou num tipo de anarquia epistemológica. Um filósofo deve ser aquele disposto a estar em contato com a factualidade da atual sociedade sendo um resistente prático de toda forma de domínio global.

A facticidade se dá com a noção de ser como evento. "Isto é o que Heidegger expressa com o termo *Ge-Schick*: o ser não é *Grund*, princípio ou arché, fundamento, senão *Ge-Schick*, envio, transmissão, mensagem" (VATTIMO, 1991, p. 42). Noção que seculariza a filosofia, fazendo-a perder sua instância de busca fixa da verdade, passando a ter o horizonte interpretativo como sua instância ética. Pensar na secularização da filosofia é pensar no que significa o próprio pensar sem a busca de fundamentos. Com a queda do mundo verdadeiro, também caiu o mundo aparente e apenas o que permanece é a história das interpretações. O pensamento, segundo Nietzsche, é a festa das memórias; ou segundo Heidegger, *An--Denken*, rememoração.

Se o que se busca não é mais o fundamento, o pensamento ganha asas de liberdade para mover-se no horizonte da *Sage*, da fábula, da memória. Rememorar é a grande morada que pode acolher o ser como evento e como envio. Por isso, a secularização da filosofia provoca uma partida constante das instâncias fixas do ser para o acontecimento, gerando uma ontologia do cotidiano. Sem se desligar totalmente do passado, interpretando-o, despede-se de qualquer pretensão de ter em mãos a totalidade do ser. De uma busca da unidade, a filosofia secularizada permanece sempre oscilante na colheita do ser como envio.

Por quais razões verifica-se que a hermenêutica é a nova *koiné*? Uma das justificativas seria que ela dá razões a uma tendência historicista muito mais que historialista, valorizando a concreta experiência de cada cultura. O próprio método estruturalista, com a pretensão de captar tal experiência, ao suspender o sujeito, começou a se importar apenas com o fato em si, motivo que provocou a revanche do próprio sujeito. Entretanto, de fato, porque responde melhor a hermenêutica do que o estruturalismo, por exemplo? Porque a interpretação não é nenhuma descrição por parte de um observador neutro e sim um evento dialógico, como explica a passagem que segue:

> enquanto o pensamento estrutural tinha por *telos* a clarificação e a tomada de posição, por parte da consciência observante, de ordens articuladas de acordo com regras, o pensamento hermenêutico coloca o acento na pertença de observador e observado a um horizonte comum, e à verdade como evento que, no diálogo entre os dois interlocutores, põe em obra e modifica, por sua vez, tal horizonte (VATTIMO, 1991, p. 62).

Cai, portanto, a pretensão da dialética de tradição hegeliana, da superação de fases, que pretendia alcançar a compreensão completa, dando lugar ao nascimento da consciência do sujeito de que ao entrar no jogo da existência, também ele mesmo é jogado. A hermenêutica não pode, com isso, ser uma teoria abstrata, metafísica do diálogo, entretanto deve comprometer-se com os conteúdos concretos da tradição e se compreende, assim, como não transcendental porque está alicerçada na convicção de que o que ela pode possuir do ser é sua história, seu evento encarnado. Por isso, coloca-se como lugar da escuta operante não contemplativa e sim como capaz de operar escolhas, construir critérios diante daquilo que é mensagem herdada das aventuras do ser na história.

Superar a postura abstrata da metafísica significa somente ir além de uma colheita total do ser em sua forma conclusa, trazendo para a história a tarefa de continuar escutando seus movimentos, seu enfraquecimento, sua entrega, sua afirmação nunca acabada.

Pietas: Reverência diante do Ser como Monumento

Ao lado da *kênosis*, a *caritas* é o elemento essencial do cristianismo, o eixo do qual parte a hermenêutica niilista de Gianni Vattimo. Seria a *caritas*, então, um substituto do fundamento da metafísica? Para Vattimo ela deve nortear toda a reflexão sobre a questão ética não como discurso que se baseia na exagerada preocupação pelo fundamento. Não há como estabelecer princípio universal, o que leva a afastar-se do que se entende por ética na linguagem comum, porque:

> acredita-se que há uma estrutura do ser, que ao tornar-se conhecida pela iluminação da fé e pela razão, transforma-se no fundamento para o ensino moral e dogmático da igreja, legitimado pela pretensa natureza eterna e imutável desta estrutura. Por este motivo, para Vattimo, é preciso fugir desta concepção tradicional de ética. Não se pode estabelecer princípios sem novamente se voltar a trilhar a densa floresta metafísica (PIRES, 2007, p. 232).

Tal afirmação não significaria relativismo? De alguma forma Vattimo vê no relativismo também uma metafísica negativa. O que resta, pois, é estabelecer uma ética da finitude, interpretando que a *caritas* ultrapassa o campo de uma ideia fixa ao guarda os limites do ente na sua necessária relação com o ser. Mas o que seria esta ética? A ética do *pensamento enfraquecido* afirma a diversidade do habitar a verdade que mostra a possibilidade de o sujeito dialogar, permanecendo sempre na escuta do outro, do ser, de Deus, por isso ela não tem a pretensão de fundar nada a não ser garantir a pluralidade e a provisoriedade da condição humana. Procura ser fiel ao movimento da secularização dando à verdade o sentido de abertura, de construção, e não de conceitos pré-determinados.

Em suma, significa dizer que cada sujeito é localizado no interior de uma tradição que ao se tornar presente revela suas multiformes possibilidades. Se há abertura de horizontes, há o caráter hermenêutico, não prevalecendo uma postura neurótica em corresponder ao absoluto, optando pelo diálogo. Entretanto, o diálogo carece também de um mediador. Outra vez retorna a sombra do fundamento, impasse superável somente tendo como critério, deixado pela herança cristã, a *caritas* e seu longo declinar da violência, como despertar da inquieta tarefa interpretativa. Ao responder o que seja essa *caritas*, Vattimo não faz nenhuma explicação do seu sentido último talvez para que se evite cair na metafísica. Para ele caridade guarda certa dicotomia: é o fundamento, todavia hermenêutico e historicamente determinado, não possuindo peremptoriedade. Caso a caridade fosse uma verdade à qual se devesse apenas corresponder, ela mesma faria cessar toda a dinâmica factual de busca pela sua construção. Certamente é dessa noção de amor como movimento interminável que nasce a concepção vattimiana de infinitude niilista, que na sombra do nada faz emergir o fértil e dialógico entre ser e ente.

Em consequência, Vattimo parece optar, por isso mesmo, pela dimensão profundamente prática do cristianismo; ao mostrar sua preferência pela amizade à verdade, preocupa-se mais com o modo concreto de a *caritas* acontecer. A hermenêutica é também uma opção não pela verdade, no entanto pela amizade porque privilegia as interpretações e ao privilegiá-las, sugere um *modus vivendi*. O cristianismo, porta voz da *caritas* deveria, assim, permanecer como instância crítica de um dos problemas cruciais da modernidade: o apego à verdade do mundo das ideias. Ao conceber o ser como estrutura fixa, a metafísica arvorou-se em buscar sua compreensão; no entanto, tal noção de verdade caiu por terra ao notar que o ser enfraquece-se, sendo evento relacional, o que mostra sua fraqueza de ser desabsolutizado. Então, por que a ultimidade da *caritas* não é verdade última? Porque não aponta caminhos prontos, ou o que se deve fazer de uma vez por todas, escolhendo, isso sim, o dizer de santo Agostinho: "ama e faze o que quiseres". O amor tem em si mesmo um caráter niilista, pois o amor é abertura, por excelência, que corre o risco de percorrer um caminho cujo roteiro não é preestabelecido.

Em contrapartida, há críticas ao conceito de *caritas* em Vattimo, como a que segue: "o problema maior, entretanto, consiste na confiança que Vattimo deposita numa suposta bondade do ser humano, não estabelecendo, assim, sentido para a existência, concebendo positivamente a pluralidade que nos aproxima do caos e da irracionalidade". (PIRES, 2007, p. 240). Seria essa, então, uma postura por demais ingênua em relação aos humanos, ao acreditar na eficácia de sua bondade? Não convém afirmar que o autor entenda tal bondade como familiar ao ente, no entanto ela pode ser entendida como proveniente do ser mesmo que o interpela a viver a *caritas*, como ensina o drama kenótico do Filho de Deus. A *caritas*, de qualquer forma, não pode ser entendida como evento espontâneo porque a hermenêutica a considera também como projeto transformativo e disso Vattimo também apresenta suas razões.

Na obra **Existência e pessoa**, (1985), Luigi Pareyson, segundo Vattimo, mostrou a atualidade do existencialismo e do cristianismo, respaldado pelo regresso de uma camada de assuntos religiosos. Karl Löwith, por exemplo, teve essa convicção de que o cristianismo era questão central para a problemática filosófica. Tal elemento não se encontra sempre ligado às instâncias oficiais que o interpretam desde sempre. O problema é exatamente a secularização, que em Hegel acontece como forma de chegar a uma justificação iluminista do cristianismo. No pensamento absoluto, espírito racional, Deus é compreendido como fundamental. Os movimentos que seguem, depois, revelam uma recusa desse pensamento de Hegel e recusa por isso mesmo do cristianismo ou uma recusa de Hegel chegando ao cristianismo, por outras vias, como possibilidade.

Pareyson parte dessa segunda alternativa, colhendo da tradição de Kierkegaard que pensa que na experiência de relação com Deus, Ele não necessita mais de ser fundamento e sim dom, liberdade e abismo. Pode ser associado também ao último Schelling, filósofo do absoluto não absoluto. De modo que em vez de ser fundamento, torna-se dom inesgotável que habita o horizonte do homem em sua condição abissal. "Em suma, é porque o ser não é fundamento senão *Ab-grund*, que a verdade pode ter uma história e multíplices interpretações, nas quais não se expressa somente segundo graus diversos de exatidão, senão que se dá e acontece, instituindo-se cada vez mais como novidade" (VATTIMO, 1991, p. 84).

Se o ser não mais é compreendido como fundamento, como poderia continuar pensando nele e quais ganhos concebê-lo como abismo, liberdade? Segundo Vattimo, Derrida contesta Heidegger exatamente nesse ponto. Se não se pode lidar com o ser a partir de fundamento, para que continuar falando de ser e não somente de uma ontologia radicalmente historicizada? Vattimo mostra que no próprio movimento de historicização existe não somente o ente porque algo permanece como monumento não entificado, abertura de um caminho interpretativo que continua. Monumento é aquilo que quer durar mais além da contingência histórica, não como imposição, mas como mensagem constitutiva com a qual se entra em diálogo, por isso o dar-se do ser, o evento, possui a autonomia que reveste o monumento com possíveis mensagens novas. Para Vattimo, reduzir tal evento num processo de desmistificação absoluta é impossível porque ele mesmo não é totalmente mensurável.

No entanto, se o espírito hegeliano crente num absoluto auto-transparente não possui mais razão de ser, também não se corre o risco de atribuir ao ser certo antropomorfismo ao dizer que ele pode ser representado numa espécie de monumento? Para Vattimo, responder a tal questão é possível por meio de uma tradição hebraica e cristã que concebem à história o valor de um acontecimento e não como algo imóvel. Salva-se, portanto, a própria existência como lugar da criação, vital e dinâmica e não somente como plano especular do criador. Se de um lado, há tendências em retornar a algo essencial do ser, de outro, a secularização acaba por mostrar que o que dele pode-se compreender como essencial é seu vir a ser composto por historicidade e enfraquecimento; todavia permanecendo como massa granítica no dizer de Nietzsche, como evento heideggeriano que abre clareiras, sobretudo na essência da poesia, como obra do amor que não se esgota, nas considerações vattimianas.

Em consequência, "a hermenêutica, ao menos em suas versões mais classicamente reconhecidas, desde Martin Heidegger a Hans-George Gadamer, parece implicar, entre seus conteúdos mais característicos, a tendência a uma visão "monumental" da verdade" (VATTIMO, 1991, p. 165). O que significa e como a hermenêutica concebe tal verdade como monumento? Isto está referido à verdade como projeto e se manifesta na virada do pensamento heideggeriano que se dá, segundo Vattimo, em **Sobre o humanismo,** de 1946, para o qual o mundo não é espetáculo a ser compreendido objetivamente, senão como já sempre carregado de tonalidades afetivas. Por isso a verdade acontece na projetualidade, na escolha, na decisão, e não no encontro com a coisa objetiva. De outra forma, sendo possibilidade, o *Dasein* ao encontrar-se com sua possibilidade mais autêntica, que é a morte, sente-se interpelado a tomar suas construções, seus discursos diante de sua historicidade como tarefa salvífica, ainda que finita.

O projeto que o *Dasein* assume é a pertença a algo sempre dado, que o determina, assumido de forma inautêntica como prosseguimento de uma tradição e, ao mesmo tempo, autêntico em seu poder ser, tendo a chance de escutar o passado para além do que se foi e como um movimento que segue sendo. "Não se trata de uma diferenciação em termos de consciência mais ou menos aguda e apropriada do sujeito consciente da historia; mas da explícita assunção de uma finitude em relação com outra finitude (a transmitida como herança histórica)" (VATTIMO, 1991, p. 172). Então, em que sentido isso se trata de uma monumentalização da verdade? No sentido de que ao historicizar-se, o *Dasein* escolhe e transmite as possibilidades herdadas, findando-se e deixando seus traços, suas marcas, seus monumentos, vestígios ontológicos que faz do *An-denken*, da rememoração, a busca pela transmissão de algo que é próprio de todo e qualquer pensamento.

> É o passado, repetido como possibilidade (todavia) aberta o que se libera da opaca obviedade do cotidiano. Este passado agora aberto – como um texto clássico, uma obra de arte, ou um herói capaz de servir como modelo – é o que cabalmente se pode chamar de monumento (VATTIMO, 1992, p. 173).

O *Dasein* está sempre implicado, assim sendo, com um mundo de coisas para os quais a verdade se revela como projeto. Ao dialogar com essa serie de monumentos, dentro de linguagens, e com os outros, nasce a possibilidade não somente de se perder em meio aos objetos, mas de criar novas tradições, é o que ensina a hermenêutica. Consequentemente, existindo o *já* representado do ser, empenho de uma busca racional, na cadeia das construções do passado, ao que se nomeia de metafísica, no niilismo abre-se o *ainda não* de uma racionalidade que se descobre desfundada e pertencente apenas ao declínio do ser.

Trata-se de uma monumentalização hermenêutica da verdade, destruindo a pretensão de um *novo* moderno e colocando o *Dasein* diante de sua herança e de suas possibilidades sempre finitas. No diálogo, nascem mundos novos, também finitos, sem pretensões eternas, fundamentais. Desse modo, envio, repetição, são palavras importantes porque dizem de tal movimento. Assim, a ontologia hermenêutica mantém-se fiel a uma concepção não metafísica fundadora; não se apega ao novo, mas aceita o nascer de novas interpretações num contínuo diálogo que deve mudar a todos; o novo não é o prevalecer de uma ideia ou de outra e sim o horizonte comum da finitude. Dentro deste cenário nasce o tema, por exemplo, da utopia e a pergunta: é possível ainda uma visão antecipada de uma finalidade total a ser realizada? Ao que parece, os tempos atuais devem aprender que a construção de um futuro hermenêutico por um sujeito que sabe que o mais subjetivo que possui em si mesmo é a possibilidade da acolhida de si como morada do ser.

Da Crise do Sujeito Racional ao Sujeito Relacional

O conceito de sujeito racional, autotransparente não se sustenta diante dessas novas buscas hermenêuticas. A aventura moderna, desde Descartes, apostou na concepção do sujeito da consciência de seus atos. Depositou na consciência a ultimidade transparente, radicalizando a racionalidade. Segundo a perspectiva de Vattimo, a unidade subjetiva se transforma, na pós-modernidade, na multiplicidade das forças operantes no sujeito. O *além-do--homem* nietzschiano, por exemplo, é aquele capaz de viver num tempo de interpretação, sem fundamento, a não ser o que a todos pertence, a finitude. De modo que "o homem se define, não como uma substância determinada, senão como poder ser, como abertura à possibilidade" (PIRES, 2007, p. 106), possibilidades que se dão na rede de uma linguagem recebida como herança e que se torna projeto.

O *cogito ergo sum* cartesiano, então, só pode ser entendido dentro de uma tradição metafísica que agora sofre a inquieta provocação da concepção de que o sujeito não é uma unidade consciente, mas multiplicidade de forças, não havendo um fundamento eterno e estável depositado na sua interioridade solipsista. É dessa suspeita que emerge o *além-do-homem*, não como super-homem, conforme leituras distorcidas deste, e sim humano capaz de viver em seus limites, despido de onipotência. Para não regressar ao *ontos on* platônico é fundamental não pensar o sujeito como fortaleza bem implantada nos limites racionais; por isso, Heidegger é decisivo porque "em primeiro lugar, o ser humano é finito e, como tal, sujeito à historicidade. Em segundo lugar, o ser humano não é definido como composto de *res cogita* e *res extensa*, mas como existente, isto é, abertura, transcendência, possibilidades" (PIRES, 2007, p. 109).

Na radicalização da historicidade, qual seria a instância ética para além do sujeito? Para o *pensamento enfraquecido*, a proposta do novo homem, entendendo novo, não como substância, será uma espécie de agir mais adequado aos tempos pós-modernos. O elemento ético do sujeito atual é a consciência de não pertencer a uma época superior. Com isso, não carece também da pretensão de colonizar os semelhantes e nem de se eleger como herói da história, mas apenas saber conviver com a pluralidade, engajando-se nela na busca dos valores comuns. Ele é um sonhador que ao continuar sonhando, sabe que sonha. É homem capaz de viver as verdades sem acreditar que elas são as únicas possíveis, sem transformar suas narrativas em metanarrativas, cumprindo assim o destino do ser no ocidente: o enfraquecimento relacional que é a clareira por meio da qual ser e ente encontram-se. Sinteticamente, "o eu do *além-do-homem* se assemelha mais a um centro de hospitalidade e de escuta das múltiplas vozes vindas do passado ou do presente, sem a pretensa estabilidade metafísica" (PIRES, 2007, p. 118).

De alguma forma, há uma unidade entre Nietzsche e de Heidegger naquilo que tange a subjetividade, pelo menos é o que pensa Vattimo. Partindo de Nietzsche e de Heidegger, encontra-se na pós-modernidade um tempo de dissolução não somente da subjetividade, mas também do ser como estrutura estável. O que seria crise da subjetividade nesse nexo entre Nietzsche e Heidegger? Em Nietzsche seria o desmascaramento da superficialidade da consciência. Com a escolha socrática pela organização racional, por Apolo, Dionísio é deixado de lado com sua força vital. Em função de ideais consoladores são sublimadas forças, pulsões de vida e isso não fica parado no sujeito, chegando a questionar o próprio conceito de verdade na assertiva sobre a *morte de deus* formulada pela primeira vez em **A Gaia Ciência**.

Em **Humano, demasiado humano** Nietzsche destacou que a consciência é aquilo a que se chegou, pela linguagem, a alguma denominação na sociedade, ou seja, "como produtos da sociedade por meio dos condicionamentos impostos pela linguagem" (VATTIMO, 1991, p. 123). O que se aplica aos conceitos comuns aplica-se também à imagem de si mesmo. Em **Aurora,** chegou a dizer que todos vivem numa gama de opiniões impessoais. De modo que o sujeito autoconsciente está sempre envolto por uma rede de forças das quais ele mesmo não tem posse, numa tensão constante, numa luta entre o apolíneo e o dionisíaco. No entanto,

> a superficialidade da consciência, uma vez desmascarada, não abre a via de nenhuma outra fundamentação mais segura; a não ultimidade da consciência, por sua vez, significa o fim de toda ultimidade, a impossibilidade, a partir de agora, de nenhum fundamento, e, por outro lado, um reajuste geral da noção de verdade e da noção de ser (VATTIMO, 1991, p. 126).

A questão da consciência, por ser desmascarada não abre via para alguma noção mais completa. O sujeito não passa de uma interpretação do mundo e de si mesmo. Quando ainda, ao que parece nos escritos de Nietzsche, busca-se retornar uma noção metafísica de sujeito, percebe-se que também isso é interpretação. Heidegger reforça tal pensamento com o conceito de *Dasein*, um ser aí lançado na realidade e feito de projetualidade. O conceito *Dasein* destrói o principio de uma subjetividade autoconsciente porque define o homem não como substância determinada, no entanto, aponta para a pontencialidade, o poder ser como possibilidade aberta. A partir de **Ser e tempo**, o *Dasein* não é visto mais como autêntico ou inautêntico, mas como evento composto das duas categorias, que na antecipação da morte vê anunciada sua condição de finitude. A organização técnica é exemplo modelar do cumprimento metafísico porque, do seu auge, sujeito e objeto perdem a razão de ser como ideia clara e fundamental. Não é a ciência-técnica geradora de um cenário autoritário, desumanizante? Para além desta tendência, neste fio condutor, o homem, *Dasein*, pode recuperar seu ser projeto, porque ele mesmo, hermeneuticamente, não concebe a técnica como finalidade absoluta, senão como interpretação também cambiante.

A consciência da possibilidade de distorção do mundo técnico acontece no aparecimento da condição ontológica de ser-com-o-outro do *Dasein*, sendo que duas comunidades podem ser distinguidas, a baseada na instrumentalidade, na organização de trabalho e outra "a que se dá na amizade e no amor, fundando-se sobre os vínculos profundos e essenciais entre os indivíduos que, dentro dela, experimentam a fusão com outras almas como com partes de si mesmo" (VATTIMO, 1991, p. 145). Vattimo busca mostrar um modelo alternativo, a partir da hermenêutica, de comunidade, já que o *Dasein* não é pura autotransparência e sim opacidade histórica que se vela e desvela na comunhão com os outros. E, então, como se dá o ser com os outros? Não se dá num encontro de presenças separadas e determinadas, porque o *Dasein* sendo tempo e projetualidade não tem acesso ao outro como a um objeto do qual se pode possuir, mas somente enquanto também ele participa de um mesmo mundo, do qual são corresponsáveis.

Importante constatar que a hermenêutica segundo a tradição vattimiana não reconhece apenas o sujeito limitado, fadado a viver sua finitude sem critérios ou valores. Mostra que ele não vive sem verdades, sem escolhas, sem apostas, mesmo porque, se assim fosse, não estaria sendo levado a sério como projetualidade. Nessa direção é que a hermenêutica é considerada como filosofia de uma práxis profundamente ética porque na finitude do ente humano descobre a capacidade relacional onde habita sua particularidade mais profunda que é saber-se morada do ser encarnado, também relação. Então,

> na realidade, é muito plausível que a centralidade que a hermenêutica vem assumindo de modo cada vez mais marcado dentro do panorama filosófico atual dependa precisamente de que se trata de uma filosofia decisivamente orientada em sentido ético, por quanto faz valer a instância ética como elemento determinante de sua crítica à metafísica tradicional, e a sua última encarnação representada pelo cientificismo (VATTIMO, 1991, p. 207).

Ética que se distingue de moral enquanto quadro fixo de normas já preestabelecidas. Ético, no sentido de **Verdade e Método**, significa perder as seguranças de uma identidade fixa, apostando sempre na historicidade, dado que somente se alcançou com a consciência da multiplicidade das línguas, das comunidades históricas como respostas ao ser como envio. Nenhuma realidade histórica, portanto, pode se arvorar como ideal, mantendo somente o valor de seu horizonte comum. Exemplificando, Vattimo faz uma diferença entre ética da comunicação e ética da interpretação. Em Apel e Habermas, há ainda o transcendental, não levando a cabo a questão hermenêutica. Isso porque recuperam algo de metafísico ao pensar o sujeito como autoconsciência e também "porque o ideal normativo da comunicação ilimitada apoia sua categorialidade sobre a base de assumir uma estrutura essencial, que sendo diretora para toda experiência histórica, subtrai-se ela mesma, no entanto, ao devir" (VATTIMO, 1991, p. 211). Há uma essência interrogativa do eu que o liga a normatividade do coletivo, como sede da comunicação – universalização. Ao fazer isso Habermas pensa está tirando o sujeito do seu solipsismo com a intersubjetividade, mas acaba outra vez tornando-o objeto racional, esquecendo de seu pertencimento real a determinadas formas de compreensão do mundo. Se para Habermas o sujeito pode se tornar disponível às investigações científicas-positivas, para a hermenêutica, ele deve ser pensado somente como destino. Para Habermas as ciências humanas provam a essência intersubjetiva do eu, enquanto Vattimo afirma que tais ciências não podem conceber o ser humano como estrutura objetivamente dada e sim como caminho pelo qual o ser continua declinando-se.

Assim, a vocação ética da hermenêutica se dá em sua procura de fidelidade à historicidade, no final da metafísica, ou seja, como representante de uma tradição ocidental que abandona o sonho de uma sociedade ou de uma verdade absoluta e passa a encarar a existência humana em sua facticidade, levando a sério a comunidade da comunicação de massas. Também ela não deve se conceber como descobridora de uma estrutura fixa do *Dasein* que é a interpretação. De outro modo,

> não pode encontrar-se tão contente pensando tranquilamente em ter apresentado uma descrição que finalmente da conta adequada da existência: de sua constituição interpretativa; quando assim faz, a hermenêutica se reduz a uma mera e supérflua teoria metafísica, a mais banal e fútil de todas: a que se limita a dizer unicamente que não tem de fato uma estrutura estável do ser que possa refletir-se em proposições, senão somente os múltiplos horizontes, ou os vários universos culturais, dentro dos quais acontecem experiências de verdade como articulações e interpretações internas (VATTIMO, 1991, p. 216).

Propor, portanto, o diálogo como estrutura fundamental não seria também uma teoria que depois de o diálogo estabelecido deve reconhecer que não mais restará nada de si mesmo? A resposta a tal questão deve guiar-se por um caminho que não pretenda superar a modernidade ou a metafísica totalmente, entretanto realizá-la naquilo que ela mesma revela: o niilismo como horizonte dialogal aberto do ser com o ente. Ou seja, no mundo técnico-científico que passa do simples império mecânico ao império da tecnologia informática, como cenário que vem mudando a forma de existência do *Dasein*, na época da comunicação generalizada, o sujeito cada vez mais perde seu centro de autoconsciência e de unidade. De certa forma, a perda de uma unidade do real é elemento importante para a hermenêutica porque, em vez de buscar uma estrutura do sujeito como ser de comunicação, a hermenêutica propõe um caminho mais ligeiro, mais moderado, que é a comunicação como o próprio caminho de construções verdadeiras.

Em que sentido a hermenêutica ao sair da metafísica absoluta, torna possível, no mundo da racionalidade técnica e no cumprimento do niilismo, uma perspectiva ética? No sentido que, já que o mundo verdadeiro se tornou fábulas, em múltiplas imagens, sem unidade, sem eixo fundamental, instaurando o reino das verdades frágeis e diversas, tudo isso deve conduzir o *Dasein*, *além-do-homem*, à honesta busca da interpretação daquilo que o ser lhe envia como procedência, no empenho de uma resposta à sua própria história também como acontecimento que guarda o ser. Somente assim a filosofia não cairia outra vez na metafísica ou num mero relativismo cultural, segundo Vattimo,

> na medida em que a hermenêutica se reconhece como procedência e destino, como pensamento da época do final da metafísica e do niilismo, busca encontrar na negatividade, no dissolver-se como destino do ser – que não se dá como presença do arché senão como procedência –, um princípio orientador que o permite levar a termo sua própria vocação

ética originária sem necessidade nem de restaurar a metafísica nem de abandonar-se à futilidade de ser uma mera filosofia relativista da cultura (VATTIMO, 1991, p. 224).

Não sendo uma disciplina que, com métodos particulares busca um retorno à metafísica, nem uma filosofia relativista, a hermenêutica deve, portanto, não eleger as novas configurações do sujeito pós-moderno de forma absoluta. Quais seriam os elementos críticos que ela mesma reconheceria nessa nova era? Que o sujeito, na modernidade tenha tornado-se o grande maestro de sua história, essa parece ser uma conquista. A pós-modernidade passa a acenar para o fato de o mesmo sujeito ter se enveredado por uma via que o leva a transformar-se em produto de sua própria conquista. E, pelo menos na tradição hermenêutica de Gianni Vattimo, é possível questionar a transmutação da pessoa em um eu mínimo que não deve dar conta a ninguém, mas somente à lógica narcísica do desejo. Com isso a influência que o mercado possui sobre a globalização da vida é visível, sobretudo, numa economia capitalista. Mercado que aproxima nações e que, por outro lado, distancia grupos que vivem as aventuras do imprevisto, sempre à caça de satisfações imediatas. Ser apenas um fugaz aventureiro estaria de acordo com a proposta do homem moderado e plural do *pensamento enfraquecido*?

Uma resposta, se positiva, colocaria a hermenêutica numa postura ingênua, sem levar em conta que a lógica do consumo provoca uma profunda mudança no sujeito, por meio de uma cultura do desejo, alienando-o em sua pretensão de ilusória onipotência, como revela outros estudiosos da subjetividade em tempos atuais[2]. De modo que,

> o desejo quer desejos, o que significa eliminar todo limite a não ser aquele do consumo, e o mercado trabalha para selecionar e confirmar a bondade de consumir, porque nisso se mostra a liberdade indeterminada de poder escolher, ilusão esta que dá ao consumidor o poder de controlar o jogo (DOTOLO, 2007, p. 76).

---

[2] São pensados aqui Zigmunt Bauman, **Vida para o consumo**; Cristopher Lasch, *Culture of narcisism*; Slavj Zizek, *Vivere alla fine dei tempi*; Michel Maffesoli, **O instante eterno**: o retorno do trágico nas sociedades pós-modernas; Joel Birman, **Mal-estar na atualidade, a psicanálise e as novas formas de subjetivação**. Essas produções apresentam as aventuras subjetivas e sociais pós-modernas apontando para suas chances, entretanto não se esquivando de constatar riscos e alienações.

Juntamente com esse ponto, outra alerta, também emergente, é o da comunicação generalizada, provocadora quase que de uma esquizofrenia ao convidar o sujeito ao mergulho imediato no real, sem a distância necessária da própria intimidade, tornando-se um objeto também de consumo. Uma sociedade autotransparente que produz um sujeito da repetição e imitação de um mundo imaginário-imagem, no qual o virtual perde fronteiras em relação ao real, revelando a chegada de uma inteligência sem história, desfocada e sem interioridade, diluindo o sujeito em sua rede cibernética.

A vocação da hermenêutica filosófica do *pensamento enfraquecido* deve estar a serviço no avanço rumo a uma comunidade global democrática ou, do contrario, caminharia para uma comunidade de risco sem precedentes ao fechar-se em esquemas racionais totalitários como são algumas regras de mercado.

Proveniência e Transcendência: Ponto de Partida e Abertura Projetual

Ainda teria importância para a ética enfraquecida a pergunta: que coisa deve-se fazer? Tal questão enfrenta, sobretudo, o desafiante descrédito da validade de fundamentos universais. No entanto, na época da pluralidade, da pós-modernidade, uma filosofia que toma a sério a não fundamentação absoluta do pensamento parece ser mais próxima de tal época e redescobre sua vocação também ética. De que forma? Ao mergulhar em sua herança cultural a partir da qual necessita entrar num interminável exercício de interpretação, descobre que a proveniência cultural que lhe chega é justamente a dissolução dos princípios primeiros e a afirmação da pluralidade não unificada. Então, de que forma pode ser desenvolvido um discurso ético a partir da proveniência, que compreende a dissolução dos fundamentos? Esclarece-se que o ponto de partida é o niilismo, em sua vertente ativa, que diante da dissolução, do declínio, projeta-se à possibilidade de iniciar uma história diferente.

Com isso, o que se pode colher de uma ética da proveniência, no reconhecimento já interpretativo de uma tradição caracterizada pela dissolução dos princípios, é, primeiramente, dar um passo atrás e reconhecer que a desmistificação do mundo verdadeiro como fábula significa também que a fábula foi desmitificada. De modo que uma ética pós-metafísica torna-se diferente do relativismo como absolutização da historicidade simplesmente porque o niilismo supõe como ponto de partida não o relativismo, todavia a pertença das perspectivas diversas a realidades raciais, familiares, étnicas, moradas privilegiadas do ser entendido a partir da encarnação cristã; portanto, concordando com a ética da proveniência como referência, haverá sempre uma atenção especial aos componentes desta proveniência, aos quais se é interpelado a responder com empenho, levando-os a sério, porque são histórias dos entes ontologicamente dialogais.

O passo atrás que deve acontecer, visa não uma construção mais adequada e universal de valores. Tal passo, caso queira estar afinado com uma filosofia mais responsável, somente pode falar de ética sem a pretensão de encontrar um princípio válido para todos e qualquer situação. Trata-se, pois, de uma ética construída em torno à finitude. "Uma ética da finitude é aquela que procura permanecer fiel à descoberta da colocação sempre insuperavelmente finita da própria proveniência sem esquecer as implicações plurais desta descoberta" (VATTIMO, 2003a, p. 55). Qual ética, então, seria a da proveniência? Proveniência é o passado como alteridade, como estar dirigido a outros aos quais se tem responsabilidade, que sem uma constante escuta e diálogo fraterno, o humano estará fadado a perecer. De outra forma, "iludir-nos que haja um núcleo de conhecimento próprio do homem natural, que é acessível a todos pelo bom senso, é um erro que já não é quase possível cometer em boa fé". (VATTIMO, 2003a, p. 56).

Haveria algum critério para esse escutar e a partir dessa atitude escolher elementos da herança e abandonar outros? O princípio básico é a não violência, assim entendido:

> a escolha entre isto que vale e isto que não vale da herança cultural da qual proviemos será feita com base no critério da redução da violência e em nome de uma racionalidade tida como discurso-diálogo entre posição finita que reconhecemos como tal, e que por isso não têm a tentação de impor-se legitimamente (enquanto convalidada por um princípio primeiro) sobre aqueles outros (VATTIMO, 2003a, p. 57).

Escutar o outro, segundo Vattimo, não é porque ele possui um núcleo humano em geral, mas por sua particular finitude, respeitando, sobretudo, sua condição encarnada, característica comum que coloca todos na mesma e insuperável opacidade existencial. Tais premissas chegariam à conclusão de uma ética sem transcendência? Se por transcendência for entendida aquela pretensão de captar o ser em si mesmo, a resposta é afirmativa; entretanto, se transcendência compreender a história como lugar do rebaixamento do ser ao qual a condição enfraquecida do pensamento humano deve responder, então a resposta será negativa. Enquanto a ciência pensa baseada em leis e estruturas, mesmo que probalisticamente, mas bem duras e determinadas, a filosofia contemporânea, que em outras épocas se arvorava em possuir um saber humano total, hoje se sente encarregada e empenhada na historicidade. Vattimo afirma que é daqui que parte seu discurso sobre a relação entre ética e transcendência. Constata a passagem de uma ética do Outro com maiúscula, para uma ética dos outros com minúscula. E propõe a seguinte tese: que tal passagem é possível não como proposta universal, mas como um pensar, um refletir ético para o homem concreto pós-moderno que é o que se pode conhecer. Homem que conhece o fim do colonialismo, que está diante de outras culturas, e que não pretende colocar uma linha de evolução que desemboca na cultura ocidental como ideal.

Ética supõe já uma crítica da existência sem a qual ela não emergiria. Qual, pois, o reconhecimento da ética pós-metafísica de tal crítica? Ela será sempre uma ética do consenso ao invés de uma ética dos princípios imutáveis. O ideal de uma ética pós-metafísica não se reduz numa crítica ao naturalismo ou objetivismo, todavia busca propor valores situados e as razões pelas quais se escolhe esses e não outros. Essa tomada de consciência deve ser traduzida na vigilância necessária em relação ao que Heidegger propõe em **Ser e tempo**, ou seja, que a metafísica confunde o ser com o ente, que significa a identificação do ser como presença evidente, como objeto mensurável e manipulado pela ciência e pela técnica, sem verdade absoluta à qual desde sempre o *Dasein* deve responder.

Tudo isso auxilia no reconhecimento de algo profundamente positivo da moral que é exatamente sua não completude, sua tarefa constante de responder aos apelos concretos pela ação boa porque ela porta consigo mesma a negação da definitividade do dado. O que a eleva a uma instância importante de estar diante do outro não abstrato, mas concreto, como portador de uma mensagem que deve ser interpretada como participante do próprio horizonte salvífico. De alguma forma as encruzilhadas deste processo não deixam de existir diante da questão ética, sendo que a pergunta desconcertante esbarra no dado de o ser humano não se fundar, sentir que em si mesmo habita a incapacidade de ser o juiz de si e dos outros. Para os mais críticos,

> o que é certo é que a busca do tempo presente é atravessada pela conflitualidade interpretativa que se de um lado se sente atraída por uma ética minimalista, marcada pela convicção niilista de não pretender uma certeza irrevocável, do outro percebem a exigência de regulamentar a existência compreendida por processos multiculturais que parecem desencorajar a prática do pluralismo radical (DOTOLO, 2007, p. 93).

Move-se num terreno fluido no qual é fácil perder de vista a condição do exercício ético que é liberdade do bem como liberdade de construir o bem. A liberdade deve ser tomada como tarefa inacabada, com um empenho contínuo de vigilância e de crítica. Quais seriam os pontos fontais que podem alimentar tal empenho, embora aceitando a finitude e fragmentariedade de suas opções, é questão complexa e não tão simples de desembaraçar. O fato é que a liquidação da pretensão moderna de um quadro firme de valores, sobretudo com a concentração no eu, torna cada vez mais desafiante uma ética condivisa. De modo que ela,

> sem transcendência não só aparece infundada, porque favorece um espiralar-se da vida no equilíbrio do particular bem-estar, mas declara a sua fragilidade diante do deslocamento e enfraquecimento do conceito tradicional de subjetividade, intérprete daquela força utópica inscrita no ainda não da transformação da história que pertence já aos arquivos da ilusão (DOTOLO, 2007, p. 99).

A pós-modernidade, em seu processo secularizante, faz surgir um problema de faces diversas. Primeiro, a ilegitimidade de qualquer fundamento que pode agredir a consciência do indivíduo; segundo, a impraticabilidade de um consenso ético por conta do direito do sujeito de decidir, o que desemboca numa ética processual baseada na dimensão social da decisão e na infundação da religião como objeto de consenso social. No entanto, sem cair num abstrato objetivismo, permanece a necessária busca que evite o excesso narcísico e encontre também uma perspectiva sociocomunitária, sabendo-se que de fato não há crescimento humano sem partilha da própria identidade, sem um caminho que leve à justiça, à virtude, à responsabilidade.

É considerável, por exemplo, a busca de um prazer sempre mais prazeroso como pedra fundamental da ética contemporânea, que encontra na lógica do erotismo, o fluxo pós-moderno das relações consumistas. No interno de uma sociedade da experiência vivida, resta o resgate da alteridade, do outro e de seus direitos e responsabilidades apontando para uma dinâmica existencial que encontre uma saída que não seja a implosão do narcisismo excessivo, passando ao encontro da fraternidade, ou seja, a mudança de paradigma deve acontecer numa consciência relacional que é proposta pela hermenêutica da *caritas* e não no solipsismo das verdades absolutas, de maneira que é "a lição ética do princípio dialógico que encaminha o homem à descoberta da própria identidade, sobretudo porque o chama à resposta, da qual depende o sentido de sua vida" (DOTOLO, 2007, p. 116).

Das concepções que privilegiam o em si das verdades eternas, não relacionais, transformadas numa transcendência que opere um fascínio, mas apenas abstrato, não suportando as vicissitudes relativas do mundo pós-moderno, o mandamento do amor instaura o princípio relacional como vocação do ser humano finito, por isso, a *caritas*, "a alteridade, ao invés, desloca o baricentro ontológico, porque antes de ser um dado de consciência, é alguém que me olha, que atravessa os meus espaços existenciais, quase obrigando a parar-me" (DOTOLO, 2007, p. 117). Conclui-se que é impraticável a ideia do sujeito como medida de si mesmo sem o confronto com o outro e, quando ele mesmo se vê inserido nas sendas da proveniência, parece não haver obstáculo para a colheita do singular, do extraordinário, da possibilidade de uma resposta ao outro, ao cristianismo nas veredas da ética niilista vattimiana. Ainda que ela seja problemática na desprotegida e errante condição desfundada, partindo dos princípios da *kênosis* e da *caritas* pode muito mais escutar a fragilidade humana sem o engessamento da rigidez de verdades perfeitas que não salvam o cotidiano no qual mora o *Dasein*, guardião do ser.

Para conservar seu estatuto de pastor do ser, do ente humano encarnado em sua condição histórica e finita, deve reconhecer que, apesar de possuir a abertura para continuar transparecendo sua relação com o dom recebido, numa relação de cura, ele também sabe que o tempo pós-moderno traz ilimitadas chances de aniquilamento violento daquilo que chega como herança, valores, algo que mereça seu respeito. Por exemplo, a banalização de si mesmo numa cultura do espetáculo e de massa, esvazia até mesmo o sentido da continuidade de uma existência sem projeto ou sem razão que justifique qualquer valor. Diante disso, resta ainda perguntar pela instância do amor que aponte para a oblação como graça e não somente como condição intrínseca ao humano. A abertura do amor oblativo não concentra em si a experiência mais radical do que deve ser considerado como *caritas*?

6 EVENTO CRISTÃO:
A RADICAL CONDIÇÃO
DO AMOR OBLATIVO

6. EVENTO CRISTÃO: A RADICAL CONDIÇÃO DO AMOR OBLATIVO

*U*m dos principais ensinamentos da hermenêutica niilista que pretende enfraquecer os conceitos absolutos de verdades metafísicas, pelo menos naquilo que a filosofia de Vattimo resgata na história do ocidente, é a conclusão de que a hermenêutica como interpretação do ser em sua enventualidade é filha do cristianismo. Afirmação respaldada pela herança do mandamento do amor como verdade que não se prende aos conceitos epistemológicos, todavia que pretende ser um caminho aberto ao ser humano como movimento relacional que promove a fraternidade. *Caritas* que se configura, primeiramente, na mensagem da *kênosis* divina realizada na pessoa de Jesus Cristo. Levada ao seu extremo no "amai vossos inimigos" ela se configura como instância que não se consome nessa ou naquela forma de viver, ao permanecer como interpelação, num engajamento constante. De modo que sua vocação é sempre mais o enfraquecimento da violência, englobando aquelas estruturas que a promovem. No entanto, resta perguntar se tal amor oblativo, recebido uma vez como dom, ao se tornar tarefa, encontraria força suficiente para ir adiante sem a presença de uma graça que não coincide totalmente com as próprias aspirações humanas?

Terminar a construção desse livro com tal pergunta mostra-se fundamental num tempo em que o fato religioso, muitas vezes, está associado a experiências estranhas aos valores como solidariedade, defesa da dignidade da vida, tão inerente à mensagem cristã. Em certo sentido, o retorno às plurais experiências religiosas, corroeu a racionalidade moderna que tinha decretado sua extinção ou, como intencionou Feuerbach, que o homem somente seria ele mesmo quando suplantasse a religião. Apesar de não ter desaparecido, o sagrado ressurge em ângulos diversos principalmente ao habitar uma ética do cuidado de si e do outro. Com isso o próprio cristianismo perdeu seu lugar absoluto de esfera dos valores e da verdade. Ainda que tal sagrado seja uma forma sem adesão ao institucional, a religião atual parece apontar para certa disposição a uma escuta, à busca do próprio sentido.

Desse modo, acontece uma inédita sensibilidade religiosa. Com o desencanto da razão moderna, de não ter sido capaz de autossustentar-se como forte e detentora do real, as grandes narrativas enfraqueceram, dando espaço aos fragmentos. É na fragmentação que o retorno do religioso enquanto explosão do mito, da estética, pode ir além do retorno ao imaginário da soberania de um Deus Todo-poderoso, dando vez e voz à busca de uma experiência do divino na carne humana. Se de um lado ressurge uma religião fragmentada como religião de mercado, de *menu*, segundo as necessidades de cada um; religião mais disponível e fluida à fruição estética e psicológica, como a *new age*, por exemplo, que tem a tarefa de religar uma situação de esvaziamento deixado pelo fim das grandes narrativas e dos grandes valores, sem a preocupação em criar espaço para a alteridade transcendente; de outro modo, também pode voltar a busca mais mística no sentido de um Deus da radicalidade oblativa.

> Sem entrar no mérito de que coisa significa isto e se tal situação comporta o retorno dos velhos deuses ou o advento de uma nova divindade, decisivo é colher o fato que a afirmação da morte de Deus não implica uma realidade e um mundo *tout court* desacralizado e esvaziado de toda nostalgia do absoluto (DOTOLO, 2007, p. 136).

Somando-se a isso, outra característica do ocidente é o encontro, a convivência com uma gama muito grande de culturas e religiões diversas, compondo uma multiculturalidade que exige do cristianismo uma reflexão bem árdua pelo menos em três direções. Primeiramente, ao entender Cristo como ponto de chegada das vias religiosas e a Igreja como sinal universal de salvação enquanto portadora da mensagem de Jesus, como garantir sua pretensão de universalidade, ainda que reconheça coisas boas e verdadeiras nas outras religiões, possuindo apenas sementes do verbo? Esse é um dos problemas que se instauram com a pretensão excludente de universalidade ou com o relativismo que proclama que toda religião é igualmente verdadeira e idêntica. Uma das respostas a tal desafio é buscar uma plataforma comum pela consciência de que toda religião é vivida a partir de uma tradição. "São descrições não do real em si mesmo, mas do real tal como é colhido por meio de um particular complexo de ideias, e práticas religiosas; em termos cristãos a nós familiares, não de Deus em si, mas de Deus *pro nobis*" (DOTOLO, 2007, p. 147).

Jesus Cristo: Singularidade Paradoxal

Em relação ao cristianismo, acontecem, segundo Dotolo, pelo menos duas posturas quando o tema é a universalidade salvífica de Cristo: a do exclusivismo de autores como Lubac, Daniélou, tendo as outras religiões como preparação evangélica, sendo as diferentes religiões portadoras do desejo inato do homem de encontrar-se com Deus, e o cristianismo o cumprimento de tal desejo. A outra via seria a de Ranher que se ancora no fato de que Jesus é o evento decisivo ainda que não seja professado explicitamente. As duas posturas são insuficientes para o pluralismo religioso que trata as religiões como dignas de igual validade. Uma saída, muito controversa, seria a do pluralismo teocêntrico, para o qual todas as religiões se revestem do mesmo valor salvífico. Todavia, o que essa perspectiva suprime, é a singularidade do evento Cristo. Particularidade que, pela revelação, mostra Deus operando na história de Jesus. Se assim não fosse, se o Filho não revelasse o Pai, Deus permaneceria uma coisa indistinta que se manifestaria hoje de um modo e amanhã de outro. Se Ele fosse apenas uma janela ao lado das outras, o homem novo restaria uma questão incerta. Aqui se coloca a pretensão da revelação como abertura de Deus já realizada no mistério pascal, e ainda a caminho.

> Nesta perspectiva, Cristo e o Espírito Santo estão em relação com a história universal da humanidade, ainda que com gradações diversas, o que está a indicar que a revelação cristã não somente é um evento que dá espaço ao outro e o põe em liberdade, mas é também aberta ao futuro como explicitação da sua realidade mais íntima. Isto significa que a universalidade da mensagem de Jesus Cristo chama as diferentes tradições religiosas, compreendido o cristianismo, a um lento processo de reformulação e reconfiguração da própria identidade, em um diálogo mútuo que não tende a eliminar, mas a indicar a meta da unidade complexiva mais rica, para além do próprio particularismo (DOTOLO, 2007, p. 154).

Tais questões apontam para a necessidade de reconhecer a hermenêutica não somente como filha do cristianismo, aceitando contribuições como as de Gianni Vattimo, entretanto buscar seu elemento constitutivo, o fato cristão, como dom fontal que permanece, instância inesgotável do mistério de Cristo que já se fez história e que permanece como horizonte de construção cotidiana da vivência da *caritas*, jamais compreendida totalmente. Colhendo a dádiva que nasce da convicção de não ser o fundamento de si mesmo, o *Dasein* mais ainda sente-se interpelado ao fortalecimento da fraternidade, sua única tarefa escatológica e transcendental. Tudo isso significa que o Deus de Jesus não serve simplesmente por ser uma verdade meta-histórica, porém sua novidade é fazer da história o lugar de construção da comunhão, tarefa que é sempre inacaba e projetual.

A validade universal cristã, deste modo, é a instauração do amor como instância que inaugura a dinâmica tensional de uma resposta fraterna ao mistério do ser, de Deus, que será tão mais validada quanto mais contribuir para o encontro com o eixo salvífico da *caritas*. Ao associar o dom kenótico de Jesus com o ser como evento, guarda-se a urgência de continuar a profecia de uma humanidade nova, germinada na oblatividade, exorcisando a primitiva e mais próxima de todos que é a agressividade tão afeita à violência e à construção de inimigos, inclusive religiosos. Se por um lado, a kênosis cristã destrói as pretensões de soberania por quem quer que seja, por outro, ela promove o crescimento do humano como um todo porque sua pregação mais genuína é o encontro não com uma ideia simplesmente, e, sim, com uma pessoa, Jesus Cristo, que revela como Deus é: amor relacional.

A Bíblia dá testemunho de uma novidade ao afirmar: "Nós sabemos que passamos da morte a vida, porque amamos os irmãos" (1 Jo 3,14). "Isto foi possível por força da descoberta da singularidade de Jesus que reside na forma única e impensável de ser-com os homens e as mulheres. Em outras palavras, no evento da *kênosis*, que marcou definitvamente o rosto da história" (DOTOLO, 2007, p. 184). Aceitando as consequências de que a encarnação de Deus na história a eleva como lugar salvífico e a interpela como movimento que deve acolher a *caritas* como projeto, pergunta-se: a *kênosis* sendo de fato a grande novidade do cristianismo, não choca-se com a ideia comum de Deus que muitas vezes aparece na busca pós-moderna dos alívios imediatos de problemas diversos? Por que o evento da *kênosis* conota a originalidade do *kerygma* cristão em relação à história da compreensão de Deus da parte do homem? Porque ela narra o ser mesmo de Deus na relação com Jesus Cristo e seu senhorio, indo além de um conhecimento teórico, do qual a autoconsciência da primeira comunidade já é testemunha, do excesso de sentido inerente à figura de Jesus. Ao livrar-se do risco gnóstico de desvinculação com a história, Deus, sendo homem, não revela um gesto tirano de ser de Deus, e sua novidade está na solidariedade de Jesus com a humanidade enfraquecida. Sendo fato que supera o perigo da desestoricização, a *kênosis* torna-se elemento de contradição porque passa da onipotência absoluta para o amor absoluto, provocando um choque para a concepção natural de Deus e a passagem para um encontro de liberdade de amor.

A categoria *kênosis* ultrapassa, por isso, a imagem comum de Deus que possui a psicologia humana, geralmente concebida como transcendência pura, totalmente outro, pai eterno, distante da história humana, abrindo a possibilidade de uma categoria que não pode ser construída por um caminho natural, a não ser pelo processo encarnado-revelado. Em que sentido o *pensamento enfraquecido* de Gianni Vattimo, ao escolher tal categoria, contribui, então, com a plausibilidade do cristianismo na pós-modernidade, sem eliminar dele a particularidade de ser a *kênosis* um dado de revelação? No sentido de ser um pensamento que pensa a diferença entre ser e ente, afirmando que na base de toda diferença colhe-se a consciência da historicidade. Ao fazer a experiência de si, do outro, de Deus, o *pensamento enfraquecido* deve reconhecer-se também como dom, o que quer dizer que jamais se chega a um conceito absoluto do real porque ele é herança de uma tradição-tradução de um mundo sempre visto a partir de uma série de fatores. A hermenêutica, portanto, não deixa de mergulhar no abismo que surge no pensamento que pensa o que é próprio do pensar, ou seja, o pensar como inserido sempre numa cultura e que nunca parte de um ponto zero, reconhecendo-se como pertença. Esse não partir de um marco zero abre uma clareira para a confissão, ou para a reverência ao dom que somente o divino pode fazer de si nas profundezas da *kênosis*.

Com isso, sacralidade e profanidade do mundo tornam-se a mesma coisa, como parece sugerir Vattimo? No interior da experiência cristã não é possível chegar a uma conclusão assim apressada porque o anúncio do Reino, proposto por Jesus, traz também rupturas instauradoras com realidades que carregam o peso do pecado, da injustiça, da violência. Irrompe-se, por isso, um dinamismo de conversão e o Deus que chama conta sempre com uma resposta livre, mostrando que a ruptura é sugestão de propostas que chegam no anúncio que tem sua manifestação plena no amor fraterno. Trata-se de um compromisso que vai além das medidas, convocando a liberdade humana limitada a sentir a dor do outro como sugere a parábola do bom samaritano (Lc 10, 25-37). Com isso, nota-se que não se trata, no fundo, de separação entre duas histórias, a sagrada e a profana, mas de uma tensão constante entre a santidade e o pecado, propondo a abertura ao amor-oblação, diante do fechamento aos excessos narcísicos. No sentido de que há uma história, no entanto na qual pode ser gerada a proposta do amor fraterno ou a violência. A novidade é, então, o combate ao egoísmo, a busca de encontrar-se com o outro numa atitude de compaixão. Resta saber se tal atitude pode ser sustentada apenas pelas forças que habitam o coração generoso do homem ou se ela é, de fato, fruto de uma graça divina maior que age em parceria nos limites da historicidade humana?

A paixão do próprio Deus, na *kênosis* de Jesus, ao ser eleita por Vattimo como movimento essencial do cristianismo, pode ser reconhecida como portadora de algo para além do amor humano. Do princípio interpretativo da *kênosis* deve brotar uma atenção ao cotidiano principalmente no que tange a busca de sentido entre a banalidade do mal e o desejo do bem. Jesus tinha vísceras de compaixão – s*planchnízomai* como diz Lc 15, 20, portanto, para ser fiel ao legado cristão ocidental, é necessário reconhecer que:

> é somente a mediação histórica de Jesus que torna possível compreender e realizar a compaixão como modo de viver, isto é, de agir e padecer que constituem os elementos intrínsecos de toda prática destinada a reportar o mundo à sua integridade, a condição de um efetivo envolvimento nas carências das quais é caracterizada a nossa existência (DOTOLO, 2007, p. 216).

Mais que uma abstração, trata-se de um ato de aproximação, de um estilo inaugural de vida, instaurando o amadurecimento do amor que diante da pobreza gera uma práxis da comunidade eclesial como caminho de compaixão, via que jamais seria acessível sem a vida visível e fiel de Jesus de Nazaré. O encontro com a miséria do outro provoca uma resposta diante da proposta iniciada pelo senhorio de Jesus, ainda que esvaziado como dom, ao doar-se. Esse caminho pregado e vivido pelo Cristo, por sua vez, questiona e muito o próprio cristianismo em tempos atuais[1]. Ao resgatar sua dimensão kenótica, Vattimo tem essa contribuição, livrar o dom da sacralidade da encarnação de Deus das posturas neuróticas que insistem em voltar com sua face natural, a saber, a soberania das ideias que nem sempre transformam a vida concreta das pessoas.

Sendo assim, a *kênosis* de Jesus é fundamento enfraquecido que não pode ser lida sem algo de transcendência. É da sua própria dor e sofrimento que o Senhor se aproxima do sofrimento da humanidade. Cristo não ajuda pela força de sua onipotência, mas pela sua fraqueza, por uma história feita de acolhida e recusas. Com isso:

> a singularidade de Jesus, então, mostra, no evento pascal, a possibilidade para o homem de amar, porque quem encontra o sofrimento e sofre protesta contra tal realidade, reagindo à indiferença e à apatia, no único interesse da vida que é o amor compadecido, ainda que frágil e vulnerável (DOTOLO, 2007, p. 223).

Importante considerar que o teólogo Carmelo Dotolo, citado com recorrência no presente estudo, é pesquisador do pensamento de Vattimo, inserindo no mesmo aspectos complementares das pesquisas teológicas. Ele trabalha a teologia fundamental diante da cultura contemporânea, gerando uma de suas mais importantes obras *Un cristianesimo possibile*. Nela o autor se pergunta se o cristianismo tem ainda uma séria contribuição a dar à história e tenta redizer a proposta cristã para os tempos atuais, usando as contribuições filosóficas de Gianni Vattimo e ao mesmo tempo levando questões pertinentes. Pontua que sem um diálogo com a atualidade o cristianismo corre o risco de uma asfixia. Faz sua proposta a partir de dois pontos: a pós-modernidade e a busca religiosa. De um lado a pós-modernidade mostra que o cristianismo não pode ficar mais apegado a antigas formas, de outro o cristianismo também é crítico da pós-modernidade revelando que ela não realiza as promessas feitas.

> O que é positivo, em outras palavras, é que a perspectiva de Dotolo permite a contemporaneidade e o cristianismo de encontrarem-se num nível no qual as respectivas carências sejam purificadas e os respectivos méritos exaltados, sem que nenhum reneguem quanto de significativo pode oferecer ao homem de hoje na sua busca de sentido (GIORGIO, 2008, p. 474).

---

[1] Ver DOTOLO, Carmelo, *Evangelizare la vita Cristiana*. Teologia e pratiche di nuova evangelizzazione. A obra trabalha a oportunidade atual de voltar às fontes cristãs naquilo que elas guiam o agir da comunidade.

O cristianismo, exagerado em seu conceito ontoteológico, acabou sendo ameaça para o desenvolvimento do ser humano, por outro lado a leitura que se faz pela via da *caritas* ou da secularização lembra que a liberdade buscada pelo sujeito moderno tem suas raízes na tradição bíblica e cristã. Por isso, se na modernidade entra em crise o cristianismo global, ontoteológico, na pós-modernidade ressurge sua plausibilidade enquanto *caritas*. De tal modo que a relação entre cristianismo e época secular não se trata de um mal-entendido, entretanto de um fruto da própria proposta cristã. Com a pós-modernidade, emerge uma época do mal-estar diante do cenário da globalização. Paradoxalmente, ela revela o plural e ao mesmo tempo a tentativa de uma homogenização alienante por meio do mercado e dos meios de comunicação. Tudo isso termina por gerar a figura do sujeito errante, que carrega consigo a ironia de um presente passageiro, porém que sente ainda a pergunta pelo sentido existencial, questão refletida na explosão de novos mitos.

É estimulante pensar, a partir disso, a questão da ética porque se de um lado nota-se a aversão a uma norma global, única, por outro lado há a forte tendência a um desencorajamento da própria prática do plural. "A ética estética, ainda que na sua sombra tecnológica, é expressão mais completa deste novo clima: essa é compreendida qual modo de habitar um mundo no qual a realidade e a vida perdem a persuasão no fluido poder ser de outro modo" (GIORGIO, 2008, p. 477). E isso leva a uma ética procedural, na busca de um consenso. Uma ética que denuncia o valor do ser em si sem sua dimensão relacional que acaba fazendo da transcendência um valor de separação e não de comunhão. De outro modo, inaugura-se a possibilidade de uma ontologia relacional que tem na *caritas* seu princípio. Com isso, em que sentido o pluralismo religioso pode reivindicar uma abertura ou mudança de paradigma do próprio cristianismo sem impor uma distorção quase que de maneira antagônica?

O centro do cristianismo é a pessoa de Jesus Cristo e sua *kênosis* supera a dicotomia entre Deus e homem, mundo e céu. Deus supera a visão metafísica revelando-se como amor-relação com a fragilidade humana em seu próprio enfraquecimento. A categoria do sacro se desfaz dando lugar ao santo e a história como lugar de encontro com Deus e de plenitude de vida. Superando o código da separação e apresentando o código da participação, da solidariedade, da compaixão, esta última palavra leva o cristão ao encontro com o pobre por saber-se também empobrecido, caso não fosse guiado pelo dom de ser morada de Deus. De modo que,

> a escolha ética do amor, em tal sentido, não move nem na vagueza de um movimento afetivo, nem pela busca virtuosa de um abstrato valor ideal que atrai o eu, mas sim pelo sofrimento do outro – o pobre – que o eu colhe e registra na sua solicitude para com ele. Esta é a lógica do Reino (GIORGIO, 2008, p. 479).

Tudo isso questiona profundamente uma visão de Deus na época da secularização, o que autores como Bonhoeffer, Gogarten, Metz, pensaram ser o retorno de um Deus concebido religiosamente ainda ontoteológico, como resposta consoladora insuficiente para um mundo adulto. A encarnação, no entanto, revela que a questão da existência de Deus passa pela lógica da relação e não pela metafísica. Encarnação na história, portanto, apontando para um mais além da própria história como categoria crítica da mesma, como esperança. Tal configuração exige das instâncias que testemunham tal verdade – compaixão, no caso da Igreja, partilha, participação das vicissitudes de seu tempo, sendo mais acolhedora, sentindo as demandas das bases, dos enfraquecidos não pelo fato de promoção de sua emancipação, entretanto porque tais massas revelam a finitude da humanidade mesma, vislumbrando, somente na fraternidade, uma via de construção positiva que não seja a costumeira e eterna guerra entre vencedores e vencidos, ricos e pobres, sábios e ignorantes, crentes e ateus, salvos e condenados. Na força do amor compassivo, a comunidade deve tornar-se templo de um dom do qual não é proprietária e sim pastora.

Ecclesia: Vivência e Anúncio da Fraternidade

Assumindo o cristianismo como religião secularizada, no sentido de que é na história que ele se constrói e não fora dela, não fica ainda autorizado dizer que todo sentido da história pode ganhar um selo que a identifique como cristã. Sem voltar às vias do dualismo, há que reconhecer, também pelo caminho da hermenêutica niilista, que revela que no diálogo ambas partes dialogantes devem passar por transformação, que essa dinâmica nem sempre acontece. De modo que a transformação pela qual o ser, Deus, experimentada na *kênosis* de Jesus, além de gerar significado novo para a história do ocidente ela é interpelação que depende da livre acolhida de tal mistério. Se a consciência da autonomia humana na projeção do mundo não entende tal processo como fazendo também parte de seu caminho, ela necessariamente se fechará no orgulhoso recinto da sua autossuficiência.

Tal movimento inaugural nas palavras e obras de Jesus é também missão. O mandamento do amor, mais precisamente do amor ao inimigo, encontra claramente, nos tempos pós-modernos, obstáculos profundos. Sem o anúncio de uma novidade que choque as entranhas violentas do *Dasein* em sua sofreguidão pelo poder ser, seria inimaginável um processo natural *kenótico* fraterno. Nesse sentido, é viável e urgente o resgate da comunidade dos intérpretes, mas não somente de uma comunidade que guarda o texto e que o reinterpreta para o presente e sim que guarda o próprio amor, esforçando-se por acolhê-lo como dom do alto e ensiná-lo como gramática importante para o combate da violência que parece ser muito mais natural do que a opção pela fraternidade[2].

Assim sendo, não deveria ser a Igreja, ainda que ela não compreenda o todo do amor oblativo, porque também ela não pode ser confundida com o ser-Deus, um permanece sinal de uma humanidade diferente? Entendendo sinal como força sacramental e não realização plena porque ela mesma sabe-se em constante interpelação dialogal com o Evangelho do amor, sendo sua vocação, por isso mesmo, a de estar a serviço de uma notícia alternativa. Mesmo atravessando dificuldades em mostrar sentido e ao mesmo tempo de não poder conservar uma identidade estática, sua missão é não somente suprir uma falta de sentido, mas revelar que o projeto cristológico é insubstituível em sua função de dar humanidade à humanidade. *Ecclesia*, assim, não pode omitir-se de ser um pequeno fermento na massa, relacionando-se com o mundo sem disso

---

[2] Neste contexto é de grande relevância os escritos freudianos sobre o narcisismo e sobre a cultura. De modo particular FREUD, Sigmund. **Sobre o Narcisismo: uma introdução**. Vol. XIV. Rio de Janeiro: Imago Editora, 1996. Obra em que Freud coloca sob suspeita o amor oblativo e afirma que todo amor tem em suas motivações mais profundas o amor de si. Em **O Futuro de uma ilusão**. Vol. XXI. Rio de Janeiro: Imago Editora, 1996, faz sua avaliação mais acurada sobre a cultura ressaltando que ela "inclui todo o conhecimento e capacidade que o homem adquiriu com o fim de controlar as forças da natureza e extrair a riqueza desta para a satisfação das necessidades humanas; por outro, inclui todos os regulamentos necessários para ajustar as relações dos homens uns com os outros e, especialmente, a distribuição da riqueza disponível" (p. 15). Mais tarde, no ano de 1930 escreveu **O mal-estar na civilização**. Vol. XXI. Rio de Janeiro: Imago, 1996. Nesse escrito faz sua crítica à religião mostrando-se também cético em relação ao amor desinteressado que poderia nascer na experiência religiosa, afirmando que "a vida é árdua demais para nós; proporciona-nos muitos sofrimentos, decepções e tarefas impossíveis. A fim de suportá-la, não podemos dispensar medidas paliativas" (p. 83). Assim, o tema da oblação ou de uma ética da fraternidade, para o pai da psicanálise, parece muito mais próximo de uma necessidade prática para a própria sobrevivência do que um gesto de doação gratuita em relação ao outro ou a Deus.

pretender atitudes de colonização. Deveria ela guardar o sentido de povo de Deus, mais que massa e mais que indivíduos isolados. Comunidade consciente do dom recebido; estrutura que ajuda o homem a reencontrar sua própria vocação. Um povo que indica a particularidade de Jesus como aquele que responde à singularidade das esperas históricas.

> O povo de Deus não é para si mesmo, mas para a realização histórica da libertação para cada homem e na acolhida do outro, porque na unicidade da história da salvação, Igreja e mundo são dois momentos diversos da mesma história. Aqui se compreende, em definitivo, a função maiêutica do povo de Deus, destinado a fazer emergir espaços de esperança, lugares de fraternidade, horizontes de mistério que possam abrir a vida à procura da verdade (DOTOLO, 2007, p. 280).

Uma comunidade itinerante que não possui o todo da verdade, entretanto que busca ser, remetendo ao que Heidegger usou para o ser em relação ao pensamento, pastora da caridade. Caminho sempre aberto que orienta escolhas, compondo um quadro ético-moral, guardando a reserva escatológica, atenta para não coincidir o projeto da *caritas* de Jesus com alguma configuração social que pretendesse ser absoluta, aceitando o paradoxo constante entre o que é salvífico na proposta do amor e sua encarnação no tempo da vida. Para isso deve guardar a reserva de sentido do amor oblação que interpela constantemente a um processo de conversão inesgotável. Os estudos heideggerianos sobre o tempo, quando volta às fontes cristãs, mostram que, na experiência do *Ereignis*, o tempo não pode estancar-se na solidão efetiva da existência. É o lugar sempre de um serviço ao acolhimento do ser quando sua provocação escatológica torna-se promessa diante da não adaptação do ser humano à realidade assim como aparece. Essa tensão sadia que faz da existência o lugar da decisão e da escuta do tempo como favorável, encontra na pessoa de Jesus de Nazaré um início inédito, testemunhado entre os primeiros cristãos como *Kairós*, dimensão que ultrapassa o *Cronos* ao guardar em si a fertilidade do *Eschaton*.

Sem essa saudável tensão de um já e ainda não, que procede da inquietação que o ser humano não consegue anular em sua forma racional organizada, nem mesmo a hermenêutica do *pensamento enfraquecido* daria conta de manter seu percurso. *Cronos* e *Kairós* fazem parte da mesma proposta de Nietzsche sobre o instante como lugar da decisão o que em Heidegger ganha força na questão da projetualidade. Vattimo, nisso tudo, escolhe o engajado combate à violência epistemológica e prática, tomando partido dos pobres porque é filho da mesma tradição que claramente não aceita a cultura dominante como única forma de configuração existencial, ainda mais quando ela é construída nos alicerces da desigualdade.

Assim, o tempo escatológico possibilita uma abertura ao tempo atual como lugar de resposta aos apelos que vem do evento cristão que é fonte do próprio tempo, elencando pelo menos três dimensões do tempo: 1. Dimensão memorial que inclui a arquivística, ultrapassando-a. É a fonte de onde brota o tempo em sua constante atualização. Memória eventual, como algo que chega dadivosamente. 2. Dimensão decisória: o tempo atual como possibilidade do exercício da liberdade. Nada nele está pronto, como algo fixo, porém é dinâmico e convocador da liberdade humana. 3. *Eschaton*: a finalidade não pertence totalmente ao humano. A espera fertiliza de sentido as experiências humanas, estando diante da possibilidade de interferir, livremente, no dom recebido, no tempo atual, e simultaneamente sem ter a posse do resultado final de suas próprias decisões. O extraordinário do evento Jesus é, em síntese, a requalificação do tempo como lugar da consciência de tudo que é alienação fugaz e a possibilidade em optar pelo amor salvífico.

Há, assim, uma peculiaridade no tempo cristão. Se a pós-modernidade assume o tempo (in) finito, sem final, a experiência cristã, com o *Eschaton*, revoluciona o modo de viver o tempo revelando sua dimensão escatológica na história, de modo que a *Memoria Jesu Christi* trata-se da,

> escatologia crítico-criadora empenhada em reduzir a diferença entre desumanidade atual e possível humanidade, porque torna-se uma recordação antecipatória de um futuro para cada homem, sobretudo para os sem esperança, para os oprimidos, para os sofredores, para os discriminados e para os inúteis desse mundo (DOTOLO, 2007, p. 358).

O tempo cristão, por isso, tem dimensão de engajamento e se transforma em liturgia ao celebrar o que se conquista, o que se espera e o que resta como processo de conversão. Assim sendo, a oração e contemplação passam a ser lugares de escuta de Deus e do outro. Escuta e invocação, como lei do viver e do pensar destinados ao processo da *kênosis* amorosa, continuada na história daqueles que aceitam o lugar do pastoreio do amor oblativo. Formando um campo criativo com aquilo que é ético, no engajamento, a estética, entendida como criatividade responsável, também abre pontes para a recuperação do cristianismo a partir do *pensamento enfraquecido* de Gianni Vattimo.

Amizade: o Inédito da Alteridade Cristã

Gianni Vattimo aprecia em seus escritos o dizer de Jesus: "já não vos chamo servos, mas amigos". Assim, amizade pode ser uma categoria profunda, de modo particular no campo ético hermenêutico cristão, como elemento favorável ao diálogo com a pós-modernidade. O mundo atual vive uma explosão de opções e o cristianismo corre o risco de um exaurimento de suas possibilidades, sem inaugurar um tempo novo. É certo que a pluralização das concepções exclui uma visão unilateral do mundo válida como orientação para todas as situações. O real é transformado numa pluralidade coexistente. E assim o tempo presente parece viver um mal-estar por não saber concordar, como diz Freud, o princípio do prazer com o princípio de realidade. A questão de sentido para a vida emerge na busca de uma nova identidade, do reconhecimento de que a modernidade não disse toda a verdade e de que o ser segue avante com novos cenários.

"A pós-modernidade tornou-se a filosofia da nova manhã, cansada das grandes narrativas do progresso, das promessas de emancipação, das verdades fortes sobre as quais baseiam-se as regras da vida, dos monoteísmos da fé". (DOTOLO, 2007, p. 57). Transformou-se em época de mergulho no efêmero e como diz um dos mais agudos interpretes da condição pós-moderna, Vattimo, um tempo que apresenta três características: 1. um pensamento da fruição, que no *Ethos* estético da rememoração (*Andenken*) busca sua emancipação não na metafísica do novo, mas num pensamento meditativo e atento às diferenças; 2. um pensamento da contaminação, da *Verwindung*, de retomados de muitas feições do passado, sabedor sempre do espaço da transitoriedade; 3. um pensamento da técnica *Ge-stell*, orientado a interpretar a essência não técnica fora da técnica. Sabedor da caducidade porque a multiplicidade dos acontecimentos são formas de o ser acontecer.

As manifestações plurais, cultural e religiosa exigem do cristianismo uma identidade em diálogo e que seja inserida nos atuais contextos; mas também mostram o risco do enfraquecimento de sua proposta original. O mundo contemporâneo convida o cristianismo a viver sua característica inalienável: ser uma religião histórica, não como controladora da história, mas como religião que assume a história como lugar da salvação, elegendo a *caritas* como seu elemento ético principal. Faz-se necessário, reconhecer a grandeza de tal escolha e, ao mesmo tempo, permanecer na atenção devida se também não há o risco de uma redução do cristianismo a apenas um engajamento ético, esquecendo-se do criativo estético, de modo que se aceita o cristianismo, mas desde que ele seja apenas um fator favorável de bem estar e harmonia social.

Qual seria a positividade do *pensamento enfraquecido* na desconstrução de um rígido monoteísmo metafísico, propondo a secularização do sagrado natural como encontro da verdade mais límpida do cristianismo? Segundo Vattimo, desde sua obra **Credere di credere** (1999a), não faz mais afirmações sobre Deus. No entanto, se existe a divindade ela é como alguma coisa que se desfaz, que se abaixa num irredutível processo kenótico. Existiria, por isso, uma ruptura entre modernidade e *pós* ou uma continuidade em relação a tal experiência de Deus? A ruptura é com a ideia metafísica de espelhamento para a qual Deus seria uma equação necessária justificante das verdades absolutas.

De acordo com a perspectiva da hermenêutica niilista, a vitalidade do cristianismo está na vivência da caridade e não na pregação de que a sua verdade encontra-se ancorada como verdade absoluta para a razão humana. Se não pode haver coincidência total entre cristianismo e pós-modernidade porque nele está presente uma reserva escatológica que se apresenta como ponto crítico ao pós-moderno, por outro lado também tal instância crítica não significa que ela não seja relacional. O cristianismo anuncia uma proposta tensional que leva o homem a se humanizar gerando mais vida, que faz crescer. Se não fosse assim, não teria mais nada a dizer, guardando sempre um mistério transcendente. A ideia de que o Deus do Cristianismo não nasce de uma teoria religiosa, a partir de uma conclusão da razão, e, sim, de um movimento do próprio ser que vem ao encontro com sua alteridade não é estranha aos princípios vattimianos do ser como evento. De maneira que,

> o Deus cristão não pode ser compreendido numa impassibilidade-imutabilidade incapaz de dar razão de sua liberdade de amor, como o mesmo evento do ressuscitado atesta. Se Deus cuida num movimento de condivisão com o homem e o seu caminho histórico, isto implica a possibilidade de pensar que Deus pode sofrer-compadecer por meio da concretude da história de libertação de cada criatura (DOTOLO, 2007, p. 253).

A filosofia, então, que pretenda pensar o cristianismo, deve escutar a reflexão teológica de Deus, do evento da *kênosis*, que é traduzido pelo *ethos* da compaixão, do amor sem medidas. Tal contribuição deve inaugurar uma compreensão diversa do cristianismo no sentido da história, porque pede ao homem que não se perca numa insuficiente religião do desejo, da busca e encontro de si num processo fusional sagrado. O que na verdade isso revela é que no encontro com o Deus de Jesus Cristo acontece, de fato, a experiência de uma alteridade constitutiva, raiz da possibilidade mesma de uma ética. Assim, ficaria esvaziada a necessidade de pensar um Deus como causa de si mesmo, fazendo florescer a salvífica abertura relacional sem limites, uma espécie de amizade que livra o ente humano do ciclo vicioso de imagens perigosas e distorcidas do mistério divino.

O niilismo hermenêutico ao aproximar-se da *caritas* cristã reforça a insuficiência do ser humano em conceber Deus em si mesmo, como fundamento, entretanto mostra que sua constituição possui uma pergunta ontológica pela alteridade encontrada no cristianismo de forma radicalmente nova. Há uma superação de uma visão deontológica para a experiência de um inesgotável mistério amoroso. "Em particular, na perspectiva da ontologia da criaturidade que colhe a identidade do homem na relação com a alteridade de Deus e do próximo, e no evento cristológico o sentido profundo de sua dignidade." (DOTOLO, 2007, p. 304). Desse modo, o homem não é um em si fechado. Ele é potencialmente capaz de e existir, gerando a história, aventura salvífica, se configurada como espaço da amizade. Segundo a Bíblia, o destino do homem não é estar diante de si, porém sua abertura ao encontro do outro que, de alguma forma, antes de ser escolha, já foi sua origem.

Retomando a tradição da qual se é herdeiro, a do legado bíblico, seria difícil conceber uma antropologia que não apresentasse o homem na sua condição de interrogante, um hermeneuta da própria origem e destino. "É impensável o homem fora desta ontologia da busca que o projeta na paixão pelas perguntas fundamentais da existência, peregrino do absoluto que na história indica o método do além das coisas, o horizonte dos significados antes que as metas das evidências." (DOTOLO, 2007, p. 321). Importante destacar que mais do que apresentar o ser humano que procura Deus, a Bíblia revela Deus que busca o ser humano ao imprimir-lhe o desejo de também buscá-lo. Por isso, um dado fundamental: se Deus volta-se ao ser humano é porque ele o faz capaz de acolher essa presença.

De algum modo, há uma inversão daquilo que a modernidade concebeu, no campo espiritual, como elemento fechado de uma razão instrumental capaz de encontrar em si mesma os motivos para refutar ou descrever Deus. A inversão seria, por sua vez, a tomada de consciência de que sem o estar diante de uma interpelação, não existiria nem mesmo a pergunta pela ética, pelo sentido da existência. Porque tudo isso pertence não a uma livre escolha do sujeito somente, no entanto a uma iniciativa do próprio ser que o interpela em sua limitada condição humana, o que o provoca a trilhar outra vez o caminho ético, entrando na inédita experiência da amizade com o ser e com os outros entes, que se abrem ao *Dasein,* na encarnação de Jesus.

Dessa consciência nasce todo o humanismo cristão, convencido de que, antropologicamente, há uma abertura previa e constitutiva ao outro como parceiro indispensável, trazendo para a consciência do sujeito que ele não está na vizinhança do ser por uma escolha aleatória, no entanto, que tal escolha só é possível por ter sido ele mesmo escolhido. "A experiência bíblica da finitude do eu carrega consigo a hermenêutica do limiar, consciência de uma diferença ontológica que no mostrar o homem como ser de necessidade, indica no sair de si toda uma verdade da finitude na abertura ao Outro e no vir-do-outro" (DOTOLO, 2007, p. 329). O ser humano está sempre diante da possibilidade da recusa ou da aceitação desta interpersonalidade, da qual o amor é o sacramento da liberdade libertada e libertadora (1Co 13, 4-8). O ser pessoa comporta uma dimensão inevitável de participar da abertura ao outro, fazendo da relação com a alteridade a pátria constitutiva onde mora o que é próprio do ser humano, relação. Amizade, portanto, não é apenas a tarefa de construir relações fraternas com o ser e os semelhantes, todavia, é o reconhecimento que sem a entrega amigável do ser, como dom de si, o desejo do outro seria apenas o suprimento de carências básicas autorreferenciais.

Assim, não é difícil chegar à impressionante consequência de que a secularização proposta pela construção ontológica de Gianni Vattimo, radicada no legado cristão da *caritas,* remete o ser humano a alguma coisa parecida com o combate à monarquia dos valores concentrados em uma pessoa, ou a uma ordem social, ou em instâncias como a mídia e o mercado. É necessário cair, diante da comunidade dos amigos, qualquer arrogância, onipotência individual ou coletiva, fazendo emergir a convivência como uma inalienável condição soteriológica do ser humano. Importante firmar, portanto, que a justificativa de tal caminho não pode ser outro senão a experiência de acolhimento do ser como evento que a filosofia, pelo menos no pensamento vattimiano, herda da encarnação cristã.

Dizer, no entanto, que a pós-modernidade favorece tal experiência pela sua condição plural é, em parte, aceitável como projeto ou condição de possibilidade de outra sempre possível forma cultural. Complicado é afirmar que ela mesma seja o tempo perfeito de uma democracia amigável e do fortalecimento das relações fraternas, menos verticais e mais laterais. Cenários como a imposição do mercado globalizado, da mídia dominada por minorias, de sistemas perversos como o tráfico humano e destruição da natureza, denunciam que o pós-moderno está distante de ser o tempo somente da morte do Deus metafísico. Ao eleger também seus deuses e formas absolutas de pensamento, os tempos atuais distanciam-se também das vias kenóticas profetizadas pelo *pensamento enfraquecido*. Suas vicissitudes podem apontar algumas clareiras de possibilidades para um projeto prático-existêncial, todavia como horizonte de busca contínua e não como realidade já alcançada de uma vez por todas.

A comunidade dos amigos seria a meta de uma cultura ainda a ser construída e ela exigiria algumas conquistas já apontadas pela história ocidental. A mais importante certamente é a de que o ser humano não se constitui referindo-se apenas a si mesmo. Seu solo existencial, se não quer ser movediço, necessita do outro. Entretanto, esse outro quando encarnado como verdade absoluta, grande Pai, pode causar danos ao próprio amadurecimento humano. Sendo encarnado, o *Dasein*, somente pode falar do grande outro como mistério ao qual se está referido para que não caia no império do ente, das representações. E aqui está a chance profunda e o futuro do cristianismo porque em sua mais radical expressão, a *caritas*, mostra a necessidade contínua de um combate à violência. Ela é verdade enquanto instância duradoura a iluminar a escuridão de tudo aquilo que escraviza o humano. Sendo assim, é critério por ter sua realização modelar numa história concreta, a *kênosis* de Jesus.

Não é sem sentido que Vattimo usa modelos teológicos em sua filosofia. Ele considera, com isso, que sua filosofia e teologia, abrangendo também outros cenários ocidentais, não se constituem sem a tradição bíblico-cristã. Ambas estão referidas ao conceito de Deus e de ser, claro que com equivalências e dissonâncias, tendo o declínio ontológico como evento originário. "Porque o ser indica um horizonte de referimento que o homem deve constantemente nominar, Deus indica um horizonte de referência que se nomeando permite ao homem uma resposta já tendo uma relação nominal" (VATTIMO, 2009, p. 78), afirma Dotolo em seu colóquio com Gianni Vattimo, *Dio: la possibilita buona*. Teologia e filosofia devem ensinar, na época da amizade, que Deus e ser somente podem persistir, de alguma forma, dentro de um horizonte escatológico, como instância de interpelação e que nenhuma realidade finita pode se arvorar em abarcar sua totalidade; nem a filosofia pela nomeação, nem tampouco a teologia como forma mística de dizer quem é Deus. Despojar-se de qualquer pretensão seja de um saber compreensivo absoluto, seja de uma religiosidade fundamentalista, são tarefas para as quais os tempos atuais são favoráveis, sem significar que já são sua realização mesma, senão a continuidade de seu enfraquecimento kenótico, nas migalhas de uma existência vivida na amizade finita.

Redenção: Transformação do Desejo e da Razão

"Pode o cristianismo representar na história do ser, exibido na pós-modernidade, uma chance para repensar o ser e para reescrever o sentido da vocação filosófica?" (ZABALA, 2012, p. 390). Uma das maiores contribuições da filosofia vattimiana é recuperar o cristianismo no tempo atual a partir de uma ontologia da atualidade, revelando que a filosofia, apesar de persuasiva, necessita ter diante de si a consciência de sua limitação, voltando a perguntar-se pelo ser, crendo que somente com a vocação niilista da hermenêutica pode encontrá-lo como apelo, e não como discurso fechado, fazendo sempre surgir novas perguntas em sua vizinhança amigável com o ente. Então:

> se somente no niilismo a hermenêutica encontra a sua essencial identidade, é porque consente um exercício diferente do pensamento, menos neurótico no resguardo da possibilidade de colher a experiência da oscilação do mundo pós--moderno e do seu recolocar em jogo de toda pretensão definitiva e conclusiva (ZABALA, 2012, p. 392).

O niilismo faz surgir uma inédita experiência para o pensamento com sua radical interrogação sobre o ser. Isso porque busca descobrir o esquecimento do ser na história do pensamento que se esforçou para compreendê-lo, deixando assim uma tradição da qual não se pode escapar, mas que também não sustenta mais uma estagnação. Seria uma aproximação de um Deus sem deus? Sim, pelo fato de Ele não se prender mais na obsessão da razão pelo fundamento, transformando-se, na consciência do *pensamento enfraquecido*, em uma pertença, da razão e de seus afetos, a um horizonte sem o qual ele mesmo não pode existir. A palavra conversão surge como instância também projetiva reveladora da tarefa de qualquer ente em continuar acolhendo o ser que o constitui. É na referência ao ser que se faz o caminho de escuta, de todos, e que nasce a convicção de que, em se tratando de razão e de afetos humanos, somente um Deus, paradoxalmente niilista, pode salvar. Ou seja:

> o último Deus não é o ser, mas necessidade do ser, assim como o ser tem necessidade do divino. Nisto é selada a salvação da verdade que o último Deus pode assegurar no seu transitar que foge a qualquer captura, porque convida o homem a entrar na questão do ser como pesquisador, guarda atento à escuta e ao abandono na abertura do sacro (ZABALA, 2012, p. 394).

Quando Vattimo chama o pensamento atual como pensamento da fruição, quer assumir uma distância necessária da metafísica num caminho de escuta disponível que busca ultrapassar os quadros rígidos que engessam o pensar. E isso descortina a importância mais uma vez do cristianismo ligado ao *pensamento enfraquecido* e à perspectiva da secularização. De modo que o retorno da religião não pode ceder a opiniões apressadas. Precisa, de outra maneira, seguir o caminho do discernimento atento às proveniências, como destaca o que segue:

> a questão do sentido, do qual a religião é traço determinante, pertence e exprime a constitutiva abertura do homem e da história a uma alteridade indizível que, no transcender a finitude e o limite, o dispõe à escuta, mas antes à verificação da confiabilidade ou ao menos da proveniência (ZABALA, 2012, p. 395).

A partir de uma herança, de uma proveniência religiosa, encontra-se a condição de possibilidade da secularização que vai adiante interpretando algo que não é rígido e sim passível de atualização. De muitos modos o tecido bíblico já revela a pluralidade do ser, sendo possível resgatar o valor da herança cristã. O *pensamento enfraquecido* indica que o ser é enfraquecimento e que as estruturas fortes do real não subsistem e que a filosofia torna-se filosofia da secularização, reabrindo vias para o transcendente. Esse nexo entre filosofia e mensagem cristã se dá pelo enfraquecimento, ou seja, pela encarnação. A secularização é proveniente da *kênosis*, da encarnação de Deus que faz coincidir a dissolução da metafísica com os pressupostos da herança cristã, no rebaixamento de Deus mesmo. Se Jesus Cristo é o Deus esvaziado, pensar uma experiência religiosa hoje deveria ir além de uma concepção puramente fixa de Deus como *ipsum esse subsistens*. A releitura teórica e ética dos paradigmas do tecido religioso vivido, não está em contradição com a filosofia, mas a implica ao ser interpelada por aquele estupor diante da própria encarnação como vinda de Deus, movimento do ser. Sinteticamente,

> está aqui o sentido (de reencontrar filosoficamente) da herança da tradição cristã: no princípio da encarnação tida como desacralização e como manifestação *kenótica* que diz o ser de Deus, é resposta à possibilidade para a filosofia hermenêutica de recolher o sentido do valor evangélico do amor e a dinâmica amigável da interpretação (ZABALA, 2012, p. 404).

A partir disso, a vocação primordial do cristianismo é continuar propondo ao homem a constante superação da violência do sagrado e das configurações sociais. O problema da violência torna-se, assim, elemento precioso nas considerações vattimianas, como aparece em seu diálogo com René Girard[3]. Ultrapassar as forças, violências com as quais boa parte das experiências sagradas se acostumou é uma das vias de redenção mais importante do cristianismo não religioso. De modo que:

> aparece bem claro que a especificidade do cristianismo para o pensamento encontra no modelo inspirador do autoenfraquecimento de Deus encarnado e no princípio da *caritas* o fundamento por uma contínua invenção da história, um princípio crítico suficientemente claro para orientar-se sobre os traços do divino (ZABALA, 2012, p. 405).

---

[3] Sobre a questão do cristianismo como proposta de superação das concepções naturais do sagrado, ver ANTONELLO, Pierpaolo; GIRARD, René; VATTIMO, Gianni. *Verità o fede debole?: dialogo su Cristianesimo e relativismo*. Massa: Transeuropa, 2006. Girard dialoga com Vattimo sobre o problema do combate à violência, seja das ideias metafísicas, seja da noção de sacralidade que impõe a construção de vítimas, colocando-o como ponto dos mais importantes do cristianismo. Neste diálogo, Vattimo reconhece que Girard, como Heidegger, estão na base de sua conversão.

O cristianismo é capaz de indicar uma luta diferente pela vida a partir não mais da estabilidade do ser ao reabrir uma nova relação com o divino na sua dinâmica de evento. Quais seriam os ganhos dessa aproximação teórica e ética entre filosofia e pensamento não religioso, cristão? Se a herança bíblica chama a filosofia a reconhecer a eventualidade do ser e a violência do essencialismo metafísico, então a pertença recíproca de secularização, encarnação e ontologia da atualidade é mais do que um simples encontro histórico da historia do ser. O nexo entre história da interpretação e da salvação mostra que a redenção acontece numa continua reprodução de anúncio e resposta. De tal forma que o além da interpretação está numa produtividade permanente do ato interpretativo nascido da encarnação e que busca sempre a perspectiva de habitar a verdade e não de possuí-la. A hermenêutica possui uma vocação profética e sua dimensão de ética da proveniência faz sair da pretensão de possuir o ser para dispor a experiência filosófico-religiosa para um "habitar a abertura na qual o homem está desde sempre jogado na interpelação àquela própria abertura" (ZABALA, 2012, p. 407).

Se a crença em Deus como fundamento não suporta as questões de uma filosofia hermenêutica, por sua vez a *caritas* abre uma perspectiva mais amigável, porém que exige também o reconhecimento do dom e a tarefa de continuar dialogando e superando conflitos porque ela, de alguma forma, não é algo automático. Como Vattimo mesmo diz, "creio na divindade de Jesus, sobretudo por isto que Ele me disse" (ZABALA, 2012, p. 409). Em síntese, não somente disse, mas realizou: o amor. Amor que gera algo novo para além dos limites naturais do desejo e da razão humana, alcançando seu auge no preceito cristão do amor ao inimigo. Caminho que remete o ente humano à radicalidade de sua vocação que é a promoção da caridade, como expressa a seguinte assertiva:

> alguns teólogos católicos reformularam os conhecimentos teológicos tradicionais da relação entre justiça e amor na teologia católica, mas o evento mais importante foi quando o Sínodo Internacional dos bispos de 1970 afirmou que a justiça social está no coração da mensagem cristã (DOTOLO, 2011b, p. 833).

Tal ênfase só faz intensificar a centralidade da *caritas* na mensagem salvífica. Ela não pode, então, transformar-se em ações caritativas esparsas e nem mesmo em um princípio teórico. Deve ser o critério que choca toda forma de exclusão na sociedade. Apesar da impossibilidade de o *Dasein* realizá-la totalmente, a *kênosis* de Cristo abriu o caminho a ser construído cotidianamente, mostrando que sem o dom não haveria horizonte possível para os anseios humanos, além dos limites curtos de seus próprios desejos. E diante do pobre, do excluído, qual seria o critério para um tipo de compaixão? Apenas que o dom permanece como incômoda interpelação que nasce no fundo da alma como chama que se ascende de maneira imprevisível. Diante do racismo, da violência, do colonialismo, por que não se permanece passivamente concorde a tais situações? Somente porque elas podem atingir o narcisismo individual ou ser uma ameaça à paz social? Tais perguntas devem ser respondidas justamente se levados a sério a vocação e o destino do *Dasein* como pastor do ser.

Tudo isso leva a acreditar que longe de ser um elemento já presente, feito monumento ao qual se reverencia em certa *pietas*, a *caritas* possui a dinâmica própria e autônoma do ser que acontece e que permanece infinitamente dom, ilimitado, que vai se atualizando nas formas concretas da justiça e da paz. De maneira que, por isso, ela mesma faz pensar, a partir da leitura de Vattimo, em não eleger a pós-modernidade como época perfeita. Talvez os pressupostos do filósofo devam ser aceitos também como projeto e não somente como diagnóstico cultural. Ao eleger tal tempo como favorável à necessária pluralidade comunicativa e existencial, como época da comunhão entre os diferentes, eliminando toda forma de monarquia, de verdade absoluta, tal leitura não pode ser ingênua a ponto de não enxergar as mais variadas formas de domínio exercidas pela própria mídia, pelo mercado, pelos diferentes tráficos de coisas e pessoas, pelos monopólios políticos, pelo terrorismo, pelas vaidades pessoais que assolam e dizimam a vida de tantos irmãos na cultura pós-moderna.

A *caritas*, mesmo sendo um princípio aberto, universal, não se impõe como verdade pronta porque ela é oferta carente de acolhida. Não serve como presença peremptória porque na sua fragilidade apenas é um convite relacional. Também não exige correspondência porque mesmo que já tenha sido sacramentalmente vivida em Cristo, permanece operante, dinâmica e inusitada na resposta de cada ser-no-mundo. Gianni Vattimo questiona se é possível falar de mundo, por exemplo, no singular, já que existem tantos eventos. *Dasein* é no mundo, mas num mundo maior com o qual se travam relações. O mundo não coincide totalmente com seu mundo conforme revela Heidegger na origem da obra de arte. O mundo é sempre outro, sempre deslocado em relação a todo particular mundo. E são nesses particulares que a *caritas* tem estatuto salvífico porque não está interessada num mundo abstrato, mas na factualidade de cada mundo concreto vivido pela história das pessoas. A *caritas* possui resistência às pretensas propostas de globalização como tentativa de impor uma simples visão de mundo numa forma de mundo total. O mundo não pode ser transformado num cenário no qual um mundo é imposto sobre todos os outros mundos. Ilustrando tal conclusão, nota-se que:

> globalização tem suas virtudes – pode-se fazer negociações entre países possíveis; pode-se conduzir à partilha dos avanços tecnológicos, pode-se promover sentidos de acesso à interação com outros; e pode-se aumentar a comunicação e os sistemas de comunicação. Mas quando isso significa impor um mundo sobre o outro no Mundo, ignora a força do *pensamento enfraquecido* e segue impondo seus códigos aos outros com bombas, com soldados, com medos. (ZABALA, 2007, p. 116).

Para ser fiel ao princípio da *caritas* seria mais convincente apontar para seu aspecto sempre projetual que deve ser transmitido por uma comunidade que a acolhe como meta, como perspectiva. Nesse ponto ela necessita da comunidade, da experiência eclesial que a anuncie e a vivencie como fonte de novas perspectivas para o *Eros* humano. Se por um lado não pode ser uma dimensão privada do ser humano, por outro não pode estar ligada apenas a um superficial sentimento coletivo. E se ela impulsiona a busca de um projeto ético cristão ainda na pós-modernidade com suas contradições, é porque sua fonte não está diluída na história como movimento imanente, todavia ela é a própria fonte, que não se dissolve, que não conhece ocaso e, ainda que faça o movimento de esvaziamento, é tão somente porque em si mesma compreende o amor que se doa e que para se doar precisa ter em si mesma sementes de eternidade.

Ao nomear Deus como amor, São João mostra que o amor tem a força de ser si mesmo na comunidade amorosa. Dizer que ele é Pai, Filho, Espírito é dizer da união de amante-amado-amor e que a cruz, pelo menos na tradição joanina, é a superabundância desse amor na entrega de Cristo. Não é, pois, um conceito, mas a condição de possibilidade da existência. Se o *pensamento enfraquecido* vattimiano quer colher tal categoria como sendo o único caminho de plausibilidade para o cristianismo no tempo da pluralidade, precisa reconhecer que ele não é apenas uma mensagem que chega da tradição dos entes finitos. De fato, a filosofia deve lançar a pergunta sobre o que possibilita a *caritas* continuar sendo horizonte de esperança para a finitude humana. De outra forma, ela permaneceria como força projetual se não fosse mais radicalmente expressão do próprio mistério de Deus e do ser encarnados?

O cristianismo tem em seu núcleo uma palavra sobre Deus que transforma, assim, a própria busca racional ou qualquer sentimento sobre a palavra, ainda que razão e afeto sejam canais propícios para buscá-la. Tal palavra ganha a dimensão de uma relação amorosa que ao encarnar-se revela a abertura escatológica de todo projeto oblativo humano. Essa verdade é tão forte que São João afirma que amar é conhecer a Deus. "Ninguém nunca viu a Deus; se nos amamos uns aos outros, Deus permanece em nós e seu amor é perfeito em nós" (1 Jo 4, 12). "Somente a *caritas* tocada pela graça pode sanar os nossos desejos distorcidos egoístas que não são em gral de liberar-se da prisão do ego – um ego que, como afirmava Martinho Lutero, termina por encontrar-se sempre, lutando por liberar-se, *curvatus in se*" (DOTOLO, 2011b, p. 846).

Nesse sentido a contribuição vattimiana é contudente para uma sociedade pós-metafísica, seguindo as construções do *pensamento enfraquecido*, ao partir da convicção de que o ocidente não é compreendido mais como sociedade diretiva, sendo a encarnação de um ponto máximo do desenvolvimento humano. Entrando em crise as convicções antigas, com a emergência da pluralidade cultural, qual seria o lugar do cristianismo em tal realidade?

> Como religião da caridade, o cristianismo é a religião da pós-modernidade, no sentido que nega a ideia idólatra de que haja uma direção unitária verdadeira da história. A única direção verdadeira e unitária da história é a que nega exatamente isso. A religião do outro, da abertura ao outro, da caridade, isso é fundamental e decisivo (VATTIMO, 2003b, p. 9).

A *kênosis* não pode ser considerada como aspecto que concorre em igualdade com outros pontos do cristianismo. Ela é o coração de uma experiência a partir da qual tudo se transforma num processo de redenção da violência. Em algum sentido, para Vattimo, esse é o ponto central do cristianismo e que é favorável na pós-modernidade com seu projeto de pluralidade. O autor mantém-se consciente de que a idolatria continua e nem tudo no cenário atual favorece ao legado kenótico do cristianismo. Leis absolutas como as do mercado, do consumo excessivo, enriquecimento sem limites, são expressão viva de tal tensão que também possui seus aspectos dentro das próprias instituições cristãs.

Por isso, Vattimo afirma: "interessa-me muito o pensamento de Joaquim de Fiore, esse místico medieval que dizia que há idades no desenvolvimento do cristianismo. Nós estamos chegando à idade do espírito, uma interpretação menos literal do Evangelho em favor de uma leitura mais mística" (VATTIMO, 2003b, p. 10). Tal Era seria a de uma globalização geral das questões humanas como cultura, economia, religião? O pensamento vattimiano aproxima-se mais de uma comunhão das diferenças, crendo que seja arriscada busca de uma unificação. O que o leva a apostar em uma afirmação contundente de que na experiência cristã, "não existe Deus fora da caridade inter-humana" (VATTIMO, 2003b, p. 12).

Não sendo mais o cristianismo um assegurador de uma ordem social, qual sua missão? Vattimo, ao dizer da Igreja, afirma que ela deve ser a Igreja dos pobres porque esses ainda têm algo a buscar em termos de transformação e de futuro. Ironicamente, não acredita que os ricos se preocupem com outra coisa além da imediatez de seus lucros. Mas como se daria, na prática, essa proposta de uma Igreja dos pobres? Vattimo responde apontando para o seguinte: "as instituições não podem ser totalmente abolidas, mas é necessário multiplicar as sedes de decisão democrática, de deliberação coletiva. Nesse sentido, vale a pena desenvolver, cada vez mais, a vida das comunidades" (VATTIMO, 2004b, p. 11). Trata-se muito mais de um processo híbrido, para retomar o termo grego *Hybris* que diz de alteridade, do que fixar-se na unidade. Tal convicção favorece muito mais a escatologia que é esperança do futuro do que a crença num real já totalmente possuído pela verdade absoluta.

Vattimo é continuador de Nietzsche e de Heidegger, mostrando que no cristianismo a ideia de encarnação é propícia a pensar no processo de criação e não na concepção de uma verdade metafísica do ser como algo que já é, que sempre será da mesma forma. O *Além-do-homem* nietzscheano e o ser como *evento* heideggeriano são abertos ao anúncio e ao projeto. Isso toca profundamente o novo homem ético cristão porque ele enquanto firma seus valores em princípios absolutos procura impô-los aos outros, entretanto se vive a experiência amorosa tentará responder aos apelos de Deus dialogando com a pluralidade. Assim, a *caritas* torna-se o elemento por excelência que remete o ser humano, feito de razão e de desejo, sempre relacional e jamais composto por uma identidade abstrata. De modo que, no horizonte ético, fica sempre mais inviabilizado um pensar instâncias separadas se tudo não é vivido na dinâmica relacional sempre atualizada.

Nesse sentido, o que pode o ser humano dar ao outro? Sua condição constitutiva relacional. Além disso, não se encontraria nada mais no campo ético porque o dar-se não nasce de uma escolha primeira como se tal escolha pudesse não acontecer. Dar-se ao outro não se insere no mensurável campo quantitavo como se uns tivessem e os outros não. Em todo caso, ninguém tem a resposta ou a solução para o desamparo fundamental do ser humano. Nesse sentido, todo filho da carne humana é desfundado, errante, estrangeiro em sua própria casa e a solidariedade não é outra coisa do que reconhecer que somente um Deus, diante do qual todos estão referidos, pode salvar. O ser humano pode dar ao seu semelhante somente essa convicção de desenraizamento dependente de um fundamento que mora consigo, no entanto que não é propriedade sua. Abertura ao outro significa a partilha de carregar o mesmo fardo limitado na busca de construções na vida. Do contrário, sempre haveria alguma voz dizendo-se, com pretensão divina, que uns são melhores e outros piores. E o Evangelho do Cristo que revela que todos são irmãos estaria profundamente comprometido.

Isto posto, a pergunta sobre o que o ser humano pode dar aos outros deve ser filosoficamente invertida a partir dos conselhos do *pensamento enfraquecido* de Gianni Vattimo. A única coisa, e mais preciosa, que alguém pode oferecer ao outro é não guardar a pretensão de ter a verdade, enquanto o outro nada tem. Assim sendo, o amor cristão não pode ser vítima de uma armadilha capitalista em que tudo vira estatística. O maior seja aquele que serve e servir não é dar daquilo que se tem, senão dar da própria pobreza ao reconhecer que é somente no serviço que se encontra com a graça do próprio ser que se manifesta em seu esvaziamento. Somente nesse solo tão inóspito nos limiares de uma época técnica o ser humano pode ainda encontrar-se com sua vocação mais genuína: ser pastor do ser e não mera mercadoria no vasto comércio do mercado.

Do *Pensamento Enfraquecido* aos Enfraquecidos de Pensamento

Convidem os coxos, os aleijados, os que estiverem às margens para o banquete. Nada poderia ser tão antievangélico do que reduzir o Evangelho a uma mera demonstração estética, litúrgica. Sem as obras, a fé seria morta. O pensamento de Vattimo, nesse sentido, parece ser uma defesa epistemológica e pragmática de que onde existe pobreza imposta, existe violência e, portanto, atitudes arrogantes de pessoas ou grupos. Nada pode justificar o fracasso do sistema capitalista a não ser sua devoradora pretensão de levar ao extremo a lógica individualista que faz de alguns os eleitos para serem felizes e de outros os fracassados. Seguindo as sendas da construção de uma tomada de consciência ética já não mais pelo que se possui de forte, de iluminado, mas pelas sombras finitas do próprio ser, o que poderia parecer uma confissão de fracasso simplesmente da razão humana torna-se uma interpelação projetual. Não sendo mais a crença em um fundamento último, objeto ao qual se debruça a metafísica clásica, nem tampouco a emancipação dos entes como categorias absolutas como campo empírico ao qual está destinada toda a ciência tecnicista, qual seria a proposta do *pensamento enfraquecido* naquilo que diz respeito ao ser e sua relação com os entes?

Caso não queira configurar-se como proposta apenas abstrata, a saída para o *pensamento enfraquecido* necessariamente passaria pela abertura prático-existencial em favor dos mais fracos. Traçando um paralelo entre o *além-do-homem* nietzscheano, homem moderado e plural e o *Dasein* heideggeriano, encarnado em sua condição histórica, o novo sujeito vattimiano estaria próximo da figura do bom samaritano bíblico. Aquele que despede de suas pretensões racionais e afetivas presas a qualquer arrogância diante do outro e retoma o caminho de sua condição limitada como sendo o único terreno compartilhado por todos. Homem engajado sempre na projetualidade que o leva muito mais a construir do que a demonstrar o que seja verdade ou não. Nesse sentido, construir comunhão passa a ser a resposta, o destino assumido a partir da fonte de provocações dadivosas ontológicas que habita o ente humano.

Saindo de sua fortaleza metafísica e não aceitando puramente uma condição perdida no meio dos demais entes, o bom samaritano faz a experiência ética de responder a um mundo aberto no qual se joga por inteiro apostando suas criações, sua vida sem a âncora de uma verdade demonstrada à qual deve corresponder. Entretando, não estaria um *modus vivendi* assim fadado ao fracasso de não possuir um rumo, uma meta? De certa forma não, porque os limites de si mesmo serão sempre espelhados pelos limites dos outros como formas compartilhadas de viver. De outra maneira, ele sabe que a *caritas* é a única condição viável inclusive para que não se perca no desvario de seus desejos narcísicos, visíveis de maneira forte nas inúmeras paisagens pessoais ou coletivas que insistem em usar da violência como meio de atingir finalidades totalmente suspeitas e responsáveis por gritantes desigualdades sócias.

Libertado de uma possível doença de se tornar massa, como dizia Nietzsche, ou de se arvorar em dono da verdade, como suspeita Heidegger, o *Dasein* ganha, em Vattimo, a chance de poder viver a constante tensão entre vida e cultura, razão e afeto, tendo como protetores Dionísio e Apolo na sua constante tarefa de construir os laços sociais a partir do inominável pulsional sempre presente em sua aventura existencial. Ele aceita a ética não como a manutenção de um quadro de valores sempre justificados pelos que estão no poder, entretanto torna-se ético ao conceber todos seus esforços como kenóticos, esvaziados de qualquer áurea absoluta de verdade única, porém como forma serena e dadivosa de responder ao que de graça recebe, da infinita proveniência de tudo que ele mesmo não consegue compreender a não ser na solidariedade com seus irmãos mais enfraquecidos.

A consequência, pois, não seria outra senão a passagem de um enfraquecimento epistemológico para encontrar-se com tudo que existencialmente revela-se como frágil, a começar por si mesmo. Por que, ainda, os fracos como destino da hermenêutica niilista? Porque eles expressam os danos da metafísica violenta que deve ser combatida com a entrada, na história, do único absoluto, o amor kenótico, que rompe com tais vínculos de exclusão, elevando-os à mesma e única dignidade de intérpretes da história salvífica.

Homo Inventivus: Abertura Estética

Depois dessas questões dialogais que foram surgindo, na necessária relação da filosofia enfraquecida e secularizada de Vattimo com elementos da teologia kenótica como caminho de defesa dos pobres, sem cair nos exageros das defesas autoritárias, há necessidade de não tomar o processo de secularização de forma a-crítica, o que leva o estudioso a continuar perguntando-se: como colher as contribuições do *pensamento enfraquecido* para o cristianismo e como a filosofia é chamada a ser intérprete do ser que o cristianismo revela? Suas propostas não estão alheias a tais questionamentos, apontando, sucintamente, para uma tríplice teorética orientadora de seu caminho. A saber:

> o reconhecimento da originária vocação da hermenêutica como pensamento da diferença diante dos teoremas modernos da identidade metafísica; a revitalização hermenêutica-niilista da verdade como pressuposto para uma ética da *pietas* – reverência – para além do sujeito; a releitura do princípio de

secularização e da *kênosis* como paradigma do enfraquecimento do ser mais atento à atualidade e às instâncias de uma ontologia da *Verwindung* (DOTOLO, 1999, p. 289).

O itinerário do *pensamento enfraquecido* não é uma proposta da substituição de um pensamento menor por outro mais bem elaborado, realizado nas fronteiras da pós-modernidade. Entretanto, um pensamento baseado na constante tarefa hermenêutica de ultrapassar tudo que engessa a humanidade pelas construções metafísicas, de maneira que valorize a estética enquanto moderada leveza criativa capaz de conviver com a pluralidade. Consequentemente é um pensamento aberto a acolher a proliferação dos sentidos, a multiplicação dos horizontes interpretativos. Nietzsche e Heidegger estão na fonte de tal desenvolvimento, não se tratando somente de referenciais de desconstrução, todavia, também, porque ambos concebem o tempo presente como tempo de privação e tempo de espera, abrindo lareiras positivas para elaborações do pensar humano. Qual é, então, sua positividade?

> Sem exagerar sua contribuição epocal, Nietzsche-Heidegger conduzem à reflexão filosófica a uma recalibragem do próprio saber, porque a dispõem ao ser não mais tomado no seu total desvelamento, mas velado na relação com o homem e nos confrontos do qual o homem vive uma relação ontológica instável, estruturalmente desarranjado a respeito aos tradicionais espaços do pensamento (DOTOLO, 1999, p. 292).

Vattimo concebe como destino do caminho interpretativo o niilismo que é a vocação de um cristianismo secularizado, apontando para a *caritas* como elemento que não pode ser secularizado e do qual emerge todo o processo, ou seja, a *caritas* permanece como a instância que possibilita a própria secularização constante do ser que se dá na entrega frágil de um movimento amoroso. Seu pensamento, portanto, guarda algo de ontológico, estando muito atento à facticidade da vida. Se o ser não é exaustivamente compreendido porque ele não é pura presença disponível, deve-se reconhecer que dele algo permanece como impulso, e para Vattimo esse elemento é a *caritas*. Sem ela, dinâmica e surpreendente nos contornos da vida, não se poderia falar ainda em ser ou em Deus ou em abertura hermenêutica.

Desse modo, é nítida a passagem de Vattimo do historicismo à ontologia, num processo desconstrutivo, sob os traços da *kehre* hermenêutica. Depois do enfraquecimento do ser metafísico, é possível voltar a uma nova leitura do ser somente pela iniciativa gratuita deste em relação ao ente, que, por sua vez, responde-lhe pela criação, fazendo desabrochar sua dimensão estética. Essa assinalaria a época da diferença ontológica. O caráter escatológico na estética vattimiana não é outra coisa que a história do ser não mais ordenada como uma série segundo um primeiro e um depois, mas a partir de uma unidade originária fecunda de atualidade, sem a disposição total nas figuras ônticas, fazendo destas sua morada que pede pastoreio.

"Que coisa implica, portanto, a fatigosa reconquista da relacionalidade com o ser, individuada na ruptura da gaiola historicista delimitada pelo apertado espaço do ôntico?" (DOTOLO, 1999, p. 304). É possível compreender a questão da temporalidade não como espaço de manifestação do ser, todavia como constituição específica do próprio ser. Importante é o conceito de ser-para-a-morte como nulidade essencial – *Nichtigkeit* – que não é vazio de presença, entretanto abertura antecipatória de espaços de possibilidades, dimensão escatológica na qual o *ser-aí* afirma-se na eliminação da casualidade e da dispersão, tornando-se pastor do próprio ser. O *Dasein* é tal enquanto é ser para a morte. São Paulo muito bem entende isso ao apresentar a questão da parusia como algo que se antecipa, porém do qual não se sabe a não ser como provocação à ação.

Seguindo Heidegger, Vattimo mostra que a angústia é instância privilegiada de tal abertura. Quando chega, não se tem poder sobre ela, ela é invasiva e isso já mostra a precariedade dos projetos, das decisões. Quando isso acontece, todas as possibilidades são anuladas, sobrando o puro *poder ser* sem nenhuma atualização histórica, restando a possibilidade da decisão antecipatória que apela para a verdade originária do ser resistente em sua diferença em relação ao ente. A nulidade-finitude do *ser-aí* é o modo próprio no qual o ser se mostra e não há saída para o *Dasein* como se fosse possível agarrar o ser porque o *Dasein* está sempre referido a ele apenas em sua abertura *aletheiologica* que frustra qualquer redução identificante entre ser e ente.

A verdade do ser na sua abertura sem fundamento *(des-fundante)*, tem, na origem da obra de arte, em que mundo significa a rede de significados na qual o ente *Dasein* está imerso e a terra é aquilo que resiste, que se esconde, a possibilidade de um discurso sobre o ser que não parta do ente. A arte é, em sua constituição mais específica, fundadora de novos mundos. É tal descoberta que provoca a *Kehre* do pensamento heideggeriano, ultrapassando a analítica existencial, para um mergulho na obra de arte. O *ser-aí* pertence à abertura do ser que o convida a participar de uma aventura criativa. O *ser-aí* é um sinal ontologicamente revelador porque, no mundo experimenta um existencial específico enquanto reenvio a um fundamento pulsante ao qual pertence.

O ser-no-mundo, portanto, se dá em meio à instrumentalidade das coisas e ao mesmo tempo não coincide totalmente com isso. As coisas estão em referência e nesse ponto o ente humano não funda o mundo a não ser na abertura de significado de algo que já era anterior a ele. Há riscos de se perder nas malhas dos instrumentos e é no discurso emergente da angústia que tenta-se, de tempo em tempo, voltar ao sentido originário. Um ente sempre jogado, propenso a abrir-se e descobrir as coisas, esbarrando-se com a própria limitação da linguagem que não consegue dizer o todo desse ser. Nesse sentido, experimenta na estética certo alívio salvador, desde que não caia na concepção de estética como instância puramente pacificadora de sua angustiada condição finita.

A obra de arte, expoente da experiência estética, seria a possibilidade da abertura de um mundo diferente e inauguração de outras possibilidades do próprio mundo e, portanto, colhida no empenho transformativo de qualquer autoria. No final de **Ser e tempo** algumas questões permaneceram e "na base de tal descoberta está a intuição de um fato: que a característica da obra de arte é aquela de ser abertura de uma realidade-mundo diferente da mundanidade das coisas, pela sua capacidade de superar o dado da facticidade e de inserir-se na efetividade própria do ser-aí." (DOTOLO, 1999, p. 311). Heidegger chama a obra de arte de exposição de um mundo e produção da terra. A essência da obra de arte está no fato de ser *iventio veritatis*. Juntamente com a linguagem disponibilizam uma nova gramática do ser. A linguagem e obra de arte tornam-se lugar próprio e inédito do evento do ser na sua alteridade em relação ao ente.

Iniciada na analítica do *Dasein* e anunciada na **Carta sobre o humanismo**, como convite ao homem a abandonar a terra dos significados já dados e buscar o ser como evento, a linguagem e arte tornam-se lugares do evento do ser. Apesar da impossibilidade de se traduzir o ser em sua totalidade em linguagem, porque seria, então, a linguagem palavra chave e orientadora à procura de sentido do ser e sua relacionalidade? A novidade está, na leitura que Vattimo faz de Heidegger, na poesia, porque ela deixa o ser permanecer na sua irredutível abertura, não fazendo-o coincidir com as representações ônticas. O conceito de *Geviert*, quadratura, (terra e céu, mortais e divinos), demonstra a recíproca pertença entre homem e ser, tornando clareira e ao mesmo tempo mensageiro do mesmo. Aqui o silêncio ganha papel importante porque ele guarda aquele subtrair do ser que torna possível sua diferença com o ente.

A hermenêutica é, portanto, a procura do não dito nas sendas de uma escuta que a obra de arte e a linguagem propiciam de modo particular na dimensão estética. A linguagem segundo a tradição heideggeriana não é um instrumento informativo sobre as coisas, mas é o caminho de reenvio das coisas ao ser. Contempla-se o que pode ser dito, levando em conta aquilo que é inesgotável no ser. *Erörterung* não é o dizer metafísico e nem a intuição fenomenológica, entretanto uma interpretação-escutadora da hermenêutica ontológica. Ela não tem a pretensão de uma chegada e "a única metodologia que essa oferece é aquela de estar a caminho, método do pensar que se percebe como diálogo-escuta em correspondência ao apelo do ser" (DOTOLO, 1999, p. 318).

Neste ponto nasce *o novum* da metodologia do exercício interpretativo estético. Que faz surgir uma novidade autêntica do pensamento que passa a uma responsabilidade de escutar o não dito do velado desvelamento do ser. Há uma passagem: escutar não é para nomear o ente, mas entrar nos apelos do ser. O *Sprung*, salto heideggeriano, dá-se com uma constante disponibilidade hermenêutica em escutar o próprio ser. E isso pode significar também o silêncio. A *ermeneia* é o anúncio do ser que em cada época ganha uma interpretação. Um apelo que em cada época tem uma resposta. A responsabilidade do homem acontece em seu pastoreio do ser porque é seu intérprete privilegiado.

> O itinerário heideggeriano, segundo a leitura vatimiana, conduz à consciência do ser como *ermeneia*. Aqui está a novidade à qual é chamado o homem, mas também a tarefa de pensar: dispor-se à abertura-escuta para ser protagonista daquela *Khere* que é manter-se na escuta dialógica do ser (DOTOLO, 1999, p. 320).

Vattimo busca em Schleiermacher, para reforçar sua busca pela relação entre finito e infinito, que acontece no fato religioso. A religião, por isso, tem uma importância no processo cognoscitivo. É nela que o humano se encontra com alguma coisa maior que não se deixa reduzir ao seu poder. "A consciência da individualidade como sinal do encontro-desencontro entre finito e infinito, é isto que reenvia a uma concepção polar de uma individualidade mesma" (DOTOLO, 1999, p. 327). Arte e religião como experiência de ligação finito-infinito na experiência individual inaugura experiências novas, sendo referência primeira o indivíduo na sua comunicabilidade. É diante desse choque que surge o sentimento de absoluta dependência como a questão religiosa.

Por isso Sheleiermacher opta pela consciência interpretativa porque o real está envolto pela intencionalidade, pelo simbolismo. Existe um interdito que mostra que sem uma coisa comum entre autor e leitor, por exemplo, seria impossível a compreensão. A questão do universal e da reconstrução subjetiva indica uma ligação entre sentido-significado que faz emergir a necessidade de uma pré-compreensão mais ampla que sustenta o ato interpretativo que seria certamente o ganho da hermenêutica do contexto.

> O referir-se a uma totalidade e a um contexto não é tarefa somente do ato interpretativo que assim se abre ao respiro da circularidade hermenêutica. O próprio intérprete é sujeito desta circularidade e não obstáculo a legitimidade do processo hermenêutico. Esta copertença entre o intérprete e o interpretado que incide sobre o ato mesmo da interpretação, torna-se mais evidente a aquisição schleiermacheriana da *subtilitas intelligendi*, porque desmascara a ilusão da pura explicação objetiva sem uma referência à totalidade (DOTOLO, 1999, p. 335).

A busca de compreensão faz emergir a necessidade da escuta, mostrando o próprio texto em sua inalcançável individualidade, portador de enigmas que ao mesmo tempo provoca o leitor a entendê-lo. A hermenêutica, por isso, não pode ser concebida como disciplina técnica. A perspectiva schleiermacheriana, definitivamente, problematiza a questão cognoscitiva e abre a crise do conhecimento como compreensão do particular na sua totalidade. A escuta é chave importante e tarefa constante de se colocar à disposição do objeto sem chegar a uma posse definitiva dele. O que procede daí é a infinidade interpretativa que não chega nunca ao esgotamento do círculo hermenêutico e que, para Vattimo, revela o niilismo na filosofia de Schleiermacher.

O desmascaramento da máscara das verdades que constituem a cultura possibilita ao peregrino uma oportunidade desconstrutiva e o leva a novidade da arte. Com isso surge o messianismo salvífico do simbólico, sendo a arte intérprete de um *theatrum mundi*. A genealogia como modelo de filosofia experimental revela o caráter heterogêneo do mundo. A genealogia como liberação do simbólico orienta o homem na aventura da verdade e na aceitação alegre da vida, também no seu caráter trágico. Desmascaramento é exatamente porque alguma coisa permanece escondida. O *além-do-homem*, por isso, seria uma condição humana aberta à vivência da errância, acolhendo o que aparece, sem o apego a uma instância asseguradora. É assim que se chega à morte de Deus, que incide diretamente na questão da insignificância da origem. Não há mais sentido ou razão para sustentar uma arquitetura sacra fechada na sua indiferença ao profano cuja forma estática é o oposto da dinâmica da vida.

> A morte de Deus constitui o evento mais radical da história da civilidade ocidental, porque o próprio mundo do homem é que se torna radicalmente modificado. Mas é um evento que necessita de tempo para que possa ser reconhecido como essencial àquela *filosofia da aurora* que entoa o canto da afirmação dionisíaca da vida (DOTOLO, 1999, p. 354).

O niilismo da hermenêutica ganha sua expressão na antidialeticidade zarathustriana do eterno retorno e do sujeito liberado. O *incipit* da dimensão trágica da hermenêutica é uma forma de aventura que gera a liberação do simbólico – estético. O mundo por trás das máscaras, só se mostra em máscaras porque não é possível chegar ao real puro. Por trás das máscaras não existe nada, mas é preciso continuar vivendo sabendo desse nada. Importante seria reencontrar o dionisíaco como livre energia poetante, para além do medo que faz decrescer a produção de funções. Zaratustra, o homem de livre espírito:

> testemunha que a positividade do niilismo está em colocar em evidência que o pensamento do eterno retorno é o pensamento da hermenêutica do interminável, desancorado da força de gravidade metafísica e instrutor de uma imortalidade geradora do excesso dos significados a respeito à fatalidade do sentido (DOTOLO, 1999, p. 357).

Todo esse cenário desemboca na questão da estética como lugar de experimentar a verdade num contexto pós-metafísico. Uma estética que difere do passado por não mais conceber a obra de arte como estrutura fixa para uma contemplação, porém com a qual se pode manter um diálogo incessante que estimula procedimentos infinitos de interpretação, que são formas variadas de compreensão do *Dasein*. Uma obra como ponto de partida, não como ponto de chegada. Nesse sentido, Vattimo retorna muitas vezes ao pensamento estético de Pareyson porque o considera como importante para o desenvolvimento da hermenêutica. O processo formativo, enquanto processo, está aberto a uma infinita possibilidade de interpretações. Abertura que pertence não somente ao sujeito que interpreta, mas ao objeto obra de arte. O encontro com a obra de arte é o encontro com outra perspectiva de mundo o que torna a obra uma verdadeira personalidade própria.

Na perspectiva de Pareyson existe algo próprio na obra de arte, o que não a deixa ser reduzida a simples instrumento. A obra de arte habita o ser na medida em que ela possui uma reserva de significado inesgotável fazendo de si mesma uma mensagem para além de si. Estética, no processo hermenêutico, é o colocar-se em obra da verdade. A importância da arte encontra-se na provocação de um deslocamento do homem para fora daquilo que lhe é habitual. Vattimo diz da pertença do leitor à obra porque interpretar é estar nas proximidades de um horizonte mais vasto que a obra faz emergir. Ela goza de um aspecto escatológico porque abre o futuro e coloca em obra a própria verdade.

A noção de *Stoss* (choque) revela o estranhamento que provém do encontro com a obra de arte. Aquilo que choca o conceito comum é o fato da própria obra de arte ser, portanto,

> se a função da surpresa deslocadora da arte é a colocação em parêntesis da obviedade do mundo, isto significa que a obra de arte suspende a vida, instruindo-a daquela dimensão mistérica que não está à disposição do homem. A arte faz vacilar a disponibilidade de coisas e instrumentos, porque resiste à consumação simbólica da reprodutividade técnica, reservando aquela novidade que não é legada ao tempo de uma estéril monumentalidade da *aere perenius*. (DOTOLO, 1999, p. 374).

Com isso, o surgimento do plural, do belo, como participação numa comunidade diversa, múltipla, faz emergir o espaço da *eterotopia estética*, que imprime no monumento ao mesmo tempo sua mensagem e sua caducidade. A copertença entre estética e hermenêutica, verdade e arte, mostra que a estética pertence ao evento hermenêutico, à sua capacidade interpretativa e não a um monumento fechado, encontrado nos museus. A experiência estética carrega consigo a possibilidade do excesso, do não dito, que abre novos sentidos no contato do sujeito com a obra. Vattimo comenta que a obra de arte não é uma produção simples de coisas, porém ela se apresenta como princípio de devir, ao lado da natureza e além dela.

O *pensamento enfraquecido*, nesse jogo interminável da criação estética, recolhe também a ética do habitar. É necessário ir além da crise de fundamento porque nem mesmo a multiplicação dos paradigmas irá resolver a questão da metafísica. O *pensamento enfraquecido* está ligado ao ser como linguagem e interpretação. Existir não significa uma estaticidade, mas estar diante de um mundo possível de interpretação. Pensar é: interpretar, mais que saber; a verdade como abertura; ética da *pietas* como habitar a verdade.

Conviver com o nada criativo da estética, na obra de arte, é arcabouço bem ligado à *kênosis*, geradora do próprio *pensamento enfraquecido*, ideal hermenêutico como história da salvação, que tem seu fundo vital no fato de o ser-Deus ter se encarnado, tornando a história densa de significado que cada ente, em sua condição situada, buscará responder.

> É esta a tese central da proposta vattimina. O *pensamento enfraquecido* no empenho de superamento da metafísica, isto é na distorção-enfraquecimento das categorias objetivantes da metafísica no sentido pós-metafísico, não somente amplifica o programa dissolutivo da reflexão nitzscheana-heideggeriana, mas reencotra na sua intenção mais profunda a originalidade da mensagem cristã, longe de uma visão dogmático-cristã (DOTOLO, 1999, p. 409).

Se o cristianismo com a dimensão da encarnação – *kênosis* esvazia o sentido de um Deus *Ipsum esse subsistens,* então é possível ligar a estética vattimiana à própria kênosis caridosa. A kênosis, que acontece como encarnação, é o enfraquecimento do próprio Deus e das estruturas fortes, possibilitando acolher a caridade como ponto central da filosofia hermenêutica e da práxis amorosa. Cerne de um diálogo porque a hermenêutica bíblica é o caminho do qual a filosofia herda sua história de interpretação que tem como fonte não um fundamento, todavia um movimento criativo inaugurado pela encarnação, profundamente ligada ao processo estético da obra de arte ou da linguagem como poesia. De alguma forma, a via estética é testemunha enfraquecimento de ser e ente e, ao mesmo tempo, terreno fértil para a criação desde que seja cultivado pelo amor que salva a finitude de ambos.

A história, portanto, como lugar da interpretação, torna-se fundamental no processo da salvação e não pode ser somente a correspondência ética a um quadro de valores, trazendo para a criação estética algo profundamente ético inaugurado pela mensagem da *caritas* como herança propulsora de novos mundos. Ela não é lugar depositário de uma verdade objetiva que deve ser apreendida simplesmente, mas espaço no qual a própria salvação acontece sempre como abertura da liberdade geradora, nascida do encontro entre ser e ente. História de amizade como afirma João 15,15, como vínculo entre história da salvação e história da interpretação, dando-se no habitar da verdade e não no possuí-la. Habitar a abertura na qual o homem sempre já se encontra – abertura do ser como evento. Enfim, seria pensável tal *pensamento enfraquecido* estético fora do elemento da encarnação? Eis uma resposta que a filosofia deveria continuar buscando, segundo Vattimo.

O que deve ser bem frisado é que para Vattimo a ontologia hermenêutica não é outra coisa que a pós-modernidade cristã; tempo favorável porque supera a pretensão metafísica da modernidade racionalista e abre espaço para compreender a secularização como processo da encarnação do qual nasce um homem aberto e pastor do ser. Um tempo no qual história sacra não se distingue mais de história profana, encontrando Vattimo, na encarnação, seu ponto de apoio para o combate ao Deus totalmente outro, agora acolhido em sua proximidade, na experiência da *caritas* legada por Jesus de Nazaré. No evento da *kênosis*, colhe-se a intencionalidade da secularização que faz nascer sua convicção de um cristianismo não religioso.

Resta questionar se tal leitura descarta a fundamental concepção da transcendência cristã da autocomunicação de Deus ao longo da história. É possível, então, que a hermenêutica tenha alguma contribuição para a teologia sem colocá-la como menor ou maior? A Pontifícia Comissão Bíblica valoriza a interpretação como reação ao positivismo objetivo, sem negar seu valor, perguntando-se sobre qual tipo de hermenêutica. Rino Fisichella aponta para o fato de a própria hermenêutica abrir-se à instância metafísica porque ela mesma reconhece uma alteridade não aprisionada somente a uma imanência histórica, sendo ela própria a voltar-se à busca ontológica da experiência da diferença do ser como outro, de transparência inalcansável, no entanto que deve ser acolhido como verdade enigmática.

Tudo isso parece carregar inquietações ainda maiores quando se entra no campo da ética da interpretação. De modo que algumas perguntas podem bem resumir as principais dificuldades que a hermenêutica deve continuar enfrentando, se não pretende descartar a teologia como instância relacional. Existe uma ética da *caritas* sem transcendência? O cristianismo secularizado estaria reduzido, pulverizado, misturado na história? De que forma resgatar a si mesmo como instância crítica que propõe à cultura caminhos de conversão? É possível gerar a *caritas* sem acolhida de um dado revelado na pessoa de Jesus? Os ganhos da leitura vattimiana em conceber o cristianismo como *kênosis*, portanto com seu nexo claro de que não há dicotomia entre ser como evento e fé cristã, apontam para a possibilidade de reconhecer, no terreno ocidental, a história como lugar de interpretação da encarnação do ser, assumindo sempre novas bifurcações que desse encontro surgem e que provocam a filosofia e a teologia a continuarem abrindo clareiras num encontro dialogal.

Ainda mais, os traços religiosos aos quais a pós-modernidade se vincula estão, de diversas formas, demasiadamente voltados para um bem-estar, para uma fé sem conflitos, sem conversão. Desse modo, não é possível um cristianismo apenas estético no qual a *caritas* seria um movimento espontaneamente ético. As duas dimensões, ética e estética, necessitam de uma convivência constante. O próprio engajamento do filósofo Gianni Vattimo na política, na defesa dos pobres, das minorias demonstra sua aposta no fato de que nem tudo é bom no tempo em que se vive e que, portanto, crê-se num mundo melhor. Crendo, guarda-se a esperança escatológica como um caminho de recriação cultural contínua.

No entardecer das reflexões, na sua curvatura final, é possível anunciar o novo do homem na imagem de um ente criador, dialogal com o ser. Sua instância ética é precisamente o fator de não possuir a existência como algo pronto, nem mesmo como totalmente destinada a seguir um caminho previsto. Lançado na vida, imerso numa rede relacional com as coisas e com os seus semelhantes, empenha-se em responder criativamente aos seus impulsos vitais, provocado pela *caritas*. Ao esforçar-se, de sol a sol, a traçar seu caminho, está sempre diante da possibilidade de perder-se em meio ao que não é propriamente seu ou a recusar-se dar uma resposta aos dons recebidos. No entanto, uma instância não pode ser estirpada de seu horizonte: a possibilidade da abertura para acolher as mensagens do ser e delas ocupar-se como pastor. No inominável de tal abertura, emergem suas chances e seus riscos sempre finitos. Nasce, ainda, a convicção de ser um ente que não possui o fundamento de si mesmo, fato que o arrasta ao mistério de ter a vida como sagrado espaço doado para o exercício de sua liberdade.

REALCES
FINAIS

REALCES FINAIS

Partimos do *pensamento enfraquecido* de Gianni Vattimo e de sua insistência numa *Verwindung* da metafísica, enquanto razão forte que, na busca insistente pela verdade em sua globalidade, experimenta seu apogeu na idade da instrumentalidade técnica e comunicativa. Tal empresa moderna, porém, conhece seu declínio com a problemática passagem de um iluminismo organizado para a época pós-moderna e plural. Claramente, o autor revela, por exemplo, que os meios de comunicação de massa refletem a distorção das verdades objetivas, compondo cenários muito mais favoráveis ao exercício da hermenêutica niilista do que ao apego neurótico aos fundamentos absolutos.

Percorrendo as interpretações que o autor faz, sobretudo de Nietzsche e de Heidegger, num primeiro momento, foi possível mostrar consequências para o alvorecer de um novo pensamento que concebe a cultura de maneira ímpar. As considerações niilistas nietzscheanas, longe de levar o *além-do-homem* a um desânimo epistemológico, como mostram as apreciações vattimianas, tornam-no consciente de sua grande força pulsional, que o permite não se transformar em massa alienada, entretanto, capaz, pelo menos pelas vias estéticas, de continuar criando, com o que recebe do eterno retorno. De outra forma, a aguda percepção de Heidegger propõe a eventualidade do ser, favorecendo a permanência da diferença entre ser e ente, não os confundindo nas variadas formas técnicas ou científicas. Tudo isso desemboca na conclusão de que o *Dasein* possui a tarefa ontológica de pastorear o ser em sua existência encarnada e finita. Assim, a longa proposta de uma razão enfraquecida aponta para o elemento mais sagrado da verdade, ou seja, que ela é revelação e ao mesmo tempo escondimento do ser, permanecendo como clareira que nunca transparece totalmente nas malhas da limitada história humana.

A partir de tais reflexões hermenêuticas, perguntou-se como Gianni Vattimo reencontrou-se com o cristianismo em seu pensamento. De fato, voltar ao tema da tradição cristã foi a busca mais importante de todo o trabalho, a partir do qual se situa a proposta do cristianismo não religioso com suas instigantes consequências. O que seria, pois, o cristianismo não religioso e qual a novidade da proposta vattimiana? Foi possível colher, a princípio, que Vattimo foi ousado ao relacionar o caminho do cristianismo com a pós-modernidade secularizada, sem dicotomia. Ao articular, sobretudo, o niilismo, como fim das verdades absolutas, com o cristianismo não religioso, o autor os reconhece como instâncias únicas e não dicotômicas. A partir da *kênosis*, consequentemente, propõe que o cristianismo é o próprio elemento niilista de uma cultura secularizada, rompendo os possíveis obstáculos violentos das formas de conceber o sagrado como separação entre história e eternidade. A possibilidade de pensar outra vez o ser, portanto, sem cair nos postulados rígidos das ideias fixas, transformando-o em ente, todavia envolvendo-o na dinâmica existencial do *Dasein*, deve acontecer na inusitada descoberta de que o ser é evento histórico do qual o ente humano é chamado a pastorear. Tal assertiva, para Vattimo, somente poderia desabrochar numa cultura que herda a mensagem da *caritas* como seu principal elemento constitutivo.

Nesse sentido, a filosofia vattimiana transforma-se numa perspicaz reflexão de que a grande virada que o pensamento ocidental atravessa, com a ontologia hermenêutica, não seria possível caso, ela mesma, não reconhecesse sua filiação cristã-ocidental. De modo que a morte de Deus em Nietzsche e o ser como evento em Heidegger são, ainda que paradoxalmente, a condição de possibilidade do encontro com o cristianismo não religioso, protagonista de uma existência mais criativa e de uma ética capazes de construir caminhos dialogais diante da inevitável finitude humana. De alguma forma, tais conclusões, apesar da insistência de certas posturas em retornar ao fundamento, postulam que, a *caritas*, no pensamento vattimiano, é a grande verdade hermenêutica ao redor da qual se move a plausibilidade do cristianismo e da própria cultura ocidental como lugar do declínio do ser.

Além disso, importante foi a questão do engajamento ético como projeto em buscar, cada vez mais, a verdade de forma partilhada pela comunidade, colocando sua meta no combate a todo tipo de violência, principalmente na defesa compassiva dos enfraquecidos como exige a *caritas*. Nesse sentido, Vattimo guarda reverência ao amor, não simplesmente como valor que se encontra preso ao sujeito, todavia entende-o, de alguma forma, como herança, envio do próprio ser. A estética, desse modo, seria também uma instância privilegiada de resposta aos acenos do ser que, na abertura relacional, revela que a finitude niilista diferente de qualquer postura relativista ou fundamentalista, abre ao *Dasein* a chance de conceber a existência com argumentos mais moderados no serviço ao que é comum, ou seja, sua finitude como morada do ser.

Diante das supeitas de relativismo ou de redução ao imanentismo, o cristianismo não religioso vattimiano surge como aurora de nova estilística de fé, porque não aceita outra proposta do que a arriscada e claudicante relação entre divino e humano, que acontece num evento feito de proposta e de resposta e não de um encontro com ideais absolutos. Se o *pós* do pós-moderno significa a noção do fim de um novo sempre mais novo, o *não* do não religioso é também a impossibilidade da segurança de uma religião natural, baseada nos estatutos de um código de normas e de leis aos quais se deve corresponder. Não se tratando de um ideal abstrato, o cristianismo retorna à sua límpida fonte de ser um caminho salvífico nascido da inaugural relação de Deus com a humanidade, no evento Jesus Cristo. E levando às últimas consequências a encarnação do verbo no seio da história, conclui-se que ela exige um engajamento ético e ao mesmo tempo criatividade estética, por isso, quando se vê mergulhada na secularização, a herança cristã colhe a si mesma como tradição secularizadora, já que a história na qual Deus se fez homem é instância, ela mesma, salvífica.

Enfim, o *pensamento enfraquecido*, mostra, em suas conclusões, que seu destino principal refere-se, também, à defesa dos sem vez e sem voz, carentes de história, principais vítimas da violência que a metafísica lhes impôs, em formas variadas de poder e de domínio. Aliás, sua vocação não é outra do que responder ao próprio caminho da *caritas* que aponta para a luta cotidiana pela fraternidade, já que ela é possibilidade boa de o *Dasein* não se aniquilar nas malhas de seu próprio fechamento. No final, feito aurora serena, o homem do *pensamento enfraquecido* encontra-se com um Deus que já não pode ser uma verdade extática absoluta, todavia simplesmente reconhecido como possibilidade aberta à infinita chance do que se cria, no amor. Essa seria fonte genuína de fé cristã, pois Deus somente pensado metafisicamente corre o risco de redução a ideias obsoletas, por não levar em conta sua principal dimensão revelada e realizada em Cristo, ou seja, a relação kenótica que faz o amor permanecer em sua transcendência histórica.

REFERÊNCIAS

A BÍBLIA DE JERUSALÉM. São Paulo: Paulinas, 1980.

ALTIZER, T.J.J. *The gospel of Christian atheism*. London: Collins, 1967.

ANCILLI (a cura di), *Dizionário Enciclopédico di Spiritualità/1*. Roma: Città Nuova Editrice, 1995, p. 433-449.

ANTISERI. Dario. *Le ragioni del pensiero debole*. Roma: Borla, 1993. _____. *Credere dopo la filosofia del secolo XX*. Roma: Armando Editore, 1999.

ANTONELLO, Pierpaolo; GIRARD, René; VATTIMO, Gianni. *Verità o fede debole?:* dialogo su Cristianesimo e relativismo. Massa: Transeuropa, 2006. ANTONELLO, Pierpaolo; GIRARD, René; VATTIMO, Gianni. *Cristianismo e Relativismo:* Verdade ou fé frágil? Santuário: Aparecida, 2010.

ARAÚJO, Paulo Afonso. Filosofia e experiência religiosa em Luigi Pareyson, leitor de Schelling. *Numen:* revista de estudos e pesquisa da religião, Juiz de Fora, 2004, v. 7, n. 2, p. 121-136.

BARBAGLIO, Giuseppe. *As Cartas de Paulo II*. São Paulo: Loyola, 1991, p. 375-380.

BAUMAN, Zygmunt. *L'etica in um mondo di consumatori*. Bari: Laterza, 2010.

BAZON, Sebastião Donizeti. Pós-modernidade: secularização e ética segundo o filósofo Gianni Vattimo. *Revista de Direito*, SP, v. 11, n. 14, p. 129-142, Anhanguera Educacional S.A., 2008.

BENTO XVI. *Caritas in veritate*. São Paulo: Paulinas, 2009.

BIRMAN, Joel. *Mal-estar na atualidade:* psicanálise e as novas formas de subjetivação. 3ª ed. Rio de Janeiro: Civilização Brasileira, 2001.

CARRARA, Paulo Sergio. Itinerarium mentis in deum per nihilum. O niilismo como desafio ao cristianismo. *Perspectiva Teológica,* Belo Horizonte, MG, ano 44, n. 122, p. 53-68, 2012.

COMPÊNDIO DO VATICANO II. Petrópolis: Vozes, 1971.

CUGINI, Paolo. Religião na pós-modernidade: o cristianismo niilista e secularizado de Gianni Vattimo. *Revista Eclesiástica Brasileira*, Petrópolis, RJ, Fasc. 287, p. 628-650, 2012.

DE LA PEÑA, Juan L. Ruiz. *El Don de Dios*. Antropologia teológica especial. 3ª ed. Bilbao: Sal Terrae, 1991.

DOTOLO, Carmelo. *Sulle tracce di Dio:* lineamenti di teologia fondamentale. Padova: Edizioni Messaggero: 1992. _____. *La Teologia fondamentale davanti alle sfide del ´pensiero debole´ di Gianni Vattimo*. Roma: Libreria Ateneo Salesiano, 1999.

DOTOLO, Carmelo. *La rivelazione Cristiana:* parola, evento, mistero. Milano: Paoline, 2002.

_____. *Um cristianesimo possibile:* tra postmodernità e ricerca religiosa. Brescia: Queriniana, 2007.

_____. *Una fede diversa:* alla riscoperta del Vangelo. Padova: Edizioni Messaggero, 2009.

_____. *Cristianesimo e interculturalità:* dialogo, ospitalità, ethos. Assisi: Cittadella Editrice, 2011.

_____. PASQUALE, Gianluigi (Editores). *Amore e verità:* sintesi prospettiva di Teologia Fondamentale. Città del Vaticano: Pontificia Universtà Lateranense, 2011.

_____. MEDDI, Luciano. *Evangelizzare la vita Cristiana:* teologia e pratiche di nuova evangelizzazione. Assisi: Cittadella editrice, 2012.

_____. TAYLOR, Charles. *Una religione "disincantata":* il cristianesimo oltre la modernità. Padova: Messaggero, 2012.

DUNN, James D. G. *A teologia do apóstolo Paulo.* São Paulo: Paulus, 2003, p. 331-345.

DUQUOC, Christian. *Ambiguedad de las teologias de la secularizacion.* Bilbao: Nueva biblioteca de teologia Desclée de Brouwer, 1974.

FERREIRA, Vicente de Paula. *Niilismo e cristianismo em Gianni Vattimo.* Dissertação de mestrado apresentada ao Programa de Pós-graduação em Ciência da Religião. Juiz de Fora: UFJF, 2011.

_____. O Cristianismo na pós-modernidade: considerações hermenêuticas filosóficas. *Atualização.* Ano XLII, n. 356, p. 229-247, Belo Horizonte, O Lutador, 2012.

FISICHELLA, Rino; LATOURELLE, René (Dir.). BARAÚNA, Luiz João (Trad.). *Dicionário de Teologia Fundamental.* Secularismo/secularização. Petrópolis: Vozes; Santuário, Aparecida: 1994, p. 863-876.

FORTE, Bruno. *Dove va il cristianesimo?* Brescia: Queriniana, 2001.

_____. *À escuta do outro:* filosofia e revelação. São Paulo: Paulinas, 2003.

FORTE, Bruno. *Um pelo outro:* por uma ética da transcendência. São Paulo: Paulinas, 2006.

_____. *Dialogo e annuncio:* l'evangelizzazione e l'incontro com l'altro. Milano: San Paolo, 2012.

FRANCESCO, Papa. *Lumem Fidei.* Esortazione apostólica. Città del Vaticano: Libreria Editrice Vaticana, 2013.

FREUD, Sigmund. *O futuro de uma ilusão.* Rio de Janeiro: Imago, 1996, v.XXI.

_____. *O mal-estar na civilização.* Rio de Janeiro: Imago, 1996, v.XXI.

FREUD, Sigmund. *Sobre o narcisismo:* uma introdução. Imago, 1996, v.XIV.

GADAMER, Hans Georg. *Verità e metodo.* Tradução de Gianni Vattimo. Bergamo: Milano, 1997.

GIBELLINE, Rosino. *Breve história da teologia do século XX.* Aparecida: Santuário, 2010.

GIORGIO, Giovanni. Carmelo Dotolo: Um cristianesimo possibile. Tra postmodernità e ricerca religiosa (Gdt). A cura della Società Italiana per la Ricerca Teologica. *Ricerche Teologiche,* Bologna, Anno 19, numero I, p. 473-482, 2008.

GONÇALVES, Paulo Sérgio Lopes (Org.). *Um olhar filosófico sobre a religião.* Aparecida: Ideias e Letras, 2012.

GRONDIN, Jean. *L'ermeneutica.* Brescia: Queriniana, 2012.

GUARDINI, Romano. *Opera Omnia II/1.* Filosofia della religione. Esperienza religiosa e fede. Brescia: Morcelliana, 2008.

HALL, Stuart. *A identidade cultural na pós-modernidade.* 11ª ed. Rio de Janeiro: DP&A, 2011.

HEIDEGGER, Martin. *Introdução à metafísica.* Rio de Janeiro: Tempo Brasileiro, 1978.
_____. *Ormai solo um Dio ci può salvare:* intervista com lo "Spiegel". A cura de Alfredo Marini. Parma: Guanda, 1998.
_____. *Hinos de Hölderlin.* Lisboa: Piaget, 2004.
_____. *Lettera sull'umanismo.* A cura di Franco Volpi. 7ª ed. Milano: Adelphi, 2006.
_____. *Ser e tempo.* 3ª ed. Petrópolis: Vozes, 2008.
_____. *Che cos'è metafísica?* A cura di Franco Volpi. 7ª ed. Milano: Adelphi, 2012.

HÖLDIRLIN, Friedrich. *Poemas.* Barcelona: Randon House Mondadori S.A, 2012.

HOUAISS, Antônio. *Escrevendo pela nova ortografia* – como usar as regras do novo acordo ortográfico da Língua portuguesa. 2ª ed. São Paulo: Publifolha, 2008.

KANT, Immanuel. *Crítica da razão prática.* São Paulo: Martins Fontes, 2002.

KANT, Immanuel. *Crítica da razão pura.* Petrópolis: Vozes, 2012.

KEARNEY, Richard. *Ana-teismo:* tornare a Dio dopo Dio. Introduzione di Gianni Vattimo. Roma: Fazi Editore, 2012.

KUHN, Thomas. *A estrutura das revoluções científicas.* 6ª ed. São Paulo: Perspectiva, 2001.

LASCH, Christopher. *The culture of narcissism:* american Life in an age of diminishing expectations. New York; London: Norton and Company, 1978.

LYOTARD, Jean-François. *A condição pós-moderna.* 6ª ed. Rio de Janeiro: José Olympio, 2000.

MAC DOWELL, João A. Que futuro para o cristianismo? Diálogo com Gianni Vattimo. *Interações – Cultura e comunidade.* Uberlândia, MG, V. 5, n. 7, p. 173-182, 2010.

MAFFESOLI, Michel. *O instante eterno:* o retorno do trágico nas sociedades pós-modernas. São Paulo: Zouk, 2003.

NIETZSCHE, Friedrich. *Assim falou Zaratrusta.* São Paulo: Civilização Brasileira, 1999.
_____. *Ecce Homo.* São Paulo: Cia das Letras, 2003.
_____. *Genealogia da Moral.* São Paulo: Cia das Letras, 2004.
_____. *Além do bem e do mal.* São Paulo: Cia das Letras, 2005.
_____. *O anticristo e Ditirambos de Dionísio.* São Paulo: Cia das Letras, 2007.

PANNENBERG, Wolfhart. *Fondamenti dell'etica.* Prospettive filosofico-teologiche. Brescia: Queriniana, 1998.

PAREYSON, Luigi. *Esistenza e persona.* Genova: Il Melangolo, 1985.
_____. *Estética: teoria da formatividade.* Petrópolis: Vozes, 1993.

PECORARO, Rossano. *Niilismo e (pós) modernidade:* introdução ao "pensamento fraco" de Gianni Vattimo. Rio de Janeiro: Loyola, 2005.

PECORARARO, Rossano (Org.). *Os filósofos:* clássicos da filosofia. Vol. III de Ortega y Gasset a Vattimo. Petrópolis: Vozes, 2009.
PIRES, Frederico Pieper. *A vocação niilista da hermenêutica, Gianni Vattimo e Religião.* Tese apresentada para obtenção de grau de doutor, Universidade Metodista de São Paulo, São Bernardo do Campo, 2007.
_____. A vocação niilista da hermenêutica: Gianni Vattimo e religião. In: MARASCHIN, Jaci; PIRES, Frederico Pieper (Orgs.). *Teologia e Pós-modernidade. Ensaios de teologia e filosofia da religião.* São Paulo: Fonte Editorial, 2008, p. 187 – 216.

PLATÃO. *A república.* São Paulo: Nova Cultural, 1997 . Col. Os pensadores.

ROUDINESCO, Elisabeth. *Filósofos na tormenta, Canguilhem, Sartre, Foucault, Althusser, Deleuze e Derrida.* Rio de Janeiro: Zahar, 2007.

RUGGERI, Giovanni; SEQUERI, Pierangelo; VATTIMO, Gianni. *Interrozazioni sul cristianesimo:* cosa possiamo ancora attenderci dal Vangelo? Roma: Editrice Esperienze, 2000.

SARTRE, Jean-Paul. *O ser e o nada.* Petrópolis: Vozes, 1997.

SAFRANSKI, Rüdiger. *Heidegger.* Um mestre da Alemanha entre o bem e o mal. São Paulo: Geração Editorial, 2005.
_____. *Nietzsche.* Biografia de uma tragédia. São Paulo: Geração Editorial, 2012.

SCOPINHO, Sávio Desan. *Filosofia e sociedade pós-moderna:* crítica Filosófica de G. Vattimo ao pensamento moderno. Porto Alegre: PUC – RS, 2004.
SPENGLER, Oswald. *A decadência do Ocidente.* Brasília: Universidade de Brasília, 1982.

TAYLOR, Charles. *A secular age.* Cambridge, Massachusetts, and London, England: The Belknap Press of Harvard University Press, 2007.
_____. *A ética da autenticidade.* São Paulo: Realizações Editora, 2011.
_____. *Il disagio della modernità.* Bari: Laterza, 2011.

TEIXEIRA, E. B. *A fragilidade da razão:* "Pensiero debole" e niilismo hermenêutico em Gianni Vattimo. Porto Alegre: EdPUCRS, 2005.

TILLICH, Paul. *A coragem de ser.* 6ª edição. São Paulo: Paz e terra, 2001.

TUNES, Suzel Magalhães. O cristianismo não religioso em Bonhoeffer e Vattimo. *Revista de estudos de teologia e ciências da religião*, v. 6, n. 12, p. 157-168, 2008.

VATTIMO, Gianni. Dialettica, differenza, pensiero debole. In: VATTIMO, Gianni; ROVATTI, Píer Aldo (Orgs.) *Il Pensiero debole.* Milano: Feltrinelli, 1983.
_____. *As aventuras da diferença:* o que significa pensar depois de Heidegger e Nietzsche. Lisboa: Edições 70, 1988.
_____. *Introdução a Heidegger.* Lisboa: Instituto Piaget, 10ª ed.,1996.

VATTIMO, Gianni. BERLIN, I.; MATHIEU, V.; SEN, A. K.; VECA, Salvatore. (Orgs). *La dimensione ética nelle società contemporanee.* Torino: Edizioni della Fondazione Giovanni Agnelli, 1990, p. 81-112.
_____. *Introdução a Nietzsche.* Lisboa: Presença, 1990.
_____. *Etica de la interpretación.* Barcelona: Ediciones Paidos, 1991.
_____. *A sociedade transparente.* Lisboa: Relógio D'Água, 1992.
_____. *Credere di Credere.* Milano: Garzanti, 1999a.
_____. *Para além da interpretação:* o significado da hermenêutica para a Filosofia. Rio de Janeiro: Tempo Brasileiro, 1999b.

VATTIMO, Gianni. *Vocazione e responsabilità del filósofo.* Genova: Il melangolo, 2000a.

_____. *La società trasparente.* Nuova edizione accresciuta. Milano: Garzanti, 2000b.

_____. Di Piero, Reginaldo (Trad.). *A tentação do realismo:* conferências italianas. Rio de Janeiro: Lacerda editores; Instituto Italiano de Cultura, 2001.

_____. *Oltre l'interpretazione:* il significato dell'ermeneutica per la filosofia. Roma, Bari: Laterza, 2002a.

_____. *Tecnica ed esistenza:* una mappa filosófica del Novecento. Milano: Bruno Montadori, 2002b.

_____. *Nichilismo ed emancipazione:* etica, política, diritto. Itália: Garzanti, 2003a.

_____. O cristianismo é a religião da pós-modernidade. *Instituto Humanitas Unisinos On-Line.* São Leopoldo, ano 3, n. 88, p. 8-13, dezembro, 2003b. Disponível em: www.ihuonline.unisinos.br/media/pdf/IHUOnlineEdicao88.pdf. Acesso em: 07 maio 2013.

VATTIMO, Gianni. ¿Posmodernidad: una sociedad transparente? In.: VATTIMO, Gianni y otros. *En torno a la posmodernidad.* 2. ed. Barcelona: Antropos Editorial, 2003c, p. 9-18.

_____. *Depois da Cristandade:* por um cristianismo não religioso. São Paulo: Record, 2004a.

_____. Deus é projeto e nós o encontramos quando temos a força de projetar. *Instituto Humanitas Unisinos On-Line.* São Leopoldo, ano 4, n. 128, p. 10-13, dezembro, 2004b. Disponível em: www.ihuonline.unisinos.br/media/pdf/IHUOnlineEdicao128.pdf. Acesso em: 08 maio 2013.

_____. O vestígio do vestígio. In: DERRIDA, Jacques. VATTIMO, Gianni (Org.). A religião. São Paulo: Estação Liberdade, 2004c, p. 91-107.

_____. Adeus à verdade. In: SCHULER, Fernando; SILVA, Juremir Machado (Orgs.). *Metamorfoses da cultura contemporânea.* Porto Alegre: Sulina, 2006, p. 71-90.

_____. *La vita dell'altro, bioética senza metafísica.* Cosenza: Marco Editore, 2006.

_____. FLORES D'ARCAIS, Paolo; ONFRAY, Michel. *Atei o credenti?:* filosofia, política, ética, scienza. Roma: Fazi, 2007.

_____. *O fim da modernidade.* São Paulo: Martins Fontes, 2007.

_____. DOTOLO, Carmelo. *Dio: la possibiltà buona:* un colloquio sulla soglia tra filosofia e teologia. A cura de Giovanni Giorgio. Catanzaro: Rubettino, 2009.

_____. *Adiós a la verdad.* Barcelona: Gedisa, 2010a.

_____. *Diálogo com Nietzsche.* São Paulo: Martins Fontes, 2010b.

VATTIMO, Gianni. Igrejas sem religião, religião sem igrejas? *Interações – cultura e comunidade,* V. 5, n. 7, p. 165-172, Uberlândia, 2010c.

VATTIMO, Gianni. *Della realtà:* fini della filosofia. Milano: Garzanti, 2012.

VOLPI, Franco. *O Niilismo.* São Paulo: Loyola, 1999.

ZABALA, Santiago (Org.); RORTY, Richard; VATTIMO, Gianni. *The future of religion.* New York: Columbia University Press, 2005.

ZABALA, Santiago (org.). RORTY, Richard; VATTIMO, Gianni. *O futuro da religião:* solidariedade, caridade e ironia. Rio de Janeiro: Relume Dumará, 2006.

_____. *Weakening Philosophy:* essays in Honour of Gianni Vattimo. London: Library and Archives Canada: 2007.

_____. (Org.), *Una filosofia debole.* Saggi in onore di Giani Vattimo. Milano: Garzanti, 2012.

ZIZEK, Slavoj. *Vivere alla fine dei tempi.* Milano: Ponte alle Grazie, 2011.